로마 전차 경기장에서의 하루

로마 전차 경기장에서의 하루

A Day at Circus Maximus in Rome

로마의 일상을 지배한 질주의 문화

배은숙 지음

글항아리

차례

\

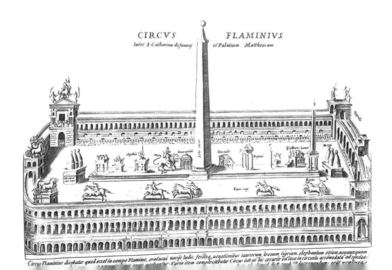

4장 흥분하는 관중

5장 사라져버린 전차 경주

로마 역사가 타키투스Publius Cornelius Tacitus(56~117)는 로마인이 어머니 자궁에 있을 때부터 알고 즐겼다고 하는 세 가지 악惡을 꼽았다. 그것은 바로 연극이 상연되는 극장에서의 편파성, 전차 경주에 대한 열광, 검투사 경기에 대한 열정이다. 연극에서 선과 악, 상류층과 하류층, 남성과 여성, 지휘관과 병사 등으로 대비되는 상황은 어느 한쪽의 입장에 동화되어 편파적으로 옹호할 때가 있다. 전차 경주와 검투사 경기는 로마인이라면, 아니 로마와 관련된 지역이라면 누구든 열정적으로 빠져들 수밖에 없었다. 타키투스는 이런 상황을 설명하고자 자궁, 악이라는 단어를 사용했다.

2008년『강대국의 비밀: 로마제국은 병사들이 만들었다』를 펴낸 이후 병사들에게 싸우는 모습과 기술을, 전쟁 포로인 검투사의 상황에 빗대어 패전국의 실상을 가르쳐 주는 검투사 경기에 관한 연구를 시작했다. 그 결과 2013년『로마 검투사의 일생: 살육의 축제에 들뜬 로마 뒷골목 풍경』을 펴냈다. 출판 즈음 검투사 경기와 쌍벽을 이루는 전차 경주도 다루어야겠다고 생각했다. 하지만 일상의 바쁜 일에 순위가 밀려 전차 경주에 관한 책이 지금에서야 나오게 되었다.

세간에 전차 경주에 대한 잔상을 오랫동안 남긴 것은 윌리엄 와일러William Wyler 감독의 1959년 영화 「벤허Ben-Hur」다. 영화 「벤허」의 원작은 미국의 작가, 군인, 변호사, 외교관인 루 월리스Lew Wallce가 1880년에 출판한 『벤허: 그리스도 이야기』이다. 1907년과 1925년 무성 영화로 제작되었고, 1959년과 2016년 다시 제작되었다. 우리에게 이 작품이 처음 알려진 것은 1959년에 만들어진 영화였다. 1962년 2월 1일에 개봉되어 서울 관객 수만 70만 명이었을 정도로 선풍적인 인기를 끌었다. 이 영화는 작품성, 제작 규모, 인기 등 모든 면에서 그 가치를 인정받아 1960년에 열린 제32회 미국 아카데미 시상식에서 작품상, 감독상, 미술상, 음악상, 음향상, 의상상, 촬영상, 특수효과상, 편집상, 남우주연상, 남우조연상 등 총 11개 부문의 상을 휩쓸었다. 이 기록은 1997년 「타이타닉」이 나오기 전까지 깨지지 않았다.

1959년 작 「벤허」에서 압권은 8분 20초에 걸쳐 이어지는 전차 경주 장면이다. 컴퓨터 그래픽 기술이 발달하지 않아 말 72마리, 엑스트라 1만 500명 이상을 동원하여 3개월간 촬영한 것이었다. 이 전차 경주에서 경주하는 말, 전차, 기수의 모습과 기술을 보는 것도 재미있지만 관중 역할을 하는 수천 명에 달하는 엑스트라의 모습도 시사하는 바가 크다. 열광하는 모습은 로마인 그 자체다. 전차 경기장에서 로마의 경제력을 보고 자긍심을 가지는 로마인, 놀이에 빠진 나라의 미래를 걱정하는 로마인, 상류층 좌석에서 지배계급으로서의 특권의식을 보여주는 로마인, 하류층의 힘든 일상과 고통을 작은 오락거리에서 잠시나마 잊고자 하는 로마인, 강대국 로마의 국력과 저력을 접한 이방인까지 모두 관중석에 있었다. 경주를 보는 각자의 마음은 다르지만, 열광이라는 공통의 감정을 품고 있었다.

서구 문학에서 최초의 전차 경주는 호메로스의 『일리아드Iliad』 23권에 나온다. 아킬레우스의 친구 파트로클로스 장례식에서였다. 아킬레우스는 말 4마리, 개 2마리, 트로이 청년 포로 12명을 화장한 후 전차 경주를 포함한 추모 경기를 열었다. 그리스에서 전해진 경주는 로마의 건국과 관련이 있다. 건국 후 여자가 부족했던 로마는 인근 사비니의 여인들을 납치하려고 계획했다. 로마가 사비니 남성들의 시선을 돌리려고 개최한 것이 경주였다. 그것이 전차 경주였는지, 승마였는지는 확실하지 않지만, 말과 관련된 구경거리는 로마 건국 시기부터 있었다.

1~2세기에 활동했던 로마의 풍자시인 유베날리스Decimus Junius Juvenalis(?~?)는 전차 경주에 대한 사람들의 몰입을 냉소적으로 비판했다.

대중이 투표에 관심을 갖지 않은 지 오래되었다. 한때 속주 총독직, 집정관직, 군사령관직, 그 밖의 관직을 수여한 것은 시민들이었다. 그러나 이제 시민들은 그런 문제에 더 이상 관여하지 않고 오직 두 가지, 즉 빵과 경주panem et circenses만을 갈망한다.[1]

로마인이 '빵과 경주'에 만족한다고 했을 때 이것은 정확하게 무료 곡물과 전차 경주를 말한다. 정치에 관심이 없고 먹고 노는 것에만 관심을 가진다는 비난인데, 그 노는 것이 바로 전차 경주였다. 전차 경주가 열렸던 대경기장(키르쿠스 막시무스Circus Maximus)은 콜로세움 안에서 경기를 치르는 아레나arena보다 규모가 컸다. 검투사 경기에서 그물 검투사, 추격 검투사, 물고기 검투사, 트라키아 검투사, 도전 검투사 등 검투사의 종류도 많고, 각각의 무장 상태가 달라 사용하는 전술이 달랐다. 가령 그물 무기와 팔과 어깨에 7~9킬로그램이나 나가는 보호대를 장착한 그물 검투사와 눈구멍 2개만 뚫려 있는 투구를 포함 15~18킬로그램에 달하는 장비를 갖춘 추격 검투사의 대결은 장기전 대 단기전의 전술로 승부를 건다.[2] 종류, 무장 상태, 전술을 모두 인지해야 재미를 느낄 수 있는 검투사 경기와 비교해 전차 경주는 비교적 단순하다. 동시에 출발하여 경주로를 7바퀴를 달려 먼저 들어오는 기수가 승자다. 경기 규칙의 단순성에 비해 박진감과 긴장감이 훨씬 더 크다보니 전차 경주에 대한 로마인의 사랑은 오랫동안 지속되었다. 전차 경주는 검투사 경기가 쇠퇴한 후에도 존속했다. 한 마디로 전차 경주의 역사는 바로 로마의 역사였다.

이 책은 전차 경주가 열리는 하루를 미시적으로 추적해본 것이다. 총 5개의 장으로 되어 있으며 1장 '대경기장의 위용'은 전차 경주가 열리는 대경기장의 외관, 경주로의 모습, 좌석 등에 대해 설명했다. 2장 '전차 경주의 운영 조직'은 전차 경주의 주최자, 조직, 운영 방식에 관해 다뤘다. 3장 '전차 경주의 광경'은 전차 경주를 시작하기 전 개막식부터 경주가 끝나고 난 후의 시상식까지 경주 전체의 과정을 설명했다. 4장 '흥분하는 관중'은 경주를 관람하는 로마인의 모습, 심리적인 상황, 흥분으로 인한 사건 사고 등에 대해 소개했다. 5장 '사라져버린 전차 경주'는 로마가 전차 경주를 시작할 때부터 전성기를 지나 쇠퇴할 때까지 전차 경주의 역사를 추적했다. 단순한 구경거리이지만 로마의 역사와 궤를 같이하는 전차 경주는 국가의 흥망성쇠에 대한 여러 가지 생각을 던져주기도 한다.

이 책이 나오기까지 여러 사람의 도움이 있었다. 항상 묵묵히 지지해주는 남편 하재은, 각자의 자리에서 성실히 살아가는 하준성과 하선영은 나의 삶의 근원이자 힘의 원천이다. 또 초고만 보고 선뜻 출판을 허락해주시고, 꼼꼼하게 편집해주신 글항아리 강성민 대표님께 무한한 감사의 인사를 전한다. 급하게 책과 논문을 부탁해도 성심껏 구해주시는 계명대학교 동산도서관 박우선, 조용수 선생님께 고마움을 전한다. 끝으로 교정을 도와주신 김봉숙, 김현진, 김희진 선생님께 감사드린다.

2021년 7월

배은숙

1장
대경기장의 위용

1.
전차 경주가 열리는 날

전차 경주의 의미

\

　로마인이 즐기는 세 가지 구경거리는 연극, 전차 경주, 검투사 경기였다. 로마인들이 이것을 얼마나 좋아하는지는 타키투스의 글에 잘 나타나 있다.

> 당신의 고국에서 연극, 전차 경주, 검투사 경기 외에 다른 것에 대해 이야기하는 사람들이 얼마나 있겠는가? 당신이 강의실에 들어섰을 때 이들 세 가지 외에 다른 이야기를 하고 있는 젊은이들을 봤는가?[3]

　로마인이 모이기만 하면 연극의 내용, 극적인 승리를 연출했던 전차 경주, 흥미진진했던 검투사 경기와 뛰어나거나 엉망이었던 검투사에 관해 이야기했다.

△ 장 레옹 제롬, 「엄지를 돌려서Pollice Verso」, 1872년 작품. 검투사 경기에서 황제의 엄지가 아래로 향하면 상대방을 죽여도 된다는 신호로 오해하게 만든 그림. 실제 엄지손가락을 아래로 하면 칼을 내려놓아라, 즉 살려주라는 뜻이었다.

연극은 그리스에서 전해졌고, 전차 경주와 검투사 경기는 에트루리아나 이탈리아 남부에서 전해졌다. 검투사 경기는 장례식에서 죽은 사람을 위한 봉사이자 의무로 행해졌으므로 '봉사'라는 뜻의 '무누스munus'로 불렸다. 사적으로 하는 경기인 만큼 공적인 축제에 포함되지 않았다. 로마시에서 최초로 검투사 경기가 개최된 것은 1차 포에니 전쟁(기원전 264~기원전 241)이 시작된 기원전 264년이었다. 이해에 에트루리아의 풍습에 심취한 브루투스Decimus Junius Brutus Scaeva의 두 아들이 검투사 경기를 개최했다.

클라우디우스와 풀비우스가 집정관직에 재직할 때(기원전 264) 로마시에서 처음으로 검투사 경기가 우시장 포룸 보아리움에서 개최되었다. 브루투스의 아들인 마르쿠스와 데키무스가 아버지를 기리기 위한 장례식 행사로 검투사 경기를 개최했다.[4]

실제 검투사 경기는 그보다 더 일찍 시작되었다. 타르퀴니우스 프리스쿠스Lucius Tarquinius Priscus(기원전 616~기원전 579 재위)가 26년 동안 매년 로마인들에게 검투사 경기를 보게 했다는 기록이 있고, 기원전 338년에 집정관과 기원전 318년에 감찰관을 역임한 마이니우스가 로마 광장에서 검투사 경기를 열었다는 기록도 있다.[5] 검투사 경기는 빠르면 기원전 7세기 말부터 열렸던 것으로 보인다.

죽은 자를 위한 사적인 이벤트였던 검투사 경기와 달리 전차 경주는 공적인 행위였다. 국고를 지원하여 개최하는 공적인 경기는 '놀이'라는 뜻의 '루두스ludus'라 불렸고, 여기에는 행진, 연극, 전차 경주가 포함되었다. 놀이 중에서 카베아cavea에서 하는 것과 키르쿠스circus에서 하는 것이 달랐다. 기원전 1세기의 로마 역사가 바로Marcus Terentius Varro(기원전 116~기원전 27)에 따르면, 카베아란 원형경기장에서 경기전 동물들을 가두어놓는 지하 우리, 극장에서 관중의 좌석 등을 지칭하는 말이다. 키르쿠스는 둥근 선, 울타리 등의 뜻을 갖는데 관중이 경기를 보기 위해 둥글게 서 있었기 때문에 혹은 경주가 경기장을 도는 방식이기 때문에 그런 명칭이 붙었다. 그래서 카베아를 극장으로, 키르쿠스를 경기장으로 번역한다. 기원전 52년 집정관이었던 키케로 Marcus Tullius Cicero(기원전 106~기원전 43)는 두 장소에서 행해진 구경거리를 다음과 같이 서로 구분했다.

> 공공 경기는 카베아와 키르쿠스로 나뉜다. 키르쿠스에서는 달리기, 복싱, 레슬링 등 신체로 하는 경쟁, 승부가 결정될 때까지 달리는 전차 경주가 개최된다. 반면 카베아에는 리라와 플루트의 음악 소리가 채워질 것이다.[6]

전차 경주는 축제 때 하는 일상적인 구경거리였다. 로마인이 각종 축제를 즐기기 시작한 것은 기원전 3세기부터였다. 이 시기에 와서 로마는 전례 없이 영토가 확장되면서 번영을 구가하기 시작했다. 로마가 지중해를 중심으로 세 개의 대륙을 장악하게 된 계기는 포에니 전쟁(기원전 264~기원전 146)이었다. 시킬리아 섬에서 분쟁이 발생하면서 카르타고와 로마에게 구원을 요청했고, 이것이 1차 포에니 전쟁이 발발한 계기였다. 2차 포에니 전쟁(기원전 218~기원전 201)은 일명 한니발 Hannibal Barca(기원전 247~기원전 182?) 전쟁이다. 한니발은 스페인을 근거지로 하여 로마의 동맹국인 사군툼을 공격했고, 이로써 2차 포에니 전쟁을 시작했다.

2차 포에니 전쟁은 로마가 동부로 진출할 수 있는 계기를 마련해주었다. 로마는 한니발을 지원하면서 그리스 지역에서의 영향력을 확대하고자 하는 마케도니아의 필리포스 5세Philippos V(기원전 238~기원전 179)를 저지하기 위해 출병했다. 패배한 필리포스 5세는 마케도니아를 제외한 모든 지역을 포기하고 막대한 배상금을 물어야 했다.

마케도니아의 쇠퇴는 시리아의 안티오코스 3세Antiochos III(기원전 242~기원전 187)의 팽창욕을 자극했다. 아나톨리아와 그리스 지역을 장악하려는 안티오코스가 기원전 192년 테살리아에 상륙함으로써 그리스 지배권을 주장하는 로마와의 전쟁(기원전 192~기원전 189)은 불가피했다. 기원전 188년 체결된 아파메아 평화 조약으로 안티오코스는 아나톨리아에서 페르가뭄의 지배권을 인정하는 동시에 소유할 수 있는 함선의 수를 10척으로 줄이고 전쟁 배상금을 지급해야 했다. 이처럼 이탈리아반도 장악을 넘어 지중해 주변의 국가들을 점령하면서 로마에 부가 집중되었다. 속주로부터 조세가 들어오고, 전쟁으로 얻은 전리품과 전쟁 배상금으로 로마는 부유해졌다. 축제는 로마가 부를 소비하는 방식이었다.

로마 팽창의 계기인 포에니 전쟁 동안 로마시에는 대규모 인구가 유입되었다. 정복한 속주에서 넘어온 자발적 유입자들도 있었고, 정무관들이 로마 시민권을 이유로 이주를 유혹하기도 했다. 기원전 218년 2차 포에니 전쟁이 벌어지기 직전 로마시에는 12만5000명이 거주했다. 기원전 133년 티베리우스 그라쿠스Tiberius Sempronius Gracchus(기원전

163?~기원전 133)가 토지 개혁을 시작할 때 로마시의 거주인구는 30만 명이 넘었다. 로마시로 유입된 인구 대다수는 빚으로 인해 시골의 농지를 대토지 소유자들에게 헐값에 팔아버린 가난한 농민들이었다. 이들은 수도에서 힘겹게 살아가는 동안 값싼 구경거리를 찾았다. 극장, 운동 경기, 거대한 야생동물 사냥 경기와 함께 전차 경주를 즐겼다. 정부는 이런 시민들의 열정에 부응하여 축제의 종류와 기간을 늘렸다.

전쟁이 지속되면서 신들에게 전쟁 승리를 기원할 필요가 있었던 것도 축제와 연결되었다. 다신교인 로마는 전쟁의 신을 포함하여 다양한 신들에게 제례를 지냈다. 전쟁터로 나간 군인들의 안위와 로마의 승리, 적군의 파멸을 기원하기 위해 정부의 지원으로 신들의 축제를 거행했다. 로마인은 집안의 남성을 전쟁터로 보냈기 때문에 그들의 무탈을 기원하는 축제에 무한한 열정을 보낼 수밖에 없었다.

말과 관련된 축제의 역사는 오래되었다. 2월 27일과 3월 14일에 개최하는 에퀼리아Equillia와 10월 15일에 개최하는 에쿠우스Equus는 기수가 말을 직접 타는 경기였다. 1대 왕인 로물루스 왕Romulus(기원전 753~기원전 716 재위) 때부터 시작된 에퀼리아는 로마시의 경계선 바깥에 있는 마르스 광장에서 개최되었다. 마르스 광장은 전쟁의 신인 마르스에게 봉헌된 장소였다. 전쟁이 발발했을 때 징집된 군인들은 여기에 모여서 전장으로 출발했다. 군인들은 개선식 때를 제외하고는 시내에 무기를 휴대하고 다닐 수 없었기 때문이다. 보병과 함께 기병도 같이 전장으로 출발했으므로 말을 타는 경주도 여기에서 거행되었다.

△ 2~3세기 대경기장에서 열린 전차 경주를 표현한 작품

타우리우스Taurius 축제는 5년마다 6월 25~26일 양일간 개최되었다. 에트루리아어로 '무덤tauru'을 뜻하는 말에서 유래했다. 지하 세계의 신들이 역병을 생기게 하므로 이들을 달래기 위한 축제다. 전차 경주, 황소 싸움, 희생제를 거행했다. 기원전 186년에 거행된 축제가 기록된 마지막 경기다.

4월은 축제의 달이었다. 2차 포에니 전쟁 기간에 로마인은 승리를 위해 아나톨리아의 신인 키벨레의 신성한 돌을 가져왔다. 기원전 194년 키벨레 신에게 봉헌하는 '메갈레시아 축제Ludi Megaleses'가 개최되었다. 메갈레시아는 '위대한'이라는 뜻의 그리스어 메갈레Megale에서 유래한 것으로 대모인 키벨레를 상징하는 것이다. 이 축제는 4월 4~10일에 개최됐으며 하루 동안 전차 경주가 열렸다. 기원전 202년부터 4월 12~19일에 열리는 '케레스 축제Ludi Cereri'는 풍요의 여신인 케레스를 기리는 것으로 하루 동안 전차 경주를 개최했다.

　기원전 42년의 케레스 축제에서는 전차 경주 대신 검투사 경기가 개최되었다. 이해에 카이사르를 암살한 브루투스Marcus Junius Brutus(기원전 85?~기원전 42)와 카시우스Gaius Cassius Longinus(기원전 86~기원전 42)를 처단하기 위해 안토니우스Marcus Antonius(기원전 83~기원전 30)와 옥타비아누스Gaius Octavianus(기원전 63~기원후 14)가 합심했다. 두 사람 휘하의 모든 병사와 브루투스와 카시우스 연합군이 필리피에서 전투하기 직전 로마시에서 이상한 징조들이 나타났다. 태양이 줄어들다가 급기야 아주 작아지더니 다시 커지기 시작해 평소보다 세 배나 커져 밤에도 환하게 빛나는 일이 일어났다. 여러 지역에서 천둥 번개가 내리쳤고, 유성이 여기저기 날아다녔다. 밤에 티베르강 아주 가까이에 있는 카이사르와 안토니우스의 집 정원에서 트럼펫 소리, 무기 부딪치는 소리, 무장한 사람들의 외침 소리가 들려왔다. 더구나 개 한 마리가 다른 개의 사체를 케레스 신전으로 끌고와 발로 땅에 파묻었다. 손가락이 양손에 각각 10개씩 달려 있는 아이가 태어났다. 상반신은 말, 하반신은 노새를 닮은 이상한 노새가 태어났다. 대경기장에서 카피톨리움으로 돌아오던 미네르바 여신의 전차가 뭔가에 부딪쳐 조각이 나버렸다. 알바산에 있던 유피테르 신 조상의 오른쪽 어깨에서 오른손으로 피가 흘러내렸다. 이런 징조들을 하늘의 경고라고 생각한 로마인들은 미네르바 여신의 전차가 부서졌으니 전차 경주 대신 피로 정화하는 검투사 경기가 적합하다며 이를 개최했다.

'플로라Ludi Florales 축제'가 4월 28일~5월 3일에 열렸다. 꽃의 여신이자 봄의 여신인 플로라는 원래 사비니인의 신이었으나 기원전 500년경 로마인이 이 신을 차용해왔다. 기원전 238년 플로라 축제가 로마시에서 처음 개최되었다. 사람들은 자연의 잡다한 색깔을 상징하는 여러 색깔의 의복을 입고 극장 공연을 즐기고 전차 경주를 개최했다. 축제는 처음에는 정해진 기간 없이 산발적으로 열리다가 기원전 173년부터 정규적으로 개최되었다. 4월은 4~10일, 12~19일, 28~30일을 축제로 보냈다.

기원전 216년 처음 개최된 '평민 축제Ludi Plebeii'는 유피테르 신을 기념하는 것이었다. 이 축제는 11월 4일에서 11월 17일 사이에 거행되었다. 전차 경주는 축제 마지막 3일, 즉 11월 15~17일에 열렸다. 기원전 208년에 시작된 '아폴로 축제Ludi Apollinares'는 이름에서 알 수 있듯이 아폴로 신에게 봉헌한 것이다. 축제는 7월 6일부터 7월 13일까지 개최되는데, 2일 동안 전차 경주가 벌어졌다.

기원전 1세기 술라Lucius Cornelius Sulla(기원전 138~기원전 78)와 카이사르Gaius Julius Caesar(기원전 100~기원전 44)가 자신들의 업적을 축하하는 축제를 만들었다. '술라의 승리 축제Ludi Victoriae Sullanae'는 기원전 82년 술라가 권력을 장악한 것을 경축하기 위한 것이었다. 승리의 신인 빅토리아가 술라를 지지한다는 것을 천명한 축제였다. 축제는 10월 26일부터 11월 1일까지 5일간 지속되었고, 마지막 하루 전차 경주를 했다. 카이사르는 술라의 예를 따랐다. '카이사르의 승리 축제Ludi Victoriae Caesa-

ris'는 매년 7월 20일부터 30일까지 개최했으며 3일 동안은 전차 경주가 열렸다. 자신의 명예를 위해 축제를 개최한 것이 선례가 되어 이제 전차 경주는 더 이상 종교적인 축제와 무관하게 되었다. 반드시 신과 연관되지 않아도 축제를 개최할 수 있었다.[7]

아우구스투스 황제Augustus(기원전 27~기원후 14 재위) 때 연간 축제일은 65일이었다. 축제의 구성을 보면 연극, 춤, 노래, 악기 연주 등으로 이루어지는 극장에서의 구경거리가 48일 정도를 차지했고, 나머지 전차 경주가 13일, 검투사 경기가 4일 정도 되었다. 1세기가 지나는 동안 축제하는 날들이 더 늘어났다. 아우렐리우스 황제Marcus Aurelius(161~180 재위)는 축제일을 줄여 135일만 남겨두었다는데, 이는 축제일 수가 135일은 넘었다는 뜻이다. 시간이 많이 지난 354년, 로마시에서 축제가 열린 날은 1년 중 176일이었다. 연극 공연 102일, 전차 경주 64일, 검투사 경기 10일 순이다. 2세기에 활동한 역사가 프론토Marcus Cornelius Fronto(100?~160?)에 따르면, 모든 계층이 전차 경주를 좋아하니 개최 기간이 늘어날 수밖에 없었다.[8]

전차 경주 개최 광고

\

검투사 경기는 민간에서 주관하는 구경거리이기 때문에 경기 전에 경기가 개최됨을 알리는 광고가 나붙었다. 검투사 경기가 다가오면 회

반죽으로 된 거리의 벽에 광고문이 새겨져서 오가는 사람들이 볼 수 있었다.

현재 이탈리아 로마와 폼페이의 벽에는 검투사 경기 광고문이 유적으로 남아 있다.

날씨가 허락한다면 플란쿠스가 제공하는 30쌍의 검투사들이 싸운다. 이들이 너무 빨리 죽을 경우 대체할 검투사들도 있고, 5월 1일, 2일, 3일에 걸쳐 싸울 것이다. 검투사 경기 다음에는 야생동물 사냥이 이어진다. 유명한 검투사 파리스도 참가한다. 파리스 만세! 자치시의 2인직에 입후보한 관대한 플란쿠스 만세! 마르쿠스가 달빛에 기대어 이 글을 썼다.

아우구스투스 황제의 아들인 네로 황제Nero(54~68 재위)의 종신 사제인 사트리우스가 소유한 20쌍의 검투사와 그의 아들인 발렌티스가 소유한 10쌍의 검투사들이 3월 28일부터 폼페이에서 싸운다. 기본적인 야생동물 사냥과 차광막을 제공할 예정이다.

아우구스투스 황제의 아들인 네로 황제의 종신 사제인 사트리우스가 소유한 20쌍의 검투사와 그의 아들인 발렌티스가 소유한 10쌍의 검투사들이 4월 8일에서 12일까지 폼페이에서 경기할 것이다. 법에서 허용한 야생동물 사냥도 개최할 것이고, 좌석들 위에는 차광막이 드리워져 있을 것이다.

안찰관인 아울루스가 소유한 검투사 가족이 5월 마지막 날 폼페이에서 싸운다. 야생동물 사냥도 있고 차광막이 제공된다. 네로 황제는 모든 검투사 경기에서 행복해 할 것이다.

툴리우스가 주최하는 경기에서 야생동물과 20쌍의 검투사들이 11월 4일과 11월 7일 폼페이에서 싸운다.[9]

이 광고문들은 관직에 입후보한 사람이나 관료들이 자신을 알리기 위해 개인적으로 소유한 검투사들로 경기를 주최한다는 안내문이다. 광고문을 보면 주최자의 이름, 개최일, 참여하는 검투사들의 숫자가 명시되고, 야생동물 사냥 여부가 관객을 끄는 데 중요했음을 알 수 있다. 해를 가릴 수 있는 차광막과 같은 부가 서비스도 있었다.

검투사 경기와 달리 전차 경주는 공적인 구경거리이기 때문에 대대적으로 알리지는 않았다. 축제일만 기억하면 모두 알 수 있기 때문이다. 그래도 경주 순서는 알릴 필요가 있었다. 다음은 6세기 이집트 옥시린쿠스에서 나온 것으로서 전차 경기장에 적혀 있었던 문구다.

행운을 위하여. 승리자들(전날 경주에서 승리한 자들 이름). 첫 번째 전차 경주. 전차 경기장으로 가는 행진*pompa circensis*. 노래하는 줄타기 춤꾼.

두 번째 전차 경주. 노래하는 줄타기 춤꾼. 세 번째 전차 경주. 가젤과 사냥개. 네 번째 전차 경주. 마임. 다섯 번째 전차 경주. 운동선수단. 여섯 번째 전차 경주.[10]

이 광고문은 전날 경주에서 승리한 기수들이 참석한다는 것과 6회 경주를 하는 중간중간 춤꾼, 사냥, 마임, 운동 경기로 흥을 돋울 것임을 알리고 있다. 경주가 벌어지기 전 사람들이 알고 싶은 것은 이번 축제에 어떤 전차 기수가 출전하는지, 그의 전적은 어떤지, 대결하는 상대는 누구인지 하는 것들이었다. 공식적인 광고문은 아니더라도 거리의 벽 곳곳에 관심을 가진 사람들이 적어놓은 낙서가 광고문을 대신했다. 낙서는 사람을 끌어들이는 역할을 했다. 축제를 빛내는 것은 사람이다. 많은 사람을 모이게 하기 위해서는 경주 개최 사실을 널리 인지시켜야 한다. 황제나 정치가는 사람들이 많이 모인 곳에서 자신의 영향력을 드러내고 싶어 하기 때문이다.

옥시린쿠스 비문의 광고문에서는 하루에 6회 경주를 소화한다고 되어 있지만, 제정 초기에는 하루에 보통 12회 경주가 벌어졌다. 이것은 클라우디우스 황제Claudius(41~54 재위) 때까지 표준적인 숫자였다. 37년 칼리굴라 황제Caligula(37~41 재위)가 자신의 생일에 무려 40회나 경주를 치르게 했지만, 이는 예외적인 경우였다. 46년 클라우디우스 황제는 경주 횟수를 24회로 늘렸다. 네로 황제는 질세라 하루에 더 많은 경주를 벌이려고 시도했으나 그의 자살로 인해 이루어지지는 않았다. 베스파시아누스 황제Flavius Vespasianus(69~79 재위), 티투스 황제Titus Flavius(79~81 재위), 도미티아누스 황제Flavius Domitianus(81~96 재위) 등이 24회 경주에 만족하지 못하고 30회 경주를 개최한 이들이다. 가장 놀라운 건 도미티아누스 황제다. 88년에 열린 '백년제Ludi Saeculares'에서 그는 하루에 무려 100회 전차 경주라는 대기록을 달성한다. 이때 경주 시간을 줄이기 위해 한 경주당 규정을 7바퀴에서 5바퀴로 바꿨다는 기록이 있다.

도미티아누스 황제 이후 전차 경주는 다시 7바퀴를 도는 하루 24회 경주 체제로 바뀌었다. 경제 상황이 좋지 않으면 경주 횟수를 줄일 수도 있었다. 204년 백년제에서 세베루스 황제Septimius Sever-us(193~211 재위)는 단 7회 경주만 허락했다. 물론 이는 특별한 상황이고 대개는 24회 경주를 유지하는 경우가 많았다. 354년의 필로칼루스 달력에 표기된 내년도의 경기 횟수를 보거나 6세기 로마의 정치가인 카시오도루스Flavius Magnus Aurelius Cassiodorus(490?~583?)가 "로마인들은 하루 24시간에 상응하기 위해 24회 경주를 연다"고 말한 것을 참고할 때 하루에 개최하는 경주 횟수는 24회로 고착된 것으로 보인다.

전차 경주 개최 전날

\

뭔가를 기대할 때 사람은 행복해진다. 그 일을 상상하는 것만으로도 웃음이 지어진다. 전차 경주가 벌어지기 전날 밤이 그런 날이었다. 원하는 시간은 더디게 왔다. 더딘 시간을 견딜 수 없는 사람들, 기쁨을 빨리 맞이하고 싶은 사람들은 한밤중이라도 전차 경기장으로 갔다. 일찍 서두르는 만큼 좋은 자리를 차지할 수 있다는 영리한 계산도 작용했다. 무료 좌석을 차지하고 앉아 밤새 기다리는 불편함 쯤이야 감수할 수 있었다.

너무 큰 기대는 사람을 불행하게 만들기도 한다. 가끔은 전혀 예기치 않은 일이 일상적이지 않은 방향으로 흘러가기 때문이다. 밤부터 자리를 차지한 사람들이 떠드는 소리는 조용히 잠을 자고 싶어 하는 사람에게는 소음으로 전해졌다. 그 소음의 대표적인 피해자는 황제였다. 전차 경기장과 황궁이 있는 팔라티누스 언덕이 불과 900미터밖에 떨어져 있지 않기 때문이다. 가까운 거리에서 나는 대형 소음은 황제의 수면을 방해하기에 충분했다.

이는 실제로 그러했다. 경주 전날 소란스러움에 잠을 자지 못하는 황제가 하나둘이 아니었지만, 칼리굴라 황제는 유독 참을 수 없었다. 그는 군인들에게 전차 경기장에 모여 있는 사람들을 몽둥이로 쫓아버리라고 명령했다. 황제의 명을 받은 군인들이 마치 벌레를 때려잡듯 사람들에게 몽둥이를 휘둘렀다. 건장한 군인들의 폭력 앞에 사람들은 속수무책으로 당할 수밖에 없었다. 상류층이라고 예외는 아니었다. 수십 명의 기사와 상류층 여성들이 군인들에게 폭행을 당했다. 그들은 무료 좌석을 얻으려는 게 아니라 단순히 구경하러 나왔을 뿐이었다.

△ 대경기장에서 바라본 팔라티누스 언덕의 황궁

상류층이 그럴진대 발에 밟힐 정도로 머릿수가 많고 옷차림새가 허름한 하층민은 어땠겠는가. 많은 사람이 죽을 때까지 맞기도 했고 쫓겨나고 도망가는 이들의 발에 압사당했다.

칼리굴라 황제의 폭압적 행위는 엘라가발루스 황제Elagabalus(218~

222 재위) 때 재현되었다. 전차 경주가 벌어지지도 않았는데, 경기장에 미리 와서 기다리는 사람들을 참을 수 없었던 그는 군중 속에 수많은 뱀을 풀어놓았다. 결과는 그의 희망대로 되었다. 바닥을 기는 뱀을 본 사람들이 소스라쳐 고함을 지르자 경기장은 순식간에 아수라장으로 변했다. 뱀을 피하려다가 혹은 전차 경기장 밖으로 서로 먼저 나가려다가 우왕좌왕하는 와중에 일부 사람이 넘어졌고 그 위로 수십 명이 뒤엉키면서 사상자가 속출했다.

조금이라도 더 가까이 전차 기수를 볼 수 있는 좋은 자리를 차지하려는 열정을 칼리굴라 황제나 엘라가발루스 황제가 이해하지 못하는 바는 아니었다. 이들 역시 전차 경주를 좋아했다. 다만 사람들이 미리 경기장에 와서 내는 소음을 견딜 수 없었을 뿐이다. 전차 경주가 개최되기 전날은 황제든, 상류층이든, 하류층이든 전차 경주와 관련된 기대와 흥분으로 종일 어수선했다. 그렇게 전차 경주는 로마인의 일상과 함께했다.

전차 경주에 대한 열정은 4세기에도 식지 않았다.

그들에게 대경기장은 신전이자, 두 번째 집이자 모임의 장소였다. 사실 그것은 그들의 모든 희망이자 바람이다. 그들은 다른 사람과 격렬하게 싸우고, 거의 항상 다른 사람과 전차 경주와 그들의 조직에 대해 논쟁할 것이다. 이미 삶의 끝에 이른 사람, 앞으로 남은 시간을 헤아릴 수 있을 정도인 사람도 자신들이 돈을 건 기수가 출발선에서 나머지 전차를 앞서서 뛰어나가지 않는다면, 말들이 뭔가에 홀려 경주로에서 너무 넓게 방향을 돈다면 나라가 망한다고 맹세한다. 전차 경주를 갈망하는 날이 밝자마자 게으르고 무관심한 그들은 해가 뜨기도 전에 가능한 한 빨리 경기장으로 돌진할 것이다. 마치 경쟁하는 전차가 기를 쓰고 앞지르려고 하듯이. 대다수 사람은 경주 결과에 따라 얻거나 잃는 문제로 신경질적이어서 경주가 열리기 전날 밤은 쉴 수도, 잠을 잘 수도 없었다.[11]

사람들은 다음 날의 전차 경주를 기대하며 긴장되고 잠 못 이루는 밤을 보냈다.

2.
전차 경기장으로 가는 길

로마시의 전차 경기장

\

　로마시를 대표하는 경기장은 대경기장이었다. 그리스 사가인 디오니시우스_{Dionysius Halicarnassus}(기원전 60~?)는 대경기장을 보고 "로마시에서 가장 아름답고 가장 경이로운 건물"이라고 감탄했다. 이런 건물을 지은 것은 전차 경주에 대한 로마인의 애착을 단적으로 드러낸다.

　로마시는 수도의 위상에 맞추기라도 하듯 여러 개의 전차 경기장을 보유하고 있었다. 전차 경주를 좋아하는 사람이 많으니 자연스레 장소가 필요했고, 인기 있는 정치인들이 자신의 이름을 남기기 위해 전차 경기장을 세우려 했기 때문이다. 로마시에서 가장 먼저 지어진 것은 대경기장이었다. 대경기장은 5대 왕인 타르퀴니우스 프리스쿠스가 기원전 600년경에 건설했고, 7대 왕인 타르퀴니우스 수페르부스_{Tarquinius Superbus}(기원전 535~기원전 509 재위)가 증축했다.

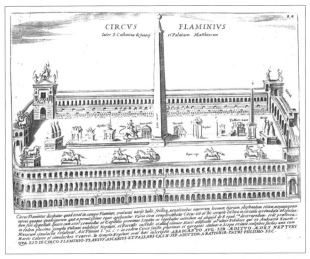

△ 자코모 로로가 1641년에 그린 플라미니우스 경기장 판화. 오른쪽에 출발문이, 왼쪽 위에 무르키아 사당이 보인다. 전차들이 시계 방향으로 도는 것으로 잘못 그려져 있다.

대경기장 다음으로 오래된 것은 플라미니우스 경기장Circus Flaminius 이다. 대경기장이 처음에는 그냥 경기장이라고만 불리다가 플라미니우스 경기장이 만들어지면서 구분하기 위해 그 크기와 화려함에 걸맞은 대경기장이라는 이름을 얻었다. 대경기장의 서북쪽에 있는 플라미니우스 경기장은 기원전 220년 감찰관이었던 플라미니우스Gaius Flaminius(기원전 275?~기원전 217)가 건립했다. 이 경기장은 경주로가 짧아 전차 경주보다 극장이나 야생동물 사냥 경기용으로 사용했다. 장례 연설장, 공공 집회장, 군수품 분배 장소, 전리품 전시장 등 다양한 용도로도 활용되었다. 아우구스투스 황제 때 플라미니우스 경기장의 경주로 중앙에 물웅덩이를 파서 36마리의 악어를 풀어놓고 사냥하는 경기가 열렸다.

칼리굴라 황제가 세운 경기장은 출산과 복점의 신인 '바티카누스의 땅'에 지어 바티카누스 경기장Circus Vaticanus이라는 이름으로 더 유명하다. 오늘날 바티칸의 베드로 대성당이 있는 곳에 있었던 이 경기장은 길이 560미터, 넓이 80미터에 이르는 것으로서 대경기장보다 작았다. 칼리굴라 황제는 이 경기장을 대경기장에 버금가는 큰 경기장으로 만들고 싶었다. 그는 이집트 알렉산드리아에서 거대한 오벨리스크를 배로 싣고 와 경기장의 중앙분리대를 장식했다. 25.5미터에 달하는 오벨리스크는 중앙분리대를 장식한 오벨리스크 중 가장 큰 것이었다. 이 오벨리스크는 오늘날 베드로 광장 중앙에 세워져 있다. 경기장의 방향과 넓이가 대성당과 달라 현재의 장소가 칼리굴라 황제가 세운 지점은 아니었다.

거대한 전차 경기장을 지으려는 칼리굴라 황제의 꿈은 암살로 인해 후임인 클라우디우스 황제와 네로 황제에게 넘어갔다. 클라우디우스 황제는 자신이 지은 전차 경기장에서 자주 전차 경주를 개최했는데, 가끔 5회 경주한 후에 야생동물 사냥 경기를 열기도 했다.[12] 클라우디우스와 네로 황제의 경기장은 황제들이 원하는 대로 편하게 전차 경주를 여는 황제 개인용에 가까웠다. 베스파시아누스 황제는 네로의 실정을 기억하게 하는 모든 것을 제거하고자 했다. 그 노력의 하나로 황제는 전임 황제의 전차 경기장을 공원으로 바꾸어버렸다.

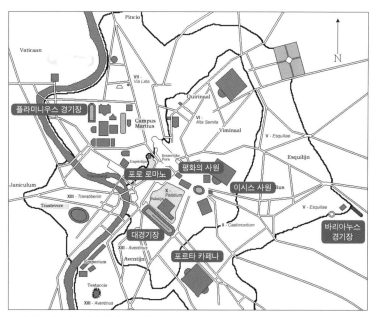

△ 고대 로마시에서 주요 경기장의 위치

바리아누스 경기장Circus Varianus은 세베루스 황제가 시작하여 엘라가발루스 황제가 완성했다. 엘라가발루스는 태양신 엘라가발의 성소를 관리하여 붙여진 이름이다. 본명은 바리우스였기 때문에 그 이름을 따서 바리아누스 경기장으로 불렸다. 이 경기장은 길이 565미터, 넓이 115~125미터에 달했다. 경기장의 운명은 그렇게 길지 못했다. 271~275년 이민족의 침입에 대비해 로마시 방어를 목적으로 아우렐리아누스 성벽이 들어서면서 경기장을 갈라놓았기 때문이다. 경주로의 일부는 성벽 내부에, 일부는 성벽 외부에 위치하게 되면서 바리아누스 경기장은 무용지물이 되었다. 외벽과 중앙분리대는 없어졌고, 9.75미터의 오벨리스크만 덩그러니 남아 있었다. 오벨리스크는 1632년 바르베리니 궁전으로 옮겨졌고, 1769년에 다시 바티칸으로 옮겨졌다. 현재 이 오벨리스크는 1822년부터 보르게세 공원에서 과거의 영광은 잊은 듯 서 있다.

로마시에서 가장 잘 보존된 경기장은 312년 건설된 막센티우스 경기장Circus Maxentius이다. 길이 529미터에 넓이 92미터, 경주로의 길이 503미터에 넓이 79미터에 달하는 이 경기장은 1만 명을 수용할 수 있었다. 이름에서 알 수 있듯이 이 경기장을 건설한 사람은 막센티우스 황제Maxentius(306~312 재위)였다. 막센티우스가 전차 경기장을 지은 것은 그의 황제 등극 과정을 살펴봐야 이해할 수 있다.

막센티우스의 제위 계승은 우여곡절이 많았다. 비천한 출신으로 군인들에게 황제로 추대된 디오클레티아누스 황제Diocletianus(284~305 재위)는 넓은 제국이 사방에서 야만족들의 맹공을 겪고 있는 상황에서 황제 한 사람이 모든 문제를 해결하기에는 불가능하다고 생각했다. 디오클레티아누스는 친구이자 동료 군인인 막시미아누스Maximianus(286~305 재위)를 공동 황제로 삼아 서방을 맡겼다. 능력 있는 갈레리우스Galerius(305~311 재위)와 콘스탄티우스Constantius(305~306년 재위)는 부황제이자 각각 동방과 서방 황제의 양자가 되어 황제에게 문제가 생길 때 부황제가 자연스럽게 계승하는 원칙이 세워졌다.

306년 콘스탄티우스 황제가 사망한 후 그의 아들인 콘스탄티누스Constantinus(306~337 재위)가 제위 계승권을 주장했다. 당시 그는 부황제도 아니었다. 동방의 황제 갈레리우스는 분노했으나 책략이 뛰어난 콘스탄티누스를 상대로 전쟁에서 승리할 가능성이 희박했다. 어쩔 수 없이 콘스탄티누스를 부황제로 삼고, 자신의 부하인 발레리우스 세베루스Valerius Severus(306~307 재위)를 황제로 승격시켜주었다. 그러나 이번에는 전임 황제인 막시미아누스와 그의 아들인 막센티우스가 들고일어났다. 발레리우스 세베루스를 공격하여 승리한 두 부자는 스스로 황제라 칭했다. 콘스탄티누스가 황제로 승격되자 갈레리우스는 친구인 리키니우스Licinius(308~324 재위)를 황제로 임명했다. 그러자 부황제였던 막시미누스 다이아Maximinus Daia(311~313 재위)도 스스로 황제라 칭했다. 이로써 서방에는 콘스탄티누스, 막시미아누스, 막센티우스, 동방에는 갈레리우스, 리키니우스, 막시미누스 다이아 등 총 6명의 황제가 난무하는 상황이 되었다.

6명의 황제 중 가장 먼저 제위에서 탈락한 사람은 아들과 불화를 겪었던 막시미아누스였다. 막시미아누스는 간섭을 싫어했던 막센티우스를 응징하기 위해 근위대를 부추겼으나 오히려 근위대가 막센티우스를 지지하자 사위이자 동맹자였던 콘스탄티누스의 궁정으로 피했다. 마침 콘스탄티누스 황제가 프랑크족의 침입으로 라인강 지역에 가 있는 틈을 타 막시미아누스가 이탈리아를 장악하려 하자 콘스탄티누스 황제는 그를 공격, 패배시켰다. 막시미아누스가 자살하고, 갈레리우스

△ 샤를 르브룅, 「밀비아누스 다리의 전투」의 일부, 1666년 작품

가 지병으로 사망하자 황제는 콘스탄티누스, 막센티우스, 막시미누스 다이아, 리키니우스 등 4명으로 줄어들었다. 그 후 콘스탄티누스와 리키니우스가 동맹을 맺게 되었고, 각각 막센티우스와 막시미누스 다이아를 패배시켰다. 마지막으로 콘스탄티누스가 리키니우스에게 승리를 거두면서 내전의 최종 승자가 되었다.

부황제가 아니면서 스스로 황제로 등극한 막센티우스는 황제로서의 정통성을 인정받고자 했다. 그 수단으로 그는 유구한 로마 역사의 뿌리인 로마시를 장악하고자 했다. 그 로마시에 건국의 상징인 전차 경주를 개최할 경기장을 만들고 싶었다. 하지만 그는 자신이 지은 경기장을 사용하지 못했다. 312년 로마시 북부의 밀비아누스 다리 전투에서 막센티우스는 콘스탄티누스 황제에게 패했고, 다리가 부서지면서 급류에 휩쓸려 사망했기 때문이다.

기원전 7세기부터 기원후 4세기까지 로마의 지배자들은 전차 경기장 건설을 자신의 업적으로 삼았다. 더 웅장하게, 더 화려하게 지은 경기장에 자신의 이름을 붙인다면 당대는 물론, 후대인도 오랫동안 자신을 기억할 것이라는 생각에서였다. 카이사르처럼 신전을 지을 수도, 폼페이우스Gnaeus Pompeius Magnus(기원전 106~기원전 48)처럼 극장을 지을 수도 있지만, 매일같이 이용하고 극적인 재미까지 더해주는 전차 경기장을 더 좋아할 것이라는 계산이었다. 로마의 크고 작은 전차 경기장은 위대한 기념물을 남기고 싶은 지배자들의 열망의 산물이었다.

속주의 전차 경기장

\

속주에 있는 전차 경기장 중 가장 잘 보존된 것은 리비아 지역의 렙티스 마그나 경기장이다. 2세기에 지어진 것으로 길이 450미터, 넓이 70미터에 수용 인원은 2만2000명 규모다. 북부 아프리카의 카르타고에는 길이 500미터, 넓이 78미터에 수용 인원은 4만 명에 달하는 경기장 유적도 있다. 그러나 렙티스 마그나 경기장처럼 화려한 출발문이나 장식은 없다. 우티카, 티스드루스, 하드루메툼과 같은 도시에 작은 규모의 전차 경기장이 있었다.

이베리아반도의 타라고나, 사군툼, 톨레도, 칼라호라, 메리다, 이탈리카 등지에도 전차 경기장이 있었다. 그 지역을 다스리는 정무관들이 로마 황제를 기려 전차 경주를 개최하기 위해 지은 것이다. 특히 스페인 지역에서 전차 경주는 무척 인기였는데, 로마에서 최고의 승리를 거둔 유명한 전차 기수 디오클레스가 스페인의 루시타니아 출신인 것은 우연이 아니었다.

갈리아 지역의 리옹, 아를, 생트, 비엔느에는 경기장을 갖추지 못하고 경주로만 닦아 유지하다가 안토니누스 피우스Antoninus Pius(138~161 재위) 황제 때 아를에 유일하게 전차 경기장이 건립되었다. 이 경기장은 큰 규모로서 길이 450미터, 넓이 80미터의 크기였다. 비엔느에는 중앙분리대를 장식한 15미터의 오벨리스크 외에는 유적이 남아 있지 않다. 게르마니아에는 경주로에 대한 기록이 거의 없다. 아마도 전차 경주가 그렇게 인기를 끌지 못했기 때문인 듯하다. 유일하게 전차 경주에 적합한 경기장을 가진 곳은 트리어였다. 경주로 길이가 440미터, 넓이가 80미터로서 4세기 초 콘스탄티누스 황제 때 건립되었다. 브리타니아 지역에는 경기장 유적이 살펴지지 않는다.

그리스 전통이 강한 동부 지역에는 전차 경기장이 많이 건립되었다. 특히 이집트, 팔레스타인, 시리아에 경기장이 많았다. 2세기에 들어 콘스탄티노폴리스, 안티오키아, 카이사레아, 안티노폴리스, 게라사, 보스트라, 고르틴, 라오디케아, 티레 등지에 경기장들이 건립되었다. 이중 안티오키아 경기장이 가장 규모가 컸다. 길이 492미터, 넓이 70~75미터로서 수용 인원이 8만 명이었다고 하는데, 이 인원은 북부 아프리카의 유적과 비교하면 과대평가된 것이다. 가장 작은 것은 게라사의 것으로 길이 244미터, 넓이 51미터였다.

콘스탄티노폴리스 경기장의 내부 모습은 현재로서는 잘 알 수 없다. 지금의 이스탄불에 있는 경기장 유적은 우리에게 경주로 일부의 모습을 간신히 보여주고 있을 뿐이다. 경기장의 전체 모습은 이스탄불 도심의 지하에 잠들어 있다. 다만 경기장 중앙분리대를 장식하고 있었던 네 마리의 청동 말은 현재 베네치아 산마르코 성당의 입구 위에 당당하게 서 있다. 1204년 십자군이 콘스탄티노폴리스는 점령하면서 약탈했던 것이 오늘날까지 남아 전하는 것이다.

대경기장의 역사

\

    로마시에서 사람들이 가장 많이 찾는 경기장은 대경기장이었다. 이름에 걸맞게 전차 경주가 개최되는 빈도가 다른 경기장보다 높았고, 규모도 커서 관중이 많을 수밖에 없었다. 고대 로마 5대 왕 타르퀴니우스 프리스쿠스는 라틴인의 도시 아피올라이를 점령한 적이 있었다. 그는 사람들의 예상을 뛰어넘는 엄청난 양의 전리품을 가지고 돌아왔는데, 이를 기념하기 위해 예전 왕들이 했던 것보다 더 화려한 구경거리를 만들고 싶었다. 기원전 600년경 그는 팔라티누스 언덕과 아벤티누스 언덕 사이의 넓은 무르키아 계곡에 대경기장을 세웠다. 무르키아 계곡은 기원전 8세기 로마가 건국할 때 신성한 숲이 있던 장소였다. 기원전 7세기 안쿠스 마르티우스 왕Ancus Martius(642~617 재위) 때부터 무르키아 여신에게 제례를 드리던 장소이기도 했다. 그는 그런 신성하고도 유래 깊은 장소에 자신의 업적을 남기고 싶었다. 그러나 여기엔 좀 더 깊은 뜻이 있었다. 즉, 계곡을 활용해 지은 타르퀴니우스 경기장의 경주로가 왕이 사는 팔라티누스 언덕의 황궁에서 내려다보이도록 설계되었다. 타르퀴니우스 프리스쿠스 왕은 그곳에서 에트루리아에서 수입해온 말로 사람들에게 구경거리를 제공했고 그 자신도 이를 즐겼다.

    세월이 지나면서 대경기장은 온갖 자연재해를 겪게 되었다. 기원전 187년 전차 경주 도중 큰 장대가 폴렌티아 신상에 떨어져 부서진 일이 있었다. 이로 인해 원로원은 경기장에 신상 두 개를 만들고 하나는 금박을 입히기로 결정했다. 이 신상과 장대가 어디에 있었는지는 명확하지 않지만 아마도 중앙분리대에 장식된 것으로 추측된다. 기원전 182년에는 강력한 폭풍이 불어 중앙분리대에 있던 세이아, 메시아, 투툴라나 같은 신상들이 부서졌다.

카이사르는 기원전 55년 폼페이우스가 석조 극장을 지은 것에 자극을 받아 대경기장을 재건축했다. 카이사르가 재건축한 대경기장의 길이는 700미터였고, 넓이는 123미터였다. 카이사르는 바다를 상징하는 물웅덩이*euripus*를 만들었다. 나중에 네로 황제는 기사들을 위한 좌석을 마련하면서 이 물웅덩이를 없애버렸다.

기원전 31년 대경기장에 화재가 발생하여 목조 구조물이 완전히 파괴되었다. 기원전 30년 아우구스투스 황제는 사람들의 지지를 얻기 위해 대경기장을 재건축했다. 황제와 그 가족들을 위한 '황제의 공간*pulvinar*'을 만들었고, 중앙분리대에 오벨리스크를 세웠다.

기원전 33년 안찰관이었던 아그리파Marcus Vipsanius Agrippa(기원전 64?~기원전 12)는 국고에서 돈을 지원받지 않고 사비를 들여 공공건물과 거리를 보수했다.

그는 기수들의 경기장 회전수 계산에서 착오가 발생하는 것을 보고 돌고래와 달걀 모양의 주행 기록기를 만들었다. 그래서 그 도움으로 횟수를 정확히 알 수 있도록 했다.[13]

△ 현대에 재현한 전차 경주에서 돌고래 모양의 주행 기록기를 볼 수 있다.

그런데 아그리파가 대경기장에 돌고래와 달걀 모양의 주행 기록기를
설치했다는 디오Lucius Cassius Dio(155?~235?)의 기록은 역사가 리비우스
Titus Livius(기원전 59~기원후 17)의 기록과 시기 면에서 상충한다.

기원전 174년의 감찰관인 플라쿠스와 알비누스는 대경기장에 중앙분리대를 설치했고, 회전수를 표시하는 달걀형 공을 제공했으며, 아레나로 보내질 동물들을 가두는 우리에 철문을 만들어주었다.[14]

이처럼 달걀 모양 장치에 대한 기록이 이미 기원전 174년에 등장한다. 당시에도 중앙분리대에 긴 대에 달걀 모양을 한 물체를 달아 세우고 기수가 한 바퀴 돌 때마다 장대를 내리는 장치가 있었던 것이다. 그보다 100년 이상 후대의 사람인 아그리파는 기존의 달걀형 물체 대신 돌고래 모양을 새롭게 추가했을 가능성이 있다.

아우구스투스 황제의 전차 경기장은 길이 약 609.6미터, 넓이 115.8미터의 2층 건축이었다. 1층은 돌로 지어졌으며 앞면에는 가게들이 들어서 있었다. 위층은 나무로 축조되었고 관중은 계단과 통로를 이용해 자기 자리를 찾아갈 수 있었다. 디오니시우스에 따르면, 직선과 타원형을 합친 경주로의 총 길이는 8스타디온(1600미터)으로서 15만 명을 수용할 수 있었다. 당시 로마시의 인구가 100만 명이었으니 얼마나 컸는지 짐작이 간다.

64년 7월 로마시의 대화재는 대경기장에서 발화했다.

재난이 뒤따랐다. 우연인지, 황제의 배신적인 책동 때문인지는 확실하지 않다. 두 가지 학설 모두 근거가 있다. 이 재난은 로마시에 일어난 어떤 대규모 화재보다 더 나쁘고, 더 치명적이었다. 처음 불길은 팔라티누스 언덕과 카일리우스 언덕에 인접해 있는 대경기장의 일부 지역에서 시작되었다. 대경기장 바깥에 인화성이 있는 상품들을 진열해놓은 상점들에서 불이 발화했다. 불은 강한 바람을 타고 순식간에 번져 대경기장 바깥 상점들을 전부 집어삼켰다. 이곳에는 단단한 대리석으로 지어진, 불길로부터 방어막이 되어줄 만한 집이나 신전, 불길을 지연시킬 어떤 장애물도 없었다. 거칠고 사나운 불길은 도시의 저지대로 먼저 번지더니 이어서 언덕 지역을 타고 올라갔다. 언덕 아래의 모든 지역이 폐허가 되었다. 어떤 소방 대책도 소용이 없을 정도로 불길은 거세게 번졌다. 당시 로마시의 길들은 좁고, 구불구불하고, 불규칙적이었다. 불길은 이 길을 따라 급속도로 어떠한 자비도 베풀지 않고 퍼졌다.

공포에 질려 울부짖는 여성들, 무기력한 노인들, 울어대는 아이들, 다른 이들을 구하려는 사람, 병자를 끌고 나가는 사람 등으로 거리는 뒤섞였다. 한 사람이 허둥지둥 서두르면 다른 이들에게 영향을 미쳐 혼란이 가중되었다. 앞쪽의 불길을 구경하는 사람들의 옆쪽에서 금세 불길이 덮쳐오기도 했다. 가까운 곳으로 피난하면 불길이 그곳도 덮쳤다. 점차 사람들은 자신과 멀리 떨어져 있는 곳도 똑같은 재앙에 휘말렸다는 것을 알았다. 마침내 그들은 어디로 피해야 할지, 어디로 가야 할지를 알지 못했다. 그들은 거리로 밀어닥치거나 들판으로 몸을 던졌다. 전 재산을 잃어 그날 먹을 빵조차 없었다. 탈출구가 열려 있었지만 가까운 친척을 구하지 못한 안타까움에 목숨을 끊는 사람도 있었다. 누구도 불길을 막을 수 없었다. 심지어 불길을 끄지 못하게 하는 이들의 끊임없는 위협도 있었다. 그들은 정부가 시킨 일이라고 소리치면서 횃불을 던졌다. 진짜 명령을 받아서 그렇게 하는 것인지, 더 자유롭게 약탈하려고 그러는 것인지 알 수 없었다.**15**

6일째 되는 날 에스퀼리누스 언덕 기슭에서 가까스로 불길을 잡았다. 하지만 다시 불길이 번져 3일 동안 로마시를 태웠다. 당시 로마시는 14개 구역으로 나뉘어 있었는데, 화재 후 온전하게 남아 있는 것은 4개 구역밖에 없었다. 3개 구역은 불탄 평지가 되었고, 나머지 7개 구역은 절반쯤 불탄 집들의 잔해가 드문드문 서 있었을 뿐이다. 이 대화재는 대경기장 건물의 외곽을 둘러싸고 있던 상점에서 시작되었다. 여러 상품이 진열되어 있어서 불길이 쉽게 발화, 확산했다. 이 불로 대경기장의 다양한 장식들도 소실되는 운명을 맞았다.

대경기장은 대부분 나무로 지어졌다. 그만큼 화재의 위험에 늘 노출되어 있었다. 또다시 화재가 일어난 것은 80년이었다. 이때 대경기장의 나무로 된 위층이 완전히 붕괴됐다. 대경기장은 트라야누스 황제 Trajanus(98~117 재위) 때인 103년이 되어서야 재건축되었다. 이때 대경기장을 3층으로 만들어 좌석을 늘림으로써 전체 수용 인원이 25만 명이 되었다. 이는 재앙의 원인이 되었다. 안토니누스 피우스 황제 때 최상층 좌석이 일부 붕괴하여 1112명이 사망하는 대참사가 벌어졌다. 대경기장은 카라칼라 황제 Caracalla(198~217 재위) 때 보수되었다. 붕괴되고 보수하는 일은 3세기 후반에도 반복되었다. 디오클레티아누스 황

△ 위베르 로베르, 「로마시 대화재」, 18세기 작품

제 때 대경기장 최상층 벽이 대부분 붕괴하여 1만3000명의 사상자가 발생했다. 이처럼 엄청난 재난이 발생했는데도 전차 경주 없이는 하루도 못사는 게 로마인인만큼 대경기장은 빠르게 복구되었다.

대경기장으로 들어가는 길

\

　대경기장 바깥에 1층으로 된 주랑柱廊현관이 있었다. 여기에 가게들이 위치해 각종 음료나 기념품을 팔았다. 주랑의 가게를 통해 경기장으로 들어갈 수 있는 입구와 계단이 있어서 사람들이 편리하게 들락날락할 수 있었다. 축제가 열리는 날 주랑은 대목을 맞았다. 가판대에는 다양한 물건들이 놓여 손님을 기다리고 있었다.

　전차 경주가 벌어지는 날이면 어김없이 등장하는 것이 바퀴가 달린 말 모양 목제 장난감이었다. 목이나 말의 입 부근에 구멍을 뚫어 실을 매달아 끌고 다니는 아이들을 보면 다른 아이들이 부모에게 사달라고 조르기 마련이었다. 전차 모형의 목제 장난감이나 유명한 기수를 조각한 작은 인형도 인기 있는 품목이었다. 전차 모형이나 기수 인형에는 전차 기수들의 팀을 상징하는 각각의 색깔이 칠해져 있었다. 사람들은 자신들이 응원하는 팀 색깔이 입혀진 물건을 사 갔다. 경주 장면이 그려진 도자기나 등잔은 어른들이 사는 물건이었다. 전차 경기장 안에서 경주를 보면서 끼니를 간단히 해결하기 위해 구운 빵, 밀가루 반죽으로 만든 과자류, 뜨거운 음식과 음료를 파는 가게들은 항상 붐볐다.

여름이지만 딱딱한 자리에 오랫동안 앉아 있을 것을 고려하여 푹신한 방석을 파는 가게도 있었다. 아우구스투스 황제 때는 맨발로도 입장이 가능해서 신발을 챙겨야 한다는 걱정은 없었다. 맨발 입장은 그다음 티베리우스 황제Tiberius(14~37 재위) 때 허용되지 않다가 칼리굴라 황제 때 다시 허용되었다. 우여곡절을 거쳤지만, 여름이라는 상황을 참작하여 허용하는 쪽으로 가닥이 잡혔다. 다만 흰색 토가는 반드시 걸쳐야 했다. 노예들은 무릎까지 오는 투니카를 입고 돌아다녔지만, 로마 시민이라면 길게 걸치는 토가를 입어야 했다. 공적인 자리이니만큼 최소한의 예의는 지키라는 뜻이었다.[16]

전차 경기장 주변 가게의 장사꾼들, 탁자 위나 바닥에 이런저런 물건들을 펼쳐놓은 장사꾼들이 자신들의 물건을 사라고 외치는 소리는 경기장 주변의 부산함을 더해주었다. 일부 가게에는 매춘부와 점성가들이 죽치고 있었는데, 트라야누스 황제가 이들을 전부 내쫓았다. 그러나 전차 경주에 대한 기대와 흥분, 여운으로 사람들의 주머니가 쉽게 열리기 때문에 이들에게 대경기장은 놓칠 수 없는 수입처였다. 황제의 조치에도 그들은 다시 대경기장의 한 구석을 차지하면서 영업을 계속했다. 기독교인들은 전차 경기장과 매춘을 연결 지으면서 사람들에게 경기장 주변에는 얼씬도 하지 말 것을 종용했다.

장사꾼들의 호객 행위는 어떤 이에겐 귀찮은 방해물에 불과했다. 이들은 멀리서 대경기장의 끝자락이 보일 때부터 흥분하기 시작했다. 첫

▷ 토가를 입은
티베리우스,
1세기 작품

경주를 놓치지 않으려고 아침 일찍부터 서둘렀던 이들은 빨리 경기장 안으로 들어가고 싶었다. 첫 경주는 각 팀의 최정상 기수들이 벌이는 일종의 이벤트였다. 조급한 마음은 모두 같았지만 발걸음은 느리기 짝이 없었다. 말 그대로 인산인해였다.

방향 감각을 잃은 채 떠밀려 대경기장 입구에 도착한 사람들은 막다른 골목에 다다른 느낌이었다. 대경기장의 입구는 15만 명을 빨리 삼키기에는 턱없이 좁았다. 좁은 입구를 비집고 들어가려는 사람들은 마치 살기 위해 도망치는 것 같았다. 입구의 정체가 풀리기 위해서는 기다리는 수밖에 없었다. 시간이 지나면서 줄은 더욱 길어졌다. 첫 번째 전차 경주가 시작되기 전까지 이 많은 사람이 다 들어가기는 어려워 보였다. 앞에서 조금만 더 빨리 움직이면 첫 번째 경주부터 볼 수 있을 것이라는 희망을 품은 사람들은 조급함에 앞사람을 밀쳤다. 밀려도 갈 곳이 없는 앞사람은 밀치는 뒷사람에게 짜증 섞인 말을 하거나 소리쳤다. 이는 곧바로 둘 간의 시비로 이어졌다. 쓰나미처럼 인파의 거대한 물결이 밀어닥치는 모습은 보기만 해도 두려운 광경이었다.

입구를 향하는 사람들의 흐름 속에서 자연스럽게 귀족과 부자들의 움직임이 눈에 띄었다. 그들은 마치 사람들과는 동떨어진 것처럼, 혼란 속의 고고함을 추구하는 듯 보였다. 그렇게 여유를 부릴 수 있었던 것은 건장한 체격의 노예들 덕택이었다. 노예들이 군중 틈을 비집고 길을 열었고 귀족과 부자들은 그 뒤에서 안전하게 걸어갔다. 권력과 돈의 위력이었다.

무료입장

\

　축제 기간이 다가오면 사람들은 입장권*lesserae*을 구하려고 애썼다. 입장권이 배포되면 사람들은 경주하는 날이 다가오고 있음을 느꼈다. 입장권에는 무료입장권과 유료 입장권이 있었다. 유료 입장권의 정확한 가격을 알 수는 없다. 하지만 하층민도 올 수 있었던 것을 보면 무료입장이 많거나 황제, 부유한 원로원 의원들이 후원했음을 알 수 있다. 로마의 전차 경주는 왕정기부터 왕이 개최했고, 공화정 초기에는 집정관, 법무관, 안찰관 등 정무관이 주최했다. 국고에서 자금을 받지만, 자신의 업적을 만들어 사람들의 지지를 얻기 위해 사비를 들이는 경우도 있었다. 그래서 수십만 명이 전차 경주를 관람할 수 있었다.

　39년 칼리굴라 황제는 여동생인 드루실라*Julia Drusilla*(16~38)의 생일을 축하하기 위해 대경기장에서 이틀 동안 야생동물 사냥 경기를 무료로 개최했다. 역으로 말하면 다른 구경거리는 무료가 아니었다는 것이다. 기원전 122년 정무관들이 시야가 좋은 자리에 임시 좌석을 만들어 사용료를 받으려 했다는 기록이 있다. 이처럼 아레나 앞이나 로마 광장처럼 좌석이 없는 곳에서 행사가 벌어질 경우 가까운 건물 위층 발코니 같은 좋은 자리는 유료였다. 뒤의 일반 대중을 위한 자리는 무료였다. 콜로세움은 입장권에 좌석이 명시되어 있지만, 대경기장에는 상류층을 제외하고는 개인 좌석이 없었다. 그래서 사람들이 경주가 열리기 전날 밤부터 대경기장의 무료 좌석을 선점하느라 대소동을 피워 칼리굴라 황제에게 쫓겨나는 일이 벌어진 것이다. 돈이 있는 사람은 미리 대경기장에 나가 선점하고 있는 사람에게 자리를 살 수도 있었다.

신분에 걸맞은 좌석이 있었던 상류층과 달리 하층민은 입장권 개념 없이 무더기로 입구로 돌진했다. 대경기장 입구로 들어가 계단을 올라가면 긴 통로가 나왔다. 어둡기는 했지만 대각선으로 들어온 빛이 통로를 비추고 있어서 방향을 가늠할 수 있었다. 출발하는 문이나 결승선과 가까운 지점에서 계단 위로 올라가면 시야가 환해졌다. 각종 조각품으로 장식한 화려한 경주로와 사람들로 꽉 찬 좌석이 나타났다. '로마시 구석구석에 이렇게 많은 사람이 살았다니!' 하는 감탄사가 절로 나오는 순간이었다. 하지만 감탄은 자리에 앉아서 해도 늦지 않다. 경주 과정이 가장 잘 보이는 자리를 차지하는 것이 급선무였다. 적당한 자리를 찾는 데 성공한 이들은 오랜 시간을 버티기 위해 가지고 온 방석을 자리에 깔았다. 이제 경주를 감상하기 위한 모든 준비는 끝났다. 경기장에 기수들이 등장하는 일만 남았다.

3.
전차 경주로

무르키아 사당

\

대경기장에는 전차들이 빠르게 달리는 경주로 바로 옆에 건물이 하나 있었다. 오늘날 상식으로는 이해가 가지 않는 말이다. 말들이 질주하는 곳에 건물이라니 이게 가능한 일인가? 그러나 역사 기록은 그것이 사실이라고 주장한다. 대경기장이 지어진 곳은 원래 무르키아 계곡으로 그 주변에 농지가 넓게 펼쳐져 있었다. 가까이엔 농경의 신을 모시는 사당도 있었다. 그런데 이곳 평지가 전차 경주에 활용되면서 점점 경기장으로 변해갔고 건물이 들어서고 대형화되면서 나중에는 큰 경기장 형태가 갖추어지게 되는 것이다. 경주로 주변의 특이한 건물은 바로 무르키아 신을 모시는 사당*sacellum Murteae*이다. 관련 기록을 잠깐 보자면 로마의 역사가 바로는 기원전 1세기에 쓴 글에서 그곳에 제단이 있었다고 말했다. 2세기의 역사가 테르툴리아누스Tertullianus(155?~240?)는 무르키아 신전*aedes Murteae*이라고 불렸다. 4세기 후반에서 5세기 초의 문법학자 세르비우스Maurus Servius Honoratus(?~?)는 사당이라고 불렀다. 아마도 가장 초기에는 단순한 제단 형태였다가 나중에 신전이나 사당의 형태로 재건축된 것으로 보인다.

무르키아 사당은 전차 경기장이 건설된 후 여러 번 수리가 이뤄졌지만 계속 같은 자리를 차지하고 있었다고 한다. 하지만 정확한 장소는 알 수 없다. 2세기의 문법학자 페스투스Sextus Pompeius Festus(?~?)는 무르키아 사당이 아벤티누스 언덕 아래, 더 정확히 말하면 아벤티누스 언덕 동남쪽 무르키아산에 있다고 말했다. 2세기의 작가 아풀레이우스Lucius Apuleius Madaurensis(124?~170?)와 테르툴리아누스는 무르키아 사당을 '반환점'이라고 불렀다. 반환점이 이 사당 가까이에 있어서 붙여진 이름이었다. 또 역사가 바로는 경기장 안쪽을 가리켜 무르키아 사당이라고 불렀고 사당 안쪽에 '제단의 흔적'이 있다고 말했다.[17] 이를 종합해볼 때 무르키아 사당은 경기장 안쪽, 반환점 가까이에 있었던 것으로 추측된다. 반환점 중에서도 출발 지점 맞은편에, 아벤티누스 언덕 쪽으로 있는 오른쪽 끝에 있었던 것 같다. 기수는 저 멀리 오른쪽 끝, 경주로 바로 옆에 사당이 보이면 반환점이 가까웠다고 생각했다. 그곳에 도금양 나무가 있었다는 것은 여러 자료에서 확인된다. 이 나무는 아마 사당 바로 앞에 위치해 있었을 것으로 추정된다.

출발문

\

대경기장에서 팔라티누스 언덕을 바라보는 지점을 기준으로 할 때 왼편에 출발선이 있다. 출발선은 평지에 그어진 선이 아니라 문이다. 그래서 출발문이라고 불렸다. 출발문에서 좌측에 있는 관중석 중간 지점에 황제의 공간이 있다. 황제의 공간 맞은편, 즉 출발문에서 우측에 있는 관중석 중간에는 심판석이 있다. 심판과 황제가 경주로를 마주보는 구조다. 심판석 앞의 경주로에는 결승선이 그어져 있다. 출발문과 정반대편에는 '죽음의 문Porta Libitinensis'이 있다. 기수나 말이 부상을 당하거나 사상자가 발생해 경기를 포기할 경우 퇴장하는 문이다.

초창기에는 따로 출발문이라는 것이 없었다. 출발 전에 일렬로 서도록 종용했지만 말들은 사람의 뜻대로 움직이지 않았다. 말들이 부정 출발하거나 달리는 방향을 잘못 잡기 일쑤였다. 그래서 고안한 것이 사람이 양쪽에서 밧줄을 팽팽하게 잡아당기고 있다가 출발 신호와 함께 밧줄을 내리는 방식이었다. 말의 가슴 높이에 두꺼운 밧줄을 치고 말이 마음대로 못 나가게 했지만 이 또한 흥분한 말들을 통제하기에는 역부족이었다. 전차 경주에 참여하는 기수가 늘면서 기수가 의도적으로 혹은 말을 제대로 다루지 못해 잘못 출발하는 횟수가 늘어났다. 부정 출발은 결과에 승복하지 못하는 상황을 만들었고, 이는 관중의 동요로 나타날 수밖에 없었다. 부정 출발은 재출발을 여러 번 하게 되어 하루의 일정을 지연시키기도 하고, 긴장감도 떨어뜨려 반드시 개선해야 할 과제로 떠올랐다.

기원전 363년 홍수로 티베르강이 범람하여 전차 경주가 개최되지 못했다. 특히 출발선 지역이 무너졌다. 기원전 329년 출발선이 재건축되었는데, 이때 부정 출발을 방지하기 위한 장치가 보강되었다. 그것이 바로 출발문이었다. 출발문은 카르케레스*carceres*라 부르는데 닫힌다는 의미에서 '감옥'을 뜻한다. 이제 출발문이 있어서 경주는 더 공정해졌고, 부정 출발을 막기 더 쉬워졌다. 석회와 나무로 만든 12개의 출발문은 칼리굴라 황제 때 대리석과 금박으로 장식되었다. 각 출발문 사이에는 헤르메스 신상이 세워져 있었다. 신의 사자이자 행운과 풍요의 신인 헤르메스 신상은 기수들의 무사 출발과 경주에서의 승리, 금전적 수입을 기원해주는 의미가 담겨 있다.

전차를 탄 기수가 출발문으로 들어가면 뒤에서 문을 걸어 잠갔다. 앞과 뒤가 닫힌 상태가 되면 기수는 말들을 진정시키면서 출발 신호가 떨어지기를 기다렸다. 각 문은 넓이 6미터에 달하는 여닫이 형태였다. 한옥의 대문처럼 잠겨 있는 출발문은 걸쇠에 연결된 밧줄을 위에서 당기면 걸쇠가 밧줄에 달려 올라가 문이 열리는 구조였다. 출발문 위에 있는 노예 2명이 출발문 12개의 밧줄을 모두 들고 있으면서 신호와 함께 밧줄을 당기면 출발문이 동시에 열렸다.

출발문은 공정성을 기하기 위하여 모양을 굴곡지게 만들었다. 중앙 분리대와 가까운 안쪽 선으로 곧바로 갈 수 있는 중앙 출발문은 약간 뒤쪽으로 빠져 있었다. 가장 왼쪽과 가장 오른쪽의 출발문 중 중앙분리대와의 거리를 고려할 때 가장 먼 것은 가장 오른쪽의 출발문이었다. 이 문은 가장 왼쪽의 출발문보다 더 앞으로 나와 있었다. 위치를 고려하여 공정한 경쟁이 되게 치밀하게 계산한 것이었다. 213년 카라칼라 황제가 안토니누스 피우스 때 무너진 경기장의 관중석을 고치면서 출발문을 더 넓혔다. 이로써 관중은 멀리서도 전차가 출발하는 광경을 더 잘 볼 수 있게 되었다.**18**

중앙분리대

\

원래 대경기장은 계곡에 만들어졌기 때문에 경기장 중앙에는 작은 개울이 지나고 있었다. 기원전 189년 이 작은 개울에 배수로를 갖춘 후 일부를 돌로 덮었다. 돌로 덮어 땅보다 조금 솟아 있는 이 부분이 '척추*spina*'라고 불리는 경기장의 중앙축이었다. 중앙분리대의 길이는 335미터, 넓이는 8미터였다. 돌로 덮은 부분에는 승리의 여신인 빅토리아, 수확의 여신으로서 자신의 상징인 사자를 타고 있는 키벨레, 농업의 여신인 세이아 등 여러 신상이 세워졌다.

중앙분리대를 장식하는 물건 중 가장 눈에 띄는 것은 중앙을 차지한 오벨리스크였다. 이집트인은 오벨리스크를 지상과 태양신을 연결하는 매개체로 간주했다. 네모난 아랫부분은 지상을, 뾰족한 윗부분은 태양을 상징했다. 오벨리스크는 태양, 경주로는 땅, 물웅덩이는 바다를 상징했고 네 가지 색깔의 기수들은 사계절을, 12개의 출발문은 황도십이궁을, 24회 경주는 하루 24시간을 상징했다. 한 마디로 전차 경기장의 상징들로 우주를 표현한 것이다. 오벨리스크는 이집트의 람세스 2세Ramesses II(기원전 1279~기원전 1213 재위) 때 만들어진 것이다. 아우구스투스 황제가 이집트를 정복한 것을 기념하여 기원전 10년 헬리오폴리스에서 가져왔다. 3미터에 달하는 초석을 포함하여 높이가 23.7미터에 달했다.

306년에서 312년까지 막센티우스가 로마시를 장악하면서 자신의 이름을 딴 막센티우스 경기장을 짓자 경쟁자인 콘스탄티누스 황제는 대경기장을 화려하게 장식했다. 그는 관중석을 확장하고, 중앙분리대를 각종 조각상으로 장식했다. 또 357년에는 콘스탄티우스 2세 황제 Constantius II(337~361 재위)가 32.5미터에 달하는 투트모세 3세Thutmose III(기원전 1479~기원전 1425 재위)의 오벨리스크를 가져와 대경기장의 중앙분리대를 장식했다. 1587년 교황 식스투스 5세Sixtus V(1585~1590 재임)의 지시로 대경기장을 분해했을 때 아우구스투스 황제가 가져온 오벨리스크는 포폴로 광장으로, 콘스탄티우스 2세 황제 때의 것은 산 조반니 대성당 앞으로 옮겨진 후 현재까지 그 자리에 있다.

1세기 초 중앙분리대 양쪽 끝에 설치된 각각 3개씩의 원뿔 기둥이 반환점 역할을 했다. 양쪽 반환점의 명칭은 출발문에서 나와서 달릴 때 도는 순서로 붙여졌다. 출발문 맞은편, 출발문에서 먼 거리에 있는 원뿔 기둥을 먼저 돌기 때문에 이것이 첫 번째 반환점meta prima이다.

△ 질주하는 전차의 모습을 새긴 다양한 조각들

첫 번째 반환점을 돈 후 출발문에서 가까운 원뿔 기둥을 다음으로 돌아야 하므로 출발문 쪽의 원뿔 기둥이 두 번째 반환점*meta secunda*이다. 반환점의 경주로는 다른 직선 경주로보다 약간 좁아서 빠른 속도로 달리는 전차들이 회전할 때 속도를 줄이지 못해 뒤집히거나 원뿔 기둥에 부딪치곤 했다. 이런 상황을 감안하여 원뿔 기둥들은 바닥에 단단히 박혀 있어서 한두 대의 전차가 충돌해도 부서지거나 무너지지 않았다.

대경기장에 일대 혁신을 가져온 사람은 기원전 174년의 감찰관들인 플라쿠스와 알비누스였다. 그들은 중앙분리대를 개보수하고, 원로원 의원들을 위해 돌로 된 좌석을 마련했고 처음으로 일반인을 위한 나무로 만든 좌석을 제공했다. 기수는 시계 반대 방향으로 7바퀴를 돌아야 했는데, 회전 횟수를 세는 달걀 모양의 도구를 설치한 것도 이들이었다. 이 달걀은 쌍둥이 신 카스토르와 폴룩스를 상징한다. 이들이 알에서 부화했기 때문이다. 두 신은 말을 타는 기수의 모습을 하고 있어서 전장에서 중요시되었다. 7개의 둥근 달걀을 긴 장대에 꽂은 모양의 주행 기록기는 첫 번째 반환점 부근에 있었다. 달걀이 올라간 상태에서 기수들이 경주로를 1회 돌 때마다 막대기를 내리는 형식이었다. 빠른 속도로 달리는 상태에서는 내린 막대기보다 올라간 막대기가 눈에 더 잘 띄므로 그것이 남은 횟수를 나타냈다.

막대기에 꽂힌 둥근 달걀도 문제점은 있었다. 멀리서, 빨리 달리는 상태에서 잘 보이지 않을 뿐 아니라 돌았던 횟수와 돌아야 하는 횟수의 차이가 외관상 잘 구별이 되지 않았다. 급기야 바퀴를 세는 사람이 잘못 헤아리는 사태가 벌어졌다. 그 약점을 보완한 것이 두 번째 반환점 부근에 추가로 설치된 돌고래 모양의 주행 기록기였다. 돌고래는 바다와 말의 신인 넵투누스를 상징한다. 돌고래가 설치된 부분의 바닥은 원래 있던 개울에 돌을 덮은 것으로서 이 물웅덩이는 바다를 상징했다. 돌고래의 주둥이가 하늘을 향해 있다가 기수들이 바퀴를 돌 때마다 주둥이에 난 구멍에 고리를 걸어 물웅덩이로 향하게 했다. 이는 돌고래가 바다에서 헤엄치는 상황을 표현한 것이다.

전차 경주로

\

전차 경주로는 구경꾼들이 어떤 자리에 있든 모든 상황을 더 가까이서 볼 수 있도록, 어떠한 부정행위도 방지할 수 있도록 설계되어야 한다. 그래서 경주로는 관중에게 노출되는 면이 많은 타원형으로 되어 있다. 경주로는 직선인 두 개의 긴 면이 타원형인 짧은 면과 연결되는 유U자 형태다. 대경기장의 경주로 길이는 580미터이고, 넓이는 약 79미터로 콜로세움의 아레나보다 12배나 더 컸다. 스페인이나 리비아의 경주로가 400~450미터, 동부 지역의 경주로가 250~300미터인 것과 비교해도 아주 큰 편이다.

전차 경주로의 바닥은 배수와 말의 발굽을 고려하여 제작되었다. 프랑스의 아를 경기장은 거친 자갈을 10~20센티미터 정도 깐 위에 작

△ 전차 경주가 벌어지는 대경기장에 관객이 꽉 들어찬 모습을 현대적 그래픽으로 실감나게 재현한 작품. 가운데 화려한 장식으로 꾸며진 중앙분리대가 보인다. ©Katharina Huber

은 돌을 2~4센티미터 두께로 놓았다. 세르비아 지역의 시르미움 경기장은 벽돌 조각을 부숴 얇게 층을 깐 후 석회 모르타르와 작은 자갈을 30센티미터 두께로 깐 후에 입자가 작은 돌과 모래로 덮었다. 입자가 작은 돌과 모래를 덮은 이유는 배수 때문이었다. 물이 빠지지 않으면 웅덩이가 생길 것이고, 이는 말이 미끄러지거나 속도를 내지 못하는 원인이 되었다. 바닥 가장 위에 까는 고품질의 모래는 말의 발에 무리를 주지 않으면서도 속도를 내는 데 용이하다는 이점이 있었다. 비가 왔을 때 빗물을 빨리 흡수하고, 햇볕이 내리쬐는 날에는 먼지를 덜 발생시키는 이점도 있었다. 말의 분비물이나 사람과 전차의 빈번한 왕래로 모래가 뭉쳐졌을 때는 정기적으로 모래를 교체했다.[19]

출발문 바로 앞에서부터 중앙분리대가 시작되는 지점까지 약 160미터의 구간에는 선이 그어져 있었다. 석회나 백악으로 그려진 이 선은 오늘날 육상 경기장에 있는 선처럼 각자가 달려야 하는 경로를 표시해놓은 것이었다. 기수들이 너무 일찍 자신의 경주로에서 벗어나 경주로의 안쪽으로 가려다가 대규모 충돌이 벌어지는 상황을 막기 위해서였다. 이 선들 덕분에 전차들끼리 충돌하는 일을 방지할 수 있었다. 하지만 중앙분리대 가까이 오면 기수는 자신의 경로를 이탈하여 가장 안쪽에 자리를 잡고 달릴 수 있었다. 기수들은 이 안쪽 경로를 선점하기 위해 출발문에서부터 온 힘을 다해 달렸다. 여기에서 안쪽을 놓쳐 바깥 경로로 돈다면 경쟁자와 거리가 벌어져 승리할 가능성이 상당히 낮아지기 때문이다.

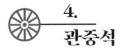

4.
관중석

관중석의 크기

\

　대경기장이 있는 곳은 팔라티누스 언덕과 아벤티누스 언덕 사이의 계곡이었으므로 전차 경주 초기에 사람들은 자연스럽게 경사면에 서서 경주를 구경했다. 기원전 329년 좌석이 보강되고 목제 보호막이 설치되면서 대경기장은 제대로 위용을 갖추기 시작했다. 대경기장의 관중석은 칸막이*podium*로 경주로와 분리되어 있다. 빠른 속도로 달리는 전차나 야생동물들이 관중을 덮치는 경우를 방지하기 위해서였다. 북부 아프리카의 경기장인 렙티스 마그나에서 칸막이는 두께 60센티미터, 높이 2.2~2.3미터였다.

　대경기장의 관중석은 2층으로 되어 있는데, 가장 낮은 층의 좌석은 돌로 된 좌석이 있고, 나머지 좌석은 나무로 되어 있다. 나무로 된 좌석은 안전성이나 화재에 취약하여 빈번하게 불에 탔다. 결국 트라야누

△ 4세기 무렵 대경기장을 내려다본 모형. 대경기장은 아벤티누스 언덕(왼쪽)과 팔라티누스 언덕(오른쪽) 사이에 위치한다. 오른쪽 끝에 콜로세움도 보인다.

스 황제가 3층으로 증축하면서 좌석을 모두 돌로 바꾸었다. 신분별 좌석이 정해져 있지 않았을 때도 경주를 가까이서 볼 수 있는 앞쪽의 자리, 돌처럼 좋은 재질의 좌석에는 상류층이 주로 앉았다. 렙티스 마그나에서는 2층으로 된 좌석이 11개열로 되어 있다. 깊이는 50센티미터, 높이는 33센티미터로 2만2000명을 수용할 수 있다.

황제의 좌석

\

태어나면서부터 운명이 정해져 있는 신분제 사회이니만큼 자신에게 주어지는 몫에 만족할 수밖에 없었다. 자신이 가져야 할 몫이 어느 정도인지는 누가 가르쳐주지 않아도, 알고 싶지 않아도 일상생활에서 자연스럽게 습득하는 지식이었다. 그런 의미에서 볼 때 전차 경기장의 좌석은 자기 삶의 몫, 로마 사회에서 자신의 위치를 알기에 충분한 곳이었다.

아우구스투스 황제는 황제의 권위를 상징하기 위해 기원전 25년부터 일반인과 떨어져 칸막이가 있는 '황제의 공간'에 앉았다. 황제의 공간을 뜻하는 풀비나르는 풀비누스*pulvinus*에서 유래했는데 방석, 쿠션을 뜻한다. 신성한 연회에서 신들이 사용하는 쿠션을 가리키는 것이다. 황제의 공간은 황제가 신만큼 고귀하다는 것을 은연중에 드러내는 곳이었다. 황제의 공간은 출발문에서 볼 때 좌측 관중석의 중간에 있다. 길이 5미터, 넓이 3.2미터인 황제의 공간은 자주색 대리석 기둥이 양쪽에 두 개 세워져 있어서 멀리서도 눈에 띄었다.

황제의 공간은 경주로 바로 앞에 있어서 달리는 말들의 숨소리도 들을 수 있었다. 멀리서 말들의 움직임을 어렴풋이 보는 뒷좌석의 일반 평민과는 차원이 다른 생동감이었다. 물론 모든 황제가 황제의 공간에서 경주를 감상한 것은 아니었다. 원하는 장소를 선택할 자유가 황제에게는 있었다. 아우구스투스 황제는 황제의 공간에서 보았지만,

티베리우스 황제는 사람들과 마주치고 싶지 않아 인근 언덕의 경사면에서 경주를 즐겼다.

황제가 앉아 있는 네모난 공간은 황후를 비롯한 황실 가족들이 들어갈 수 있었다. 칼리굴라 황제의 여동생들은 화로의 신인 베스타의 여사제라는 특권이 있어서 함께 황제의 공간을 사용할 수 있었다. 정치적 영향력이 있거나 특별히 업무 사항을 보고할 필요가 있는 사람, 황제의 총애를 받는 사람 등 황제가 허락하는 사람들도 같이 앉을 수 있었다. 황제 공간에 앉은 사람들은 부러움의 대상이었다. 그들은 황제와 같이 앉았다는 것 자체를 황제로부터 인정받았다는 증표로 여겼다. 황제와 눈이라도 맞추려면 어떻게 해서든지 황제 좌석이 있는 공간으로 들어가야 했다. 황제의 공간 옆으로는 기둥으로 가려져 있어서, 그리고 맞은편에서는 거리가 멀어 황제의 눈에 띄기 어려웠다.

황제와 영향력 있는 인물들이 앉아 있는 만큼 승리한 기수들은 황제 좌석 앞에서 감사의 인사를 드렸다. 이때 황제는 가볍게 손을 흔들어 화답했다. 황제만큼 근엄하게 앉아 있을 필요가 없었던 황제 주변의 사람들은 승리의 좋은 기운을 받고 싶어 승리한 기수의 손이라도 잡으려고 손을 뻗었다.

황제의 공간에 획기적인 변화를 가져온 것은 트라야누스 황제였다. 103년 황제는 기둥으로 막힌 황제의 공간을 치우고 일반인과 같은 높이의 좌석에 앉아 있어서 일반인이 황제를 볼 수 있도록 했다. 트라야누스 황제는 대경기장을 장엄하게 재건축하면서 대중과 더 친근하게 소통하려는 노력을 했다.

로마 시민의 좌석

\

말이 달릴 때 내는 거친 숨소리와 기수들의 채찍 소리까지 들을 수 있는 앞자리는 특권층이 누리는 혜택이었다. 대경기장의 관람석은 경주로보다 높은 위치에 있으므로 앞자리라도 칸막이로 인해 시야가 가려지지는 않았다. 기원전 6세기 후반에서 기원전 5세기 초반의 것으로 추정되는 비게 무덤의 벽화에서 보듯이 대경기장을 세운 왕은 나무로 된 좌석을 만들어 원로원 의원들에게 앉게 했다. 이들 계층에 속하는 남자, 여자, 젊은이, 노인들이 모두 섞여 앉았다. 이들의 좌석 위로는 천으로 된 장막이 펼쳐져 있어 햇빛을 가릴 수 있었다. 기원전 494년 독재관 발레리우스가 사비니인과의 전쟁에서 승리한 후 앞의 좋은 자리에 앉은 것이 경기장 내에서 영향력 있는 로마인에게 특별석을 부여한 최초의 사례였다.

상류층만을 위한 좌석을 마련하려는 시도는 꾸준히 있었다. 기원전 194년 혹은 기원전 191년 감찰관들은 원로원 의원들은 평민과 따로 앉으라고 명령했다. 이것이 로마시의 전차 경기장에서 원로원 의원들에게 따로 좌석을 배당하려는 최초의 시도였다. 당시 로마의 12표법을 정리, 체계화했던 아일리우스 가문은 그 공로로 대경기장과 플라미니우스 경기장에서 지정석을 받았다. 그들의 자리는 나무로 된 좌석 앞에 돌로 되어 눈에 띄었다. 앞에서도 말했지만 기원전 174년의 감찰관 플라쿠스와 알비누스는 원로원 의원들을 위한 돌로 된 좌석과 일반인을 위한 나무로 만든 좌석을 제공했다. 이 관행은 잘 지켜지지 않다가 카이사르 때부터 상류층은 돌로 된 자리에 앉았다.

아우구스투스 황제는 원로원 의원들에게 따로 좌석을 마련해주었다. 상류층이 더 특별한 좌석에서 경주를 볼 수 있도록 하려는 아우구스투스 황제의 의도는 제대로 지켜지지 않았다. 클라우디우스 황제가 대경기장의 출발문 주변을 대리석과 도금으로 장식한 특별한 좌석을 원로원 의원들에게 마련해줄 때까지는 원로원 의원들도 일반인들과 섞여 앉는 경우가 대부분이었다.

클라우디우스 황제 이후 원로원 의원들은 칸막이 바로 너머의 1층에 앉았다. 상류층 자리는 평민 자리보다 넓거나 깊었고, 등받이와 팔걸이도 있었다. 공간적인 여유가 있어 통로의 경사도 급하지 않았다. 건물 외부에서 입구와 칸막이의 통로를 통해 바로 자리를 잡을 수 있도록 동선도 짧았다. 원로원 의원들은 더러운 옷을 입은 하층민들이 인사를 해도 기꺼워하지 않았다. 진심이 담긴 존경이 아니라 건성으로 하는 것이기 때문이었다. 그들은 하층민들과 섞이고 싶지 않았고, 자신들끼리 정치 이야기도 할 수 있는 공간을 원했다. 끝에 넓은 자주색 띠를 두른 토가를 입고 온 의원들은 자기들끼리 눈인사를 하면서 좋은 자리를 찾아 앉았다.

원로원 계층 바로 아래의 기사 계층도 상류층에 속했다. 이들은 포에니 전쟁으로 국가적인 위기에 처했을 때 자비로 말을 사서 기병으로 활약할 정도의 경제력을 가진 계층이었다. 극장에서 기사 계층만을 위한 좌석이 배정된 것은 기원전 67년 호민관 로스키우스가 제정한 '로스키우스 극장법Lex Roscia Theatralis'이었다. 이 법은 원로원 의원들이 앉는 좌석 다음 열부터 14번째 열까지의 좌석을 기사 계층에게 할당한다는 것이었다. 하위 정무관들도 이 자리에 앉았다.

기사 계층에게 배당된 14개 열 중 앞의 2개 열은 전현직 천부장tribunus militum들에게 할당되었다. 역사가 바로에 따르면, 트리부누스밀리툼은 로마를 건국한 로물루스의 군대와 관련이 있고, 세 개의 부족과 1000이라는 수치의 혼합 명칭이다. 처음에 로마의 농지는 세 부분으로 나뉘었고, 각 부분을 티티에스, 람네스, 루케레스로 불렀다. 이들은 로마를 구성한 세 부족을 의미하고, 부족이라는 의미의 트리부스tribus는 3을 뜻하는 트리스tris에서 파생되었다. 3개의 부족이 각각 1000mille명의 병사를 보내어 3000명이 한 개의 군단을 구성했다. 이를 근거로 볼 때 트리부누스 밀리툼은 각 부족이 보낸 1000명의 병사를 지휘하는 천부장으로 번역할 수 있다. 나중에 5000명 정도가 한 군단을 구성할 때 각 군단에 천부장은 6명씩 있었다. 천부장들은 중간 간부급에 해당하여 군대를 벗어나기 쉽지 않았다. 이들이 특별히 휴가를 받은 때를 제외하고 변경을 떠나 도시에서 개최되는 경기를 관람하기 어려웠다. 따라서 천부장들로 두 줄을 채우기 어려웠고, 이 자리는 자연히 다른 기사들이 메웠다. 아직 관직을 맡지 않은 젊은 기사들은 나이 많은 기사들과 떨어져 따로 '청년석'에 앉았다.

기사들이 로스키우스 극장법으로 인해 극장에서는 좌석에 대한 혜택이 있었지만, 그것이 경기장에서까지 적용되지는 않았다. 대경기장에서 기사들은 자기들끼리 앉을 수 있었으나 평민의 좌석을 이용했다. 경기장에서 기사들이 평민과 다른 좌석, 평민 앞에 따로 좌석을 배당받은 것은 네로 황제 때였다. 로스키우스 극장법이 경기장에서도 적용되어 기사들은 원로원 의원들 다음 열부터 14번째 열까지 앉을 수 있었다.

원로원 의원, 기사와 같은 상류층에게 특별석을 배당하는 것은 로마시에서만 일어나는 현상이 아니었다. 서부 유럽에서 아우구스투스 황제 이전의 좌석 배치에 대한 중요한 단서를 제공하는 법이 있다. 기원전 44년 혹은 기원전 43년에 제정된 스페인의 우르소법*Lex Ursonensis* 혹은 율리우스의 식민시인 게네티바법*Lex Coloniae Juliae Genetivae*이라 불리는 법이 그것이다. 시의원의 역할을 강조하는 이 법에 따르면, 사제와 복점관은 검투사 경기나 전차 경주를 볼 때 시의원과 함께 앉아서 볼 권리가 있었다. 또 절반 이상의 시의원이 참석한 회의에서 통과된 포고령에 따라 적합하다고 판단되는 사람, 전직 정무관들을 제외하고는 누구도 시의원의 좌석에 앉을 수 없었다. 이를 어기면 5000세스테르티우스의 벌금형에 처했다.

식민시인, 거주 외인, 이방인, 손님에게도 시의원의 포고령에 따라 좌석을 줘야 했다. 식민시인은 우르소 시민을 지칭하고, 거주 외인은 우르소가 아닌 다른 도시의 시민이지만 활동 영역이 우르소인 외부인을 말했다. 경주를 구경하려는 목적에서 일시적으로 방문한 이방인은 고향에서의 지위와 무관하게 하류층의 좌석에 앉았다. 공식적인 초청객인 손님은 공적인 성격을 띤 사람인만큼 이방인보다 더 경주로 가까이에 앉았고, 때로는 시의원과 함께 앉았을 수도 있었다. 기원전 194년 이래 여타 도시에서 어떤 예외도 허용하지 않는 것이 로마 원로원 의원들과 정무관들에게 특별석, 최고의 좌석을 주어야 한다는 것이었다.[20]

초창기 상류층이 나무로 된 긴 좌석에 앉았을 때 평민은 그냥 풀밭에 앉거나 뒤쪽에 서서 경주를 관람했다. 경사지에 앉거나 서 있는 것이 오랜 시간 경주를 관람하기에는 상당히 불편했다. 나중에 상류층이 돌로 된 좌석에 앉을 때는 평민은 나무로 된 좌석에 앉았다. 건물 입구에서 가장 멀리 떨어진 곳이 평민들의 좌석이었고, 경사가 가팔라 올라가기 힘들었다. 공간도 상류층 좌석보다 좁았다. 아침마다 귀족의 집에 문안 인사를 드리면서 먹을 것을 얻어오는 평민의 입장에서 귀족보다 열등한 자리에 앉는 것은 크게 문제가 되지 않았다.

전차 경기장에서 원로원 의원들에게 앞 열을 주는 것처럼 성별에 따른 구별이 있었다. 베스타 신의 여사제들은 따로 특별석에 앉았지만, 일반 남녀는 함께 앉았다. 남녀가 같이 앉았다는 사실은 키케로의 글에서도 증명된다. 기원전 60년 클로디우스Publius Clodius Pulcher(기원전

93~기원전 52)가 키케로에게 피호민인 시킬리아인에게 좌석을 주었는지를 물었고, 키케로는 주지 않았다고 대답했다. 그러면서 키케로는 클로디우스에게 집정관의 아내인 당신의 여동생과 함께 앉은 것에 대해 불평하지 말라고 말했다. 남녀가 같이 앉는 것은 관행이었기 때문이다. 경기장에서 남녀가 따로 앉게 된 것은 하드리아누스 황제 때였다. 따라서 시간이 지나면서 신분별로, 성별로 좌석을 구분하는 방향으로 좌석이 배정되었다.[21]

전차 경기장에서의 연애

\

하드리아누스 황제 때까지 대경기장에서는 남녀가 같이 앉을 수 있었다. 대경기장이 여자를 유혹할 수 있는 최적의 장소라고 꼽히는 이유가 바로 여기에 있다.

나는 당신이 원하는 말이 이기기를 기도하지만
말에 대해 왈가왈부하려고 여기 앉아 있는 것이 아니다.
나는 당신과 이야기하고, 당신과 함께 있으려고 경기장에 왔다.
당신이 나의 사랑이 어떻게 불타고 있는지 눈치 채지 못했으면 한다.
당신은 경주로를 보고, 나는 당신을 본다.
우리는 우리를 기쁘게 하는 것을 보고, 우리의 눈을 즐겁게 한다.

당신이 좋아하는 전차 기수를 행복하게 하라.[22]

시인 오비디우스Publius Ovidius Naso(기원전 43~기원후 18?)는 사람들로 가득 찬 경기장에서 연애의 기회를 잡을 것을 권했다. 사람이 많은 만큼 원하든 원하지 않든 옆자리의 이성과 접촉하게 되고, 그러다보면 자연스럽게 대화를 시작할 수 있었다. 물론 공손한 담소를 나누는 것이 연애를 시작하는 데 최상의 방법이다. 대화 주제로는 달리고 있는 말들이 좋다.

넓은 전차 경기장에서는 많은 기회가 있다.

비밀스러운 말을 할 손가락도 필요 없고, 고개를 끄덕여 신호를 받을 필요도 없다.

마음에 드는 숙녀 옆에 앉아라.

아무도 당신을 방해하지 않을 것이다.

될 수 있는 한 그녀 곁에 가까이, 나란히 앉아라.

그렇게 하기 별로 어렵지 않다.

왜냐하면 경기장 좌석 형태가 친밀해지도록 하기 때문이다.

상대가 말문을 열도록 친밀한 대화 주제를 찾아라.

누구든 들을만한 대화로 시작하라.

말이 경기장으로 들어서면 그녀가 말이 빨리 달리는 일에 열성적이라는 것을 명심하라.

그리고 언젠가 일어날 일인데,

당신 여성의 무릎에 먼지 한 점이 떨어지면 당신의 손가락으로 먼지를 툭툭 쳐내라.

만일 먼지가 떨어지지 않았더라도 쳐내라.

어떤 핑계라도 만들어 그녀의 주의를 끌도록 해라.

만일 그녀의 망토가 흘러내려 땅바닥에 뒹굴고 있다면, 그것을 집어 조심스럽게 들어 올려라.

그에 대한 보상으로 당신은 그녀의 발목을 볼 수 있을 것이다.

뒤에 앉은 사람이 그녀의 부드러운 등을 무릎으로 짓누르지는 않는지 다시 한번 둘러보아라.

사소한 마음은 사소한 언행에서 얻어진다.

가벼운 부채로 공기를 휘젓거나 예쁜 발밑에 받침대를 설치하는 것도 도움이 된다.

그렇게 시작하면 경기장 위로 새로운 연애 감정이 피어날 것이다.

경쟁하는 말 중 어느 말에게 관심이 있는지를 물어본 후 당신도 그녀가 좋아하는 말에 관심이 있다고 하라는 것이다. 이처럼 남녀가 같이 앉는 전차 경기장은 연애의 장소로 유익했다.[23]

콜로세움에서의 좌석과 비교

\

콜로세움에서의 좌석 배정은 신분, 성별, 나이, 결혼 여부에 따른 좌석 배치를 재확립한 '율리우스 극장법'을 따랐다. 스타틸리우스 극장이 건설된 후인 기원전 22년에서 기원전 18년 사이에 제정된 율리우스 극장법은 로마의 신분 체계를 명확히 하기 위해 만들어졌다. 아우구스투스 황제가 기존에 안찰관의 책임하에 있는 검투사 경기를 법무관의 업무로 이양시키고, 원로원 결의에 의해서만 검투사 경기를 개최하도록 한 해가 기원전 22년이었다. 검투사 경기를 담당하는 정무관을 변경하면서 극장이나 경기장에서의 좌석 문제를 다룬 법을 통과시켰을 수 있다. 아니면 결혼법을 포함한 각종 사회법을 제정한 해가 기원전 18년이었다. 사회적·정치적 신분에 따라, 성에 따라 극장이나 경기장에서 앉는 위치를 달리한 것이 극장법이므로 결혼과 출산을 장려하는 사회법이 제정된 후 사회 질서 회복의 목적으로 제정되었을지도 모른다.

푸테올리에서 열린 검투사 경기에서 누구도 원로원 의원에게 자리를 양보하지 않았을 때 아우구스투스 황제는 그 원로원 의원이 당한 모욕에 격분하여 특별한 규칙을 만들어 무질서하고 무분별한 경기 관람 자세를 고치고자 했다. 그 결과 원로원은 공적인 구경거리가 어느 곳에서 개최되든지 간에 첫 번째 열은 원로원 의원들에게 할당되어야 한다는 결의를 포고했다. 황제는 로마시에서 자유로운 동맹국 사절들이 무대 앞

△ 콜로세움의 좌석. 황제, 원로원 의원, 군인 등으로 앉는 자리가 구분되어 있었다.

반원형 좌석에 앉는 것을 허용하지 않았다. 왜냐하면 그가 심지어 해방 노예들까지 사절로 임명된다는 사실을 알았기 때문이다. 그는 군인들을 일반 시민과 따로 앉게 했다. 일반 시민 중 유부남들에게 특별한 공간을 할당해주었고, 자유민 미성년자들을 위한 좌석과 그들 옆에 교사들을 위한 좌석도 배당했다. 또 황제는 검은 망토를 한 사람은 누구도 중간층에 앉지 말라고 포고했다. 여성과 남성이 함께 섞여 그런 경기를 관람하는 것이 관습이었지만 아우구스투스 황제는 여성들에게 가장 위층에서만 검투사 경기를 관람하게 했다. 정무관석 맞은편에 베스타의 여사제들만을 위한 좌석을 할당했다.[24]

황제석 주변에는 정무관들이, 맞은편에는 베스타 여사제들이 앉았다. 황제를 위한 특별한 좌석들 주변으로, 칸막이 너머 아레나를 빙 둘러싼 좌석에는 원로원 의원들이 앉았다. 한 번도 빠지지 않고 경기를 관람하는 일부 원로원 의원들은 좌석에 자신의 이름을 새기기도 했다. 일종의 지정석인 셈이었다. 황제와 여사제, 원로원 의원들을 위한 좌석은 다른 좌석들보다 넓었다. 특별한 신분의 사람들을 위한 배려이자 특권이었다.

원로원 의원들은 앞뒤 좌우로 모두 아는 사람들이었다. 이들은 경기에 열중하지 않고 자신들끼리 은밀한 정치적인 이야기를 나누기도 했다. 원로원 의원 중에서도 황제 좌석에 가까이 있는 의원들은 어떻게 해서든 눈도장을 찍으려 했다. 국가적인 행사에 열심히 참석하고 있다는 것을 알리고 싶었다. 이들은 얼굴을 알려놓아야 혹시 황제가 속주 총독직에 임명할 자를 고민할 때 생각이 나지 않을까 하고 바라고 있었다.

원로원 의원들을 위한 좌석은 2000명을 수용할 수 있었고, 원로원 의원들은 600명뿐이었다. 더구나 일부는 군사적, 행정적 업무로 로마 시에 없었고, 개인적인 이유로 불참하기도 했다. 원로원 회의에도 통상 참석하는 인원은 400명이었다. 질병이나 공무와 같은 정당한 이유가 없다면 원로원 회의에 참석해야 하는 상황에서 400명이 출석했는데, 의무 사항도 아닌 경기장에는 더 적은 인원이 참석했을 것이다. 그래서 원로원 의원들이 일반 시민보다 넓은 좌석을 대부분 비워두고 있거나, 아니면 원로원 의원의 아들, 친구, 친척들까지 같이 앉을 수 있지 않았을까 하는 추측이 나오는 것이다.

원로원 의원들 뒤에서부터 14번째 열까지는 기사들과 자치시 의원들, 기사급 속주 총독들을 위한 좌석이었다. 그런데 기사 신분을 상징하는 금반지를 끼고, 기사 신분에 필요한 40만 세스테르티우스 이상의 재산이 있으면 모두 이 자리에 앉을 수 있었을까? 역사가 플리니우스 Gaius Plinius Secundus(23?~79)에 따르면, 조부와 부가 자유민이고 그 자신이 40만 세스테르티우스를 소유하며 율리우스 극장법에 따라 14개 열에 앉을 권리가 있는 사람만 금반지를 낄 수 있었다. 극장이나 경기장을 수시로 단속하여 이 규정에 어긋난 사람이 기사 좌석에 앉았을 때는 강제로 퇴출당했다.

규정과 달리 술라는 배우에게, 시킬리아의 어떤 총독은 자신의 서기에게 금반지를 주었다. 재무관인 발부스는 배우인 갈루스에게 금반지를 주면서 기사 좌석에 앉을 권리도 주었다. 옥타비아누스는 해방노예인 필로포이몬을 기사로 등록시켜주었다. 이들이 공식적으로 기사 신분으로 인정받은 것은 아니지만 최소한 검투사 경기장, 전차 경기장, 극장에서는 기사 자리에 앉을 수 있었다. 기사 신분에 해당하는 재산을 가진 부유한 사람도 스스로 금반지를 끼고 기사 신분이라고 하면서 기사 좌석에 앉았다. 이들 역시 공식적으로 그 자리에 앉아도 된다는 허락을 받지 않았다.

열등한 신분이면서도 부유하다는 이유만으로 기사 좌석에 앉는 관행이 유베날리스에게는 사뭇 못마땅했던 듯하다. 유베날리스는 말했다.

매음굴에서 태어난 포주의 아들, 검투사의 멋있는 아들, 검투사 양성소 운영자의 신사 같은 아들, 경매인의 말쑥한 아들이 기사들을 위한 좌석에 앉아 있다. 이것이 멍청한 오토의 유산이다.

시대의 쇠퇴에 대한 신랄하고도 냉소적인 비평가였던 유베날리스는 기사에게 좌석을 배정하는 '로스키우스 극장법'을 제정한 로스키우스 오토를 비난했다. 그는 로마에서 신분이 낮은 사람들이 돈이 많다는 이유로 기사석에 앉는 것을 보고 "돈이 없는 로마인은 오래전에 다 사라졌어야 했다"라고 한탄했다.[25] 로마에서 돈이 없는 사람은 존재 가치가 없다는 말이다.

　기사들은 원로원 의원들보다 수가 많아 다 알지는 못하지만 서로 아는 사람들끼리 시간 맞추어 같이 경기장으로 갔고, 당연히 서로 붙어서 앉으려고 했다. 특권적인 좌석에 앉아 있는 원로원 의원들과 기사들은 극장이나 경기장에서 신분이 가져다주는 우월감을 한껏 누리고 있었다. 이들은 자리에 앉자마자 누군가를 찾는 것처럼 괜히 뒤를 돌아보았다. 자신이 특권적인 신분이라는 사실을 알리고 싶었다. 또 이들은 뒤에 앉아 있는 평민들이 마음에 들지 않는 구호를 외칠 때 얼굴을 돌려 쌔려보기도 했다. 관중들끼리 사소한 시비로 싸움이 벌어졌을 때는 상류층으로서의 위엄으로 제재를 가하기도 했다.

　군인들은 일반 시민들과 따로 앉았다. 이들 좌석은 비번이거나 제대한 군인들을 위한 것이었다. 전쟁 중 로마 시민이나 동료 병사의 생명을 구한 군인들은 군인들을 위한 좌석이 아니라 원로원 의원들을 위해 할당한 좌석에서 의원들 뒤, 기사들 앞에 앉았다. 이들이 경기장에 나타났을 때 심지어 원로원 의원들도 자리에서 일어나는 것이 관습이었다.

　기사들의 자리 뒤쪽에 있는 좌석은 경기장의 전체 좌석 중 중간층 좌석인데, 이 좌석은 부유한 로마 시민이 차지했다. 위층의 좌석은 가난한 시민, 해방 노예, 외국인을 위한 자리였다. 중간층과 위층에 앉는 사람들을 구분하는 것은 흰색 토가를 입었느냐는 것이다. '검은 망토를 한 사람'이란 한 마디로 격식을 갖추지 않은 사람, 시골풍의 초라하거나 더러운 옷을 입은 사람, 흰색 토가를 살 수 없는 가난한 사람, 로마식의 토가를 입지 않은 외국인 등을 지칭했다. 자유분방한 호라티우스Quintus Horatius Flaccus(기원전 65~기원전 8)는 어느 날 검은색 망토를 걸치고 경기를 보러 갔다. 당시 황제, 원로원 의원들, 기사, 평민까지 모두 흰색 토가를 두르고 있었다. 이때 갑자기 눈이 내렸고 그 덕에 호라티우스의 망토가 흰색으로 변해 무례함을 감출 수 있었다고 한다.[26]

제일 위층에는 원로원 의원들과 기사들, 부유한 시민의 아내와 딸들을 위한 자리가 있었다. 다만 황실의 여성들은 특별한 신분인 만큼 일반 여성들과 섞여 앉는 것이 아니라 베스타의 여사제들과 같이 앉았다. 여성의 좌석에도 신분이 적용되어 원로원 의원들의 아내나 딸들이 더 앞쪽으로 앉았다. 더러운 망토를 걸친 하층민 남성이 상류층 여성 가까이에 앉는 것이 여성들은 못마땅했다. 하층민 남성이 뒤의 여성들을 흘낏하면서 호기심 어린 시선을 보낼 때가 있었다. 이런 호기심 어린 시선으로부터 여성들을 보호하기 위해 여성의 좌석을 구분하는 난간이 더 높았다.[27]

신분에 따라 각자 정해진 자리가 있지만, 뒤쪽으로 갈수록 아레나에서 멀어 싸우는 장면을 세세하게 볼 수는 없었다. 간혹 자리에 불만을 느껴 옮겨 다니는 이들도 있었다. 한번은 나네이우스라는 가난한 사람이 자신의 자리에서 좀 더 좋은 곳을 찾아 두세 번 자리를 옮겼다. 머리에 쓴 후드도 벗지 않은 채 경기에 열중하던 그는 옮긴 다음에도 자리가 마음에 들지 않았던지 다시 앞쪽으로 갔다. 기사 좌석까지

간 그는 엉거주춤 앉아 절반쯤은 기사인 척, 절반쯤은 상류층이 아니면서 상류층인 체하는 사람들을 잡아내는 수행원인 척 행동했다. 경기를 잘 볼 수 있는 좋은 자리에 대한 열망이 낳은 행동이었다.[28]

대경기장과 콜로세움의 좌석 규칙에서 동일한 것은 신분별로 앉았다는 점이다. 원로원 의원들은 경주로나 아레나 바로 앞에 앉아서 경기를 잘 볼 수 있었다. 그 다음 좌석은 기사계층, 평민 순이었다. 황실의 여성과 베스타 여사제들은 따로 좌석을 받거나 황제와 같이 앉았다. 일반 여성들은 콜로세움에서는 가장 위층에 앉았고, 대경기장에서는 자신의 신분에 해당하는 자리에 남성과 섞여 앉다가 하드리아누스 황제 이후 남성과 떨어져 위층으로 올라갔다.

2장
전차 경주의 운영 조직

1.
팍티오, 팀 체제

조직의 필요성

공화정 초기 전차 경주를 개최하려는 정무관은 경주에 필요한 말을 스스로 조달해야 했다. 정무관은 귀족에게 경주에 출전할 말을 요청했다. 말을 소유한다는 것 자체가 귀족에게는 영광스러운 일이어서 재산을 가진 귀족이라면 말을 소유하고 사육하려고 했다. 정무관의 요청에 귀족들은 기꺼이 동의했다. 이유는 귀족들이 자신의 말이 경쟁에서 이기는 것을 '명성과 영광*laus et gloria*'을 얻는 길이라 생각했기 때문이다.

기원전 4세기 전쟁이 빈번해지면서 귀족들의 생각이 바뀌었다. 진정한 '명성과 영광'은 전차 경주로 얻을 수 있는 것이 아니라 전쟁에서 군공을 세워야 얻을 수 있다는 것이다. 자연히 자신의 말을 전차 경주에 내보내려는 귀족들의 열정은 사라졌다. 반면 전차 경주의 인기는 나날이 커져 더 많은 말과 기수들을 필요로 했다. 주최자는 이제 좀 더 안정적으로 기수와 말을 공급받을 수 있는 방법을 찾아야 했다.

수요가 있으면 누군가는 공급 방법을 찾기 마련이었다. 귀족만큼 많은 재산을 가진 것이 아니어서 독자적으로 기수와 말을 공급하지는 못하지만 작은 자본을 가진 사람들이 여럿 모인다면 가능한 일이었다. 기사, 평민, 해방 노예 중에서 돈을 가진 몇 명이 공동 출자하는 방식으로 자본을 모았다. 그렇게 모은 자본으로 기수를 고용하고 말을 사육하여 전차 경주에 내보낸 것이 경주용 팀 조직인 '팍티오factio'의 시작이었다. 이 말은 '어떤 일을 행하는 것'을 의미하는 파키오facio에서 나왔다.

팍티오라는 용어는 특정 색깔을 선호하는 관중을 지칭하기도 한다. 이 체제를 정치적 분파, 사회적 계층 분파, 군사적·종교적 연합이라고 보기도 한다. 이들을 현대적인 의미의 단순한 '팬클럽' 혹은 '경기장 도당'이라 보기도 한다. 팍티오를 사용한 사료들은 찾아보면 다음과 같다.

> (발레리우스와 호라티우스는) 만일 원로원 내에서 말하는 것이 파당에 의해 제한을 받는다면, 자신들은 대중 앞에서 연설할 것이라고 말했다.

> 같은 바람, 같은 증오, 같은 두려움으로 단합한다. 좋은 사람들의 것은 우의amicitia이고, 사악한 사람들의 것은 파당factio이다.

파당적 정신 때문에 또 개인적인 이익을 고려하여 공적인 사고에 해를 끼쳐왔다.

귀족들은 파당에 의해 더 강력해지는 반면, 대중의 힘은 산만하고 많은 사람으로 분열되어 있어서 효력이 덜하다.

귀족들의 파당으로 억압받는 로마 시민들의 자유와 특권을 회복시키기 위해.

일정한 사람들이 부나 고귀한 출신, 다른 어떤 이점으로 국가의 권력을 가졌을 때 그것은 지배적인 파당이라고 불린다.

만일 파당과 불일치하는 원인이 되는 부에 대한 욕망을 표현하지 않았다면.

(그나이우스 도미티우스가) 파당에 의해 카이사르의 갈리아 총독 후임으로 거명되었다.[29]

이런 사례들을 볼 때 팍티오는 어떤 일을 하는 방식에서의 능력, 영향력을 의미한다. 또 그런 영향력을 행사하여 원하는 바를 얻으려는 무리를 지칭하기도 한다. 한마디로 팍티오는 영향력을 가진 사람들의 집단, 파당, 분파, 분열이라는 의미로 사용되었다. 전차 경주에서도 팍티오는 '영향력을 행사하는 사람들의 집단'이라는 의미로 사용되었다. 즉 전차 기수를 포함하여 경주 운용에 영향력을 끼치는 사람들의 집단을 팍티오라고 불렀다. 현대적인 의미에서 보면 축구 구단이나 연예기획사 정도로 이해하면 된다.

전차 경주의 인기가 높아지면서 기수와 말을 출전시키는 횟수가 증가하고, 승리하여 돈을 벌 기회 역시 늘어났다. 자연히 기존의 소규모 팍티오가 돈과 사람을 끌어들여 대규모 자본과 탄탄한 조직력을 갖춘 팍티오 체제로 거듭났다. 과거 귀족들이 명예를 추구하는 목적으로 참여했던 전차 경주가 이제는 비천한 출신의 사람들이 참여하는 직업적인 활동이 되었다.

팍티오가 말과 기수뿐 아니라 마부, 회계원, 수의사까지 갖춘 하나의 조직이 된 것은 기원전 4세기 이후였을 것이다. 기원전 329년 출전하는 전차 기수의 수가 늘어나고 관중이 출발 시점에 관해 예민해지면서 부정 출발을 방지하기 위한 출발문이 만들어졌다. 이때 부정 출발에 대해 예민하게 반응하면서 공정성을 주장한다는 것 자체가, 항의할 수 있는 조직, 즉 거대한 팍티오 체제가 존재했다는 증거라고 추측된다.

국가는 팍티오와 도급으로 계약했다. 기원전 214년 포에니 전쟁 비용으로 인해 국고가 텅 비자 감찰관들은 신전을 유지하거나 행렬에 사용되는 말을 공급하는 도급 계약을 금지했다. 국가가 말을 제공하는 개인이나 조직에 돈을 지급하지 못하도록 한 것이다. 전차 경주에서 조직적인 팍티오를 감찰관들은, 경주를 가능하게 하는 기구이면서도 국고 낭비를 유발하는 기구로 보았다.

전차 경주가 빈번하게 열리고 팍티오에 사람과 돈이 들끓게 된 것은 기원전 3세기 로마가 부유해지면서였다. 마케도니아를 포함한 그리스 지역과 아프리카가 로마의 영토로 편입되면서 전리품과 배상금, 조공 등 여러 명목의 돈이 로마로 들어왔다. 군사령관은 자신의 군공을 알리기 위해, 정무관들은 자신의 이름을 알리기 위해 앞다투어 전차 경주를 화려하게 개최했다. 그들에게는 권력 쟁취라는 확실한 목적이 있었기 때문에 전차 경주에 투자하는 돈이 아깝지 않았다. 시간이 지날수록 그들은 순수한 경주를 훨씬 뛰어넘어 남들보다 더 화려한 구경거리를 만들어내는 데 진력했다.

아우구스투스 황제는 마르스 신전을 봉헌하면서 신전의 유지와 축제 개최 시 말을 공급할 책임을 원로원에 부여했다.

기원전 2년 마르스 신전을 봉헌할 때 입대할 나이가 되어 입대하는 사람, 해외로 파견되는 사람들이 마르스 신전에서 출발했고, 원로원은 신전에서 개선식을 승인하는 투표를 진행했다. 적에게 빼앗긴 군기를 다시 찾았을 때 마르스 신전에 봉헌했다. 원로원은 전차 경주 축제를 무사히 마치는 데 필요한 말들을 공급하는 도급 계약을 할 권리가 있고, 신전 전반을 관리할 책임이 있다.[30]

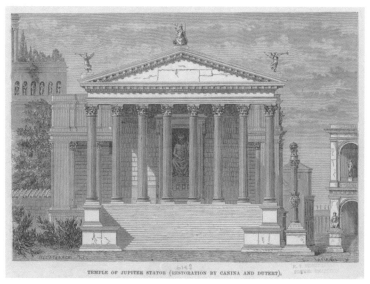

△ 19세기에 그린 유피테르 신전

　아우구스투스 황제는 신을 위한 종교적 활동에서 신전을 봉헌하
는 것도 중요하지만 특히 축제에 말 공급이 원활해야 한다고 생각했
다. 아우구스투스 시기에 유피테르 신에게 봉헌하는 오년제인 '로마
축제*Ludi Romani*'만 원로원의 책임이었다. 아우구스투스 황제는 마르스
신에게 봉헌하는 축제도 원로원에 맡겨 원로원이 안정적인 말 공급을
책임지도록 했다. 원로원이 말을 공급해줄 팍티오와 도급 계약을 담당
했다.

팍티오의 단결성

\

전차 경주는 말과 기수를 대규모로 공급하는 팍티오 체제가 없었다면 시행, 유지되기 어려웠다. 전차는 4대 혹은 8대로 출발하기도 했고, 대경기장의 출발문과 동일한 수인 12대 전차를 모두 채우기도 했다. 한 비문은 출전한 전차의 수에 대해 기록하고 있다.

나는 백색 팍티오에서 102번 승리했다. 초보 말로 1번 승리했다. 한 대의 전차로 83번, 두 대의 전차로 17번, 세 대의 전차로 2번 승리했다.

나는 홍색 팍티오에서 78번 승리했다. 한 대의 전차로 42번, 두 대의 전차로 32번, 세 대의 전차로 3번, 네 대의 전차로 1번 승리했다.

나는 청색 팍티오에서 583번 승리했다. 육두 전차로 1번, 초보 말로 1번 승리했다. 한 대의 전차로 334번, 두 대의 전차로 184번, 세 대의 전차로 65번 승리했다.

나는 녹색 팍티오에서 364번 승리했다. 한 대의 전차로 116번, 두 대의 전차로 184번, 세 대의 전차로 64번 승리했다.

나는 살아 있는 동안 나 스스로 이 비를 세웠다.[31]

한 대의 전차란 각 팍티오에서 전차를 한 대씩만 출전시킨 것을 말한다. 두 대, 세 대, 네 대는 각 팍티오에서 전차를 두 대씩, 세 대씩, 네 대씩 출전시킨 것을 의미한다.

한 경주에서 평균적으로 8대가 출발한다고 가정하면 전차 경주마다 4개 팍티오에서 각각 2명의 기수와 2대의 전차를 내보낸다. 제정기에는 하루에 보통 24회의 경주가 있었기 때문에 각 팍티오에서 48명의 기수와 48대의 전차가 동원된다는 말이 된다. 이두 전차면 96마리의 말이면 되지만, 대부분 사두 전차를 사용하므로 192마리의 말이 필요했다. 물론 기수가 하루에 여러 번 출전할 수도 있고, 전차나 말을 여러 번 사용할 수 있다. 하지만 한 번 경주할 때 기수와 말의 체력 소모가 상당하므로 동일 기수와 말이 하루 24회 경주 대다수를 소화할 수는 없었다. 경주 중 사고로 사망하거나 부상한 기수와 말을 빼고 다음 경주를 속개하기 위해서, 주전급 기수와 말의 성적이 부진할 때 곧바로 승계할 수 있는 후보군을 유지하기 위해서 각 팍티오는 48명 이상의 기수와 192마리 이상의 말을 보유하고 있어야 했다.

이처럼 전차 경주에 투입되는 기수와 말은 대규모였고, 이 대규모 인원을 조직적으로 관리하면서 경주 운영에 차질을 빚지 않기 위해서는 팍티오라는 조직이 필요했다. 개별적인 싸움을 하는 검투사의 원활한 공급과 경기의 질적 향상을 위해 검투사 양성소에서 조직적으로 관리하는 것처럼 전차 경주 역시 팍티오의 조직적인 도움이 있어야 원활한 경주 운영이 가능했다. 그래서 전차 경주에서 팍티오가 운영의 주체였고, 관중들도 오늘날의 축구 구단처럼 팍티오를 둘러싸고 결집하는 양상을 보였다.

전차 경주는 팍티오 중심으로 운영되었고, 서로 다른 팍티오를 지지하는 사람들끼리 경쟁했다. 자연히 팍티오에 대한 지지가 폭동까지는 아니더라도 폭력 사건으로 확대될 가능성을 생각해볼 수 있다. 왜냐하면 전차 경주와 팍티오에 대한 로마인의 열정이 상당했기 때문이다. 그런 열정이 있었기에 532년의 니카의 반란과 같은 사건이 벌어진 것이다. 청색과 녹색 팍티오가 유스티니아누스 황제Justinianus I(527~565 재위)에 대한 불신임을 주장하면서 벌인 니카 반란은 황제가 궁을 버리고 도피할 것을 논의해야 했을 정도로 격렬했으며, 결국 양 팍티오 지지자들이 3만 명이나 살해되고서야 종결되었다.

팍티오 문제에서 논쟁의 발단은 니카의 반란처럼 팍티오 지지자들끼리 벌이는 대규모 폭력 사건에 대한 기록이 제정 초기에는 없다는 데 있다. 기록이 없기에 관중들끼리의 폭력 사건도 없었다는 식의 주장이 있다. 역사학자 캐머런A. Cameron에 따르면, "제정 초기 전차 경기장의 지지자들 사이에 질서를 어지럽히는 행위가 있었다는 증거는 없다. 물론 탄원과 항의는 있었지만, 경기장에서 전차 기수의 행동으로 유발된 정기적이고 폭력적인 싸움은 없었다. 제정 초기 추방된 전차 기수에 대해 들은 바가 없다." 팍티오의 지지자들 중 일부 자기 통제에 실패한 사람들끼리 개인적으로 부딪힐 수는 있었지만 팍티오들 사이에 벌어진 진짜 큰 싸움은 없었다는 것이다. 전차 기수 개인이 아니라 말의 경주에 초점을 맞추므로, 관중의 경쟁이란 큰 의미가 없어 싸움의 단초가 되기엔 부족했다는 것이 그러한 주장의 이유다.

이와 반대로 고대 사가들은 침묵하지만, 관중들끼리의 폭력 사건이 존재했다는 주장이 있다. 역사학자 매슈스R. Matthews에 따르면, 청색 팍티오는 오래된 가문 구성원들의 지지를, 녹색 팍티오는 속주 부유층과 신흥 부자들의 지지를 받고 있어서 황제의 통치력이 불안정하면 위협적인 태도를 보였다. 역사학자 마이어F. Meijer는 "15만 명이 질서정연하게 열을 맞추어 앉아서 전차 경주를 보고, 감정도 잘 통제"했다는 것은 도저히 믿을 수 없다면서 폭력의 가능성을 주장했다.

제정 초기 전차 경기장에서 폭력의 가능성이라는 하나의 주제에 대해 학자들의 견해가 이렇게 극명하게 갈리는 것은 나름대로 근거가 있다. 폭력 사건이 없었다는 견해는 고대 사가들의 기록이 없다는 점을, 있었다는 견해는 수십만 명의 관중, 흥미진진한 경주, 떠들썩한 분위기 등 상황적인 요소를 근거로 들고 있다. 양쪽 견해는 모두 나름대로 설득력이 있지만 후자 쪽이 진실에 가까워보인다. 전차 경주에 관심이 있는 사람이라면 자신이 선호하는 팍티오가 있게 마련이었다. 경쟁하는 팍티오에 대해서는 혐오의 감정을 나타냈다. 황제에서부터 하층민까지 좋아하는 팍티오가 갈리는 상황에서 과연 질서정연하고, 이성적으로 팍티오에 대한 충성심을 유지할 수 있었는지는 의문이다.[32]

대표적인 팍티오

＼

대표적인 팍티오는 홍색 팍티오factio russata, 백색 팍티오factio albata,

청색 팍티오*factio veneta*, 녹색 팍티오*factio prasina* 등 네 집단이다. 팍티오의 색깔은 계절 및 날씨와 연관이 있다. 홍색은 불타는 여름, 불, 마르스 신을, 백색은 겨울, 공기, 서풍, 유피테르 신을 의미한다. 청색은 가을, 하늘, 바닷물, 넵투누스 신을, 녹색은 파릇파릇한 봄, 땅, 꽃, 베누스 신을 상징한다.

전차 경주를 이끄는 팍티오가 언제 생겼는지에 대해서는 의견이 분분하다. 테르툴리아누스는 로물루스가 경주를 개최할 당시 "처음에 홍색과 백색 두 가지 색깔을 상징하는 팍티오만 있었다"라고 말하지만, 이것을 뒷받침할만한 증거는 없다. 로물루스 때부터 4개 팍티오가 모두 있었다는 기록도 있지만, 이 역시 불분명하다. 홍색과 백색 팍티오의 존재에 대한 가장 이른 시기의 증거는 기원전 77년의 사건이다. 이해에 홍색 팍티오의 전차 기수인 펠릭스의 장례식에서 그의 지지자중 한 사람이 화장용 장작더미에 스스로 뛰어들어 자살했다. 반대편백색 팍티오 지지자들은 남자가 냄새에 취해서 뛰어들었다고 증언했다고 기록은 말한다. 따라서 공화정기에 홍색과 백색 팍티오는 확실히 존재했다.

기원전 30년경 녹색 팍티오가 생기고 곧이어 청색 팍티오가 만들어졌다. 청색과 녹색 팍티오의 존재는 1세기 칼리굴라와 네로 황제 시기에 빈번하게 기록에 등장한다. 칼리굴라와 네로가 녹색 팍티오 지지자였고, 비텔리우스 황제Aulus Vitellius(69 재위))가 청색 팍티오를 지지했다는 사실로 볼 때 제정 초기 청색과 녹색 팍티오의 존재는 부정할 수 없이 명확하다. 제정 초기 역사가들이 주로 언급하는 팍티오는 청색과 녹색 팍티오다. 수에토니우스Gaius Suetonius(69?~122?), 마르티알리스Marcus Martialis(38?~104?), 디오 등의 역사가들은 주로 청색과 녹색을 언급했다. 다른 팍티오에 대해서는 한두 번 언급에 그쳤다. 도미티아누스 황제 때 자주색 팍티오factio purpura와 황금색 팍티오factio aurea가 있었지만, 인기를 얻는 데 실패하여 곧 사라졌다. 청색과 녹색 팍티오의 우위는 지속되었다.[33]

사료 기록의 빈도 차이를 가지고 홍색과 백색 팍티오의 쇠퇴를 추정할 수는 없지만, 위상 면에서 다른 팍티오와 차이가 있었던 것은 분명해 보인다. 54년의 사건은 4개 팍티오의 위상을 짐작해보기에 좋다. 네로 황제를 위한 전차 경주를 개최하려 할 때 말 사육사들과 전차 기수들이 경주 참가 조건이 불만족스럽다는 이유로 참여하지 않았다. 개최자인 법무관 파브리키우스는 화가 나서 말 대신 개들을 훈련 시켜 전차를 끌도록 했다. 규모가 작은 홍색과 백색 팍티오는 파브리키우스의 강경책에 항복하여 전차를 끌고 와 경주에 참여했다. 반면 규모와 영향력이 컸던 청색과 녹색 팍티오는 여전히 참여하지 않았다. 네로 황제가 중재에 나서 상금을 걸자 결국 그들도 경주에 동참했다. 파브리키우스가 둔 강수에 보인 팍티오들의 서로 다른 대응은 그들의 자금력이나 지지층 차이에서 비롯된 것으로 분석된다. 홍색 팍티오와 백색 팍티오가 상대적으로 약한 이유는 정확히 밝혀지지 않았다.

팍티오들의 위상은 팍티오의 근거지들을 보면 알 수 있다. '팍티오의 소재지들*stabula factionum*'은 넓은 편의 시설과 훈련장, 수많은 마구간을 갖춘 곳으로 대경기장에서 약 2킬로미터 떨어진 마르스 광장에 있었다. 청색 팍티오와 녹색 팍티오가 가장 크고, 훈련을 위한 자체 경주로와 많은 부속 건물을 가지고 있었다. 청색 팍티오의 부대시설은 오늘날 파르세네 광장에 있었다. 녹색 팍티오의 시설들이 있던 자리는 오늘날 칸첼레리아 광장이었다.

청색과 녹색 팍티오의 우위는 제국 후기에도 지속되었다. 331년의 집정관이었던 바수스가 바실리카를 지었는데, 그는 그 벽면을 여러 가지 모자이크로 장식했다. 그중 집정관이 기수가 되어 전차를 몰고 있고, 기수 뒤에 청색, 녹색, 홍색, 백색 기수들이 말을 타고 있는 모자이크가 눈에 띈다. 집정관 기수 바로 뒤에 청색과 녹색 기수가 있고, 홍색의 기수는 청색 기수에게, 백색의 기수는 녹색 기수에게 손을 뻗었다. 이를 보건대 청색과 녹색의 지위가 높고, 홍색은 청색에게, 백색은 녹색에게 종속되었다고 추측할 수 있다. 물인 청색이 불인 홍색을 꺼트리고, 자연스러운 초원을 의미하는 녹색은 공기인 백색을 빨아들이기 때문인 것으로 해석된다.

사람들이 왜 하나의 팍티오를 지지하는지, 지지하는 팍티오를 선택하는 근거는 무엇인지에 관해 논란이 있다. 자신들이 사는 구역이나 거리에 따라 청색 구역이나 녹색 구역이 있다고 추측하기도 한다. 아니면 유사한 직업군끼리 모였는데, 구리공은 녹색, 목수는 청색 팍티오를 지지한다는 학설도 있다. 6세기 상류층은 청색 팍티오, 하류층은 녹색 팍티오 지지자가 많은 것으로 보아 신분에 따른 구분이라는 주장도 있다. 하지만 어느 이론도 확실하지는 않다. 개인의 선택에 따라 시대에 따라 상류층도, 하류층도 선호하는 팍티오가 바뀌기 때문이다.

황제들이 선호하는 팍티오

\

황제들이 선호하는 팍티오를 분석해보면 그들은 청색과 녹색 팍티오를 좋아했음을 알 수 있다. 청색 팍티오를 선호하는 황제는 비텔리우스 황제와 카라칼라 황제였다. 녹색 팍티오를 지지하는 황제는 칼리굴라, 네로, 도미티아누스, 베루스Lucius Verus(161~169 재위), 코모두스Commodus(176~192 재위), 엘라가발루스 황제였다.34

네로, 카라칼라, 엘라가발루스 황제는 자신들이 좋아하는 팍티오를 상징하는 옷을 입고 전차를 직접 몰았다. 네로와 카라칼라 황제는 시민들 앞에서 직접, 엘라가발루스 황제는 사사로이 집에서 전차를 몰았다는 점에서 차이가 있었다. 엘라가발루스 황제는 기사들이 하던 소방대장Praefectus Vigilum에 전차 기수를 임명할 정도로 좋아했다.

황제들은 선호하는 팍티오를 위해 다양한 행동을 했다. 칼리굴라 황제는 자신이 좋아하는 녹색 팍티오를 위해 경주로를 홍색과 녹색 모래로 치장했다.

황제는 대경기장에서 이른 아침부터 저녁까지 많은 전차 경주를 개최했다. 경주 사이사이에 표범 사냥 경기도 열었고, '트로이 경기Lusus Troiae' 라 불리는 승마 경기도 거행했다. 또 특별한 구경거리로 원로원 계층에서 전차 기수가 선발돼 나섰을 때는 경주로에 홍색과 녹색 모래를 깔았다. 황제는 일부 경주에서 직접 경주 시작을 알렸다. 해방 노예인 겔로티우스의 집에서 대경기장의 상황을 지켜보고 있을 때 이웃집 발코니에 있던 일부 시민이 황제에게 출발 신호를 내려달라고 요청했기 때문이다.**35**

대경기장 인근의 발코니를 마이니우스라고 부른다. 이 명칭은 기원전 318년의 감찰관이었던 마이니우스Gaius Maenius(?~?)로부터 유래되었다. 그는 로마 광장에 있는 자신의 집을 감찰관인 대카토Marcus Porcius Cato(기원전 234~기원전 149)와 발레리우스Lucius Valerius(?~?)에게 팔았다. 이들은 그곳에 바실리카를 지으려 했고, 실제로 기원전 184년 로마 광장 서북쪽에 바실리카 포르키아를 세웠다. 마침 마이니우스에게는 바실리카의 열주 하나에 대한 권리가 있어 거기에 널빤지를 연결해 일종의 발코니 형태를 만들었다. 여기서 그와 후손들이 광장에서 열리는 검투사 경기를 관람했다. 이후 대경기장 근처의 저택에 전차 경주 관람용으로 설치된 발코니를 마이니우스라고 부르게 되었다.

네로 황제는 어릴 때부터 열렬한 전차 경주광이었고 전차를 직접 몰았다. 그는 녹색 팍티오를 좋아해서 녹색 투니카를 입고 전차 경주에 참여했다.

네로는 아주 어릴 때부터 말에 대한 과도한 열정을 보여주었다. 그는 항상 대경기장에서 열린 전차 경주에 관해 이야기했다. 한번은 그가 동료들과 말에 매달려 질질 끌려갔던 녹색 팍티오 소속 전차 기수의 운명에 대해 한탄하고 있었다. 이를 스승이 나무라자 그는 트로이 전쟁의 영웅인 헥토르에 관해 말하고 있었다고 거짓말했다.

네로 치세 초기에 그는 매일 상아로 만든 전차를 나무판 위에 올려놓고 경주하면서 놀곤 했다. 그는 교외에 있을 때 처음에는 비밀리에 이렇게 놀았고, 나중에 로마시에서는 공공연하게 중요하지 않은 경주까지 모든 경주를 관람했다. 네로는 상금의 횟수를 늘리고 싶은 바람을 숨길 수 없었다. 이에 그는 경주의 수를 더 늘리고, 경주 시간을 더 늦게까지 연장하도록 조치했다. 팍티오의 수장은 기수들이 온종일 경주하지 않는다면 내보낼 가치가 없다고 생각했다.

얼마 후 네로는 스스로 전차를 몰고 그 모습을 시민들에게 보여주고 싶어 했다. 그는 정원에서 노예들과 비천한 하층민 앞에서 시험 삼아 전차를 몰아보았다. 얼마 후 그는 대경기장에서 일반 시민들 앞에 모습을 보일 기회를 얻었다. 황실 해방 노예 한 명이 정무관의 위치에 서서 수건을 떨어뜨려 출발 신호를 보냈다.**36**

우리는 네로 황제가 제공하는 구경거리에서 대경기장의 모래에 금납이

뿌려져 있는 것을 보았다. 이때 황제는 같은 금색 옷을 입고 전차를 모는 광경을 우리에게 보여줬다.[37]

(68년) 네로 황제는 그리스에서 나폴리를 거쳐 로마시로 들어오면서 개선식을 거행했다. 개선식 이후 그는 일련의 경주마들을 발표하고, 개선식 화관과 다른 승리에서 확보한 모든 화관을 가지고 대경기장으로 갔다. 황제는 화관들을 오벨리스크 주위에 모아놓았다. 모두 1808개나 되었다. 때때로 황제는 대부분의 경주에서 정말로 이겼다는 것을 더욱 믿을 수 있는 일로 만들기 위해 일부러 지기도 했다.[38]

마지막 인용문에서 보듯 네로 황제는 66년 가을 그리스 순회공연을 떠났다. 이번이 두 번째였던 네로는 첫 순회공연 때보다 더욱 철저히 준비한 뒤 올림피아, 코린토스, 델포이 등을 여행하며 가수이자 배우로서 무대에 올랐고 전차 경주 기수로도 활동했다. 위에서 언급된 1808개의 화관은 이때 획득한 상과 우승 트로피를 의미한다. 아마 거의 독식했으리라 보여지며 네로는 그리스인들이 이처럼 자신에게 보내준 열렬한 환영회와 호평에 매우 흡족해했다.

비텔리우스 황제가 정치적으로 성공한 것은 전차 경주와 관련이 있다는 소문이 돌기도 했다.

갈바 황제Lucius Livius Galba(68~69 재위)가 비텔리우스를 하게르마니아

속주 총독으로 파견하여 사람들을 놀라게 했다. 일부 사람은 그것이 비니우스 덕택이라고 생각했다. 비니우스는 당시 로마에서 영향력이 큰 인물이었다. 비텔리우스에 대한 그의 우의는 오래전부터 그들이 똑같이 청색 팍티오를 지지하면서 다져졌다.**39**

청색 팍티오 지지자였던 비텔리우스 황제는 일부 시민이 청색 팍티오 전차 기수들에게 욕설을 퍼부었다는 이유로 그들을 처형하기도 했다. 그는 자신과 청색 팍티오를 동일시하여 그들을 욕하는 것은 자신을 우습게 여기는 것이라고까지 생각했다.

베루스 황제는 녹색 팍티오에 열광하여 후원금을 제공했다. 그는 말 볼루케르와 녹색 팍티오에 극도의 애착을 보였다. 황제는 말을 돌보는 소년들에게 볼루케르에게 땅콩과 질 좋은 포도주를 매일 먹이라고 요구하는가 하면 큰 크리스털 잔을 '볼루케르'라 불렀고, 여행할 때는 그 말의 그림을 들고 다닐 정도로 사랑했다. 볼루케르가 죽었을 때 황제는 무척 슬퍼하며 황실 무덤에 말을 안장했다.

193년의 일은 녹색 팍티오를 지지하는 코모두스 황제에 대한 혐오를 나타냈다.

페르티낙스Pertinax(193 재위) 장군이 큰 반란을 진압하여 사방에서 칭찬을 받을 만한 일을 한 후 여전히 브리타니아에 있을 때 로마시에서 페르티낙스라는 이름의 말이 전차 경주에서 승리했다. 그 말은 녹색 팍티오에 소속되어 있었고, 코모두스 황제가 좋아했던 말이었다. 녹색 팍티오 지지자들이 "저것이 페르티낙스다"라고 크게 소리쳤다. 이때 반대편 팍티오를 지지하는 다른 사람들은 코모두스를 혐오하여 똑같이 기도했다. "페르티낙스였으면!" 이는 말이 아니라 사람 페르티낙스가 로마시에 나타났으면 좋겠다는 의미였다. 나중에 말이 나이가 들어 경기장을 떠나 자신의 마구간으로 돌아갔다. 코모두스는 그 말을 경기장으로 데려와 발굽에 금박을 입히고, 등을 빛나는 가죽으로 장식해주었다. 말의 모습을 갑자기 본 사람들은 다시 소리치기를, "저것이 페르티낙스다!" 바로 이런 표현 자체가 그해 마지막 전차 경주에서 일어날 일에 대한 하나의 징조였다. 전차 경주가 개최된 직후에 제위는 페르티낙스에게 넘어갔다.[40]

황제와 선호하는 팍티오가 다르다는 이유로 처형되는 사람도 있었다. 211년 카라칼라 황제는 전차 기수 에우프레페스를 처형했다.

황제는 로마시에서도 직업 때문에 명성을 얻은 사람들을 쫓아냈는데, 이것이 황제를 더 눈에 띄게 했다. 나는 전차 기수인 에우프레페스를 언급하고자 한다. 황제는 그가 자신이 좋아하는 팍티오와 반대되는 팍티오를 지지한다는 이유로 그를 죽였다. 그래서 에우프레페스는 수많은 전차 경주에서 승리한 후 늙은 나이에 처형당했다. 그는 782번 승리하여 화관을 썼는데, 이것은 누구도 감히 넘볼 수 없는 기록이었다.[41]

카라칼라 황제의 시기심과 독선은 동생인 게타Publius Septimius Geta(211 재위)와의 관계에서 드러났다.

세베루스 황제의 아들인 안토니누스(카라칼라)와 게타의 경쟁은 분규로 가득 찼다. 만일 어느 한 사람이 어떤 팍티오에 속해 있으면 다른 사람은 꼭 그와 반대되는 팍티오를 선택했다. 마침내 둘은 말들로 벌이는 경쟁에서 서로 싸움이 붙었다. 안토니누스가 격렬한 경쟁심에서 말을 몰다 이두 전차에서 떨어져 다리가 부러졌다.[42]

카라칼라와 게타는 서로 반대하기 위해 팍티오를 선택할 정도로 사이가 좋지 않았다. 겉으로 궁정은 평온했지만 내부적으로는 카라칼라와 게타의 경쟁이 갈수록 치열해졌다. 두 사람은 아버지 앞에서도 서로에 대한 적대감을 노골적으로 드러낼 정도였다. 형제의 불화가 마음에 걸렸던 세베루스 황제는 죽기 직전 카라칼라와 게타를 불러놓고 "서로 사이좋게 지내고, 군인들을 풍요롭게 하고, 다른 사람들은 신경 쓰지 마라"고 유언했다.

세베루스 황제가 사망하자 카라칼라와 게타는 세베루스 황후이자 두 형제의 어머니인 돔나Julia Domna(160?~217)와 함께 아버지의 시신을 전장이었던 브리타니아에서 로마시로 이송했다. 두 형제는 합심한다는 표시로 어머니 앞에서 손을 잡았다. 그러나 단합의 행동은 거짓이었다. 연년생인 두 형제는 서로를 경쟁상대로만 보면서 시기하고 질투했다. 카라칼라가 형으로서 대우를 받았지만, 사람들에게 인기 있는 쪽은 항상 동생인 게타였다. 외모나 결단력 있는 성격에서 게타가 아버지를 더 닮은 편이었다. 이 때문에 최고 권력을 잡은 카라칼라는 경쟁 상대인 동생을 살려둘 수 없었다. 카라칼라는 동생이든 원로원 의원이든 군인들이든 자신에게 반기를 드는 모든 사람을 제거하려는 욕망을 억누를 수 없었다. 자문회의 의원들이 두 형제에게 제국을 나누어 가질 것을 제안했다. 그러자 돔나가 나섰다. 그녀가 제국의 분열을 우려하여 자문회의의 제안에 반대했기에 다행히 제국은 쪼개지지 않았다.

자문회의도 해결하지 못할 정도로 두 형제의 사이는 갈수록 악화했다. 카라칼라는 동생을 죽이고 싶었으나 동생이 항상 근위병들에게 둘러싸여 있어 쉽게 어찌할 수 없었다. 211년 카라칼라는 어머니에게 동생과 화해하고 싶다고 말했다. 그는 자신이 부르면 동생이 두려워서 오지 않으니 어머니의 궁정에서 동생을 만나게 해달라고 요청했다. 두 형제의 분쟁에 누구보다 마음이 아팠던 돔나는 흔쾌히 게타를 불렀다. 어머니의 부름에 아무런 의심 없이 온 게타는 방으로 들어서자마자 숨어 있던 백부장들의 공격을 받았다. 게타가 울부짖으며 어머니에게 도움을 청했다. "어머니! 어머니! 도와주세요, 저 칼에 찔렸어요!" 놀란 돔나가 게타를 보호하려고 했으나 그럴 수 없었다. 다른 백부장이 게타를 도우려는 돔나의 손을 붙잡고 있었기 때문이다. 그 사이 백부장들이 게타를 여러 차례 찔렀고, 돔나는 몸부림치면서 자식이 살해되는 광경을 고스란히 지켜볼 수밖에 없었다. 그렇게 22세의 게타는

△ 세베루스 가족의 프레스코화. 게타의 얼굴이 지워져 있다. 이 프레스코화에서 세베루스 황제의 피부색이 검다. 북부 아프리카 출신인 그가 라틴계 이주민인지 아프리카게 원주민인지는 논란이다.

어머니의 무릎에 안긴 채 죽었다.

카라칼라는 인기 있는 동생을 죽인 것도 모자라 사람들이 그를 기억하는 것도 참을 수 없었다. 죽은 왕자에 대한 기억을 증오한 그는 모든 비문에서 게타의 이름과 얼굴을 지워버렸고, 이름을 새긴 주화는 모두 녹여 없앴다. 카라칼라는 게타의 이름을 거명하는 것 자체를 반

역 행위로 간주할 정도로 게타를 역사에서 완전히 지워버리고 싶어
했다. 그의 마음을 가장 잘 대변해주는 것이 베를린에 남아 있는 세베
루스 가족의 프레스코화다. 어린 카라칼라의 얼굴은 선명하게 그려져
있지만 게타의 얼굴은 흉측하게 지워져 있다. 카라칼라 황제는 풍부한
상여금 지급과 봉급 인상으로 군인들을 우대하라는 아버지의 유언은
지켰지만, 동생 게타를 살해함으로써 사이좋게 지내라는 유언은 무시
했다.[43]

돔나 여동생의 외손자인 엘라가발루스는 녹색 팍티오의 열성 팬이
었다. 그는 자신이 만든 바리아누스 경기장에서 녹색 팍티오를 상징하
는 녹색 투니카를 입고 무릎으로 경주로를 돌았다. 황실의 여성들, 정
무관들, 원로원 의원들, 로마 시장은 이 광경을 지켜보면서 의례적인
환호를 보내야 했다. 그는 진정으로 전차 기수가 되고 싶었고, 이를 흉
내 내면서 대리만족했다. 승자의 상금으로 금화를 요청하기도 했다. 그
는 코끼리, 낙타, 개, 사슴, 사자, 호랑이가 전차를 끄는 구경거리도 제
공했다. 이런 기이한 행동은 사람들에게 불안정한 성격의 소유자로 보
이게 했고, 이것이 그에게 부정적인 이미지를 불어넣었다.

이처럼 황제들은 각자 선호하는 팍티오가 달랐다. 황제가 좋아하는
팍티오가 더 좋은 대우를 받거나 더 좋은 시설을 신설할 수는 있지만,
황제가 좋아하는 팍티오라고 해서 모든 사람이 따를 필요는 없었다.
녹색 팍티오에 대해 지나친 애정을 쏟는 베루스 황제에 대해 청색 팍
티오 지지자들이 노골적으로 불만을 표출한 것처럼 팍티오 선택은 각

자의 취향으로 남았다. 황제가 바뀌었다고 해서 지지하는 팍티오를 바꾸지는 않았다. 관중은 황제나 기수가 아니라 팍티오의 색깔에 더 충성했기 때문이다. 다만 황제의 성향에 따라 다름을 용인할 수도 있었고, 처형으로 이어질 수도 있었다.

팍티오의 수장

\

전차 경주를 개최하는 데 필요한 기수와 말은 '팍티오의 수장dominus factionis'과의 계약을 통해 공급받았다. 팍티오의 수장은 주로 기사 계층이 차지했다. 이들은 황제나 원로원 계층인 전차 경주 주최자의 요구에 따라 경주를 조직했다. 주최자는 전차 경주 개최를 성사시키기 위해 팍티오에 상당히 많은 돈을 지불해야 했다. 주최자의 의뢰를 받은 팍티오의 수장들은 잘 훈련된 기수와 다양한 장비를 갖춘 말, 흥을 돋우는 트럼펫 취주자와 춤꾼 등을 다수 동원하여 최대한 화려하게 전차 경주를 개최했다. 이들은 팍티오 조직에 거대한 돈을 투자했다. 그들은 자본의 투입 없이는 괜찮은 경주를 개최할 수 없다는 것을 알기에 심한 압박을 받아가면서 경주를 조직했다.

경주 개최에 절대적으로 필요한 것이 팍티오였기 때문에 팍티오 수장의 영향력은 컸다. 네로 황제의 친부인 도미티우스Gnaeus Domitius Ahenobarbus(기원전 2~기원후 41)는 승리한 전차 기수들의 상금을 삭감하려고 했다. 그가 상금을 적게 주려고 하자 팍티오의 수장들이 항의했다. 결국 "앞으로 모든 상금은 즉석에서 현금으로 지급해야 한다"는 법 조항이 만들어졌다. 팍티오 수장들의 권력을 알 수 있는 사건이다. 54년 파브리키우스가 개에게 전차를 끌도록 한 것도 경주 주최자가 강력한 팍티오 수장들의 기를 꺾고자 한 사건이었다. 경주 주최자와 팍티오 수장 간에는 종종 팽팽한 기 싸움이 있었다.

제정기에는 검투사 경기나 동물 사냥을 국고를 들여 개최하면서 전차 경주도 더 공적인 성격을 띠었다. 민간인이었던 팍티오의 수장은 국가가 임명하는 팍티오 관리인으로 대체되었다. 기존의 사적인 경영자인 기사 신분의 '도미누스 팍티오니스'가 국가에서 임명하는 관료인 '팍티오나리우스factionarius'가 된 것이다. 팍티오나리우스는 주로 전직 전차 기수들이었다. 사적 수장에서 공적 수장으로 교체된 시기는 3세기 아우렐리아누스 황제Lucius Domitius Aurelianus(270~275 재위) 때로 기사 신분이 아닌 전직 전차 기수가 두 명이나 팍티오의 수장이 되었다. 카이사레아 출신인 폴리페무스의 275년 비문에는 "팍티오 수장, 홍색 팍티오의 전차 기수"라고 적혀 있다. 시기를 알 수 없는 아프리카 출신 리베르의 석관 부조에도 역시 "팍티오의 수장, 녹색 팍티오의 전차 기수"라고 기록되어 있다. 이처럼 팍티오의 수장이 국가에 귀속되면서 과거와 같은 권력은 가질 수 없었다.

4세기에 접어들면 사적으로 말을 공급하는 관행은 완전히 사라졌다. 381년 로마 시장의 연설에서는 황제가 제공하는 말과 법무관, 집정관이 기부하는 말을 구분하고 있다. 말을 제공하는 주체가 황제와 정무관뿐이었다. 황제의 독점으로 인해 말 공급이 어려운 상황은 401년 아우렐리우스Quintus Aurelius Symmachus(345?~402)의 편지에서 알 수 있다. 그는 스페인에 사는 친구와 친척에게 편지를 보내 스페인에 사는 목동들을 수소문하여 훌륭한 말들을 뽑아 달라고 요청했다. 이미 2, 3년 전부터 스페인에 대리인을 파견했지만, 말을 구하기가 쉽지 않았다고 덧붙였다. 당시는 개인적으로 말을 조달, 공급하려고 해도 공적인 수요를 충당하고 남은 말이 없어 할 수 없는 상황이었다.[44]

2.
전차 경주의 구성원과 수단

전차 기수

\

　전차 기수는 두 부류로 나뉘었다. 이제 갓 전차 기수라는 직업에 입문한 젊고 경험 없는 신임 기수*auriga*와 경험 많고 노련한 선임 기수 *agitator*가 있었다. 신임은 이두 전차로 경주했고, 선임은 사두 전차를 전문적으로 다루었다. 이두 전차는 달을, 사두 전차는 태양을 흉내 내어 만들었다고 한다. 기수들은 몸무게에 신경을 썼다. 몸무게가 많이 나가면 말들이 힘들어 속도가 느리고, 적게 나가면 코너를 돌 때 힘으로 버티는 데 불리했기 때문이다. 그들은 경주가 없는 날에는 훈련으로 대부분의 시간을 보냈다. 기수의 명령에 따라 말들이 속도를 조정해가면서 걷거나 달리고, 출발 절차와 반환점을 도는 방식을 익히도록 하기 위해서는 훈련 시간이 필요했다.

　대다수의 전차 기수들은 그리스 혹은 헬레니즘 지역에서 팔려와 기수로 훈련받은 노예나 고용된 해방 노예들이었다. 전차 기수는 아무리 말을 잘 탄다고 해도 개별적으로 훈련하면서 경주를 조직할 수 없었다. 그들은 팍티오에 소속되어 있었다. 물론 처음부터 전차 기수로 활동할 수는 없었다. 시작은 마부로 일하면서 마구간을 치우고 말에게 먹이를 주고 대소변을 치우는 일이다. 그러면서 서서히 말을 몰아보았고, 충분한 기술을 익히면 기수로 경기장에 출전할 수 있었다. 승리하여 많은 상금을 벌어들인 일부 노예는 몸값을 지불하고 해방된 후에 프리랜서로서 경주에 출전했다. 속주에서 명성을 떨쳐 로마시로 와서 프리랜서로 활동하는 기수도 있었으나 그것은 아주 드문 경우다. 로마시에는 유명해지고 싶은 기수들이 넘쳐났기 때문이다.

기수들은 팍티오끼리의 거래로 다른 팍티오에 팔리기도 했다. 폴리니케스처럼 자주 이적하는 기수도 있었다.

폴리니케스는 로마시 출신으로서 29년 9개월 5일 동안 살다 갔다. 그는 739번 승리의 종려나무 가지를 받았다. 홍색 팍티오에 소속되어 655번, 녹색 팍티오에서 55번, 청색 팍티오에서 12번, 백색 팍티오에서 17번 승리했다. 그는 4만 세스테르티우스를 3번, 3만 세스테르티우스를 26번, 1만5000세스테르티우스를 11번 상금으로 받았다. 그는 육두 전차로 3번, 팔두 전차로 8번, 십두 전차로 9번 승리했다.[45]

폴리니케스는 홍색, 녹색, 청색, 백색 팍티오에 모두 소속된 적이 있

△ 종려나무 가지를 받은 승리자

었다. 승자에게 종려나무 가지를 주는 관습은 기원전 292년 그리스에서 차용해온 것이다. 메소포타미아 지역, 이집트, 그리스, 로마로 퍼져나간 종려나무는 10미터 이상 높이 자라는 특징으로 인해 승리, 평화, 영생을 상징하는 나무로 여겨졌다.

몰리키우스는 로마시 출신으로 20년 8개월 7일을 살다 갔다. 그는 125번 승리했으며 홍색 팍티오에서 89번, 녹색 팍티오에서 24번, 청색 팍티오에서 5번, 백색 팍티오에서 7번 승리했다. 그의 동생은 739번 승리했다.[46]

몰리키우스는 청색 팍티오로 이적하기 전에 비교적 작은 팍티오인 백색 팍티오에서 활동했다. 승리를 거듭하면서 그 명성이 점점 높아졌다. 한동안 녹색 팍티오에서 경주하면서 상당한 돈을 받았고, 죽을 때 홍색 팍티오에 소속되어 있었다. 몰리키우스의 동생도 4개의 팍티오를 다 경험하며 옮겨다녔는데, 아마도 형의 유명세 덕을 본 듯하다.

25번 승리한 콘스탄티누스는 어느 날 경쟁하는 팍티오로 이적했고, 전에 함께 경주에 나가 21번 승리했던 말들도 데려갔다. 종종 그가 속했던 두 팍티오 사이에 심각한 갈등이 있었다. 두 팍티오는 그에게 팍티오를 선택할 권리를 주었다.[47]

5세기 후반의 전차 기수 콘스탄티누스처럼 유능한 전차 기수는 팍티오에서 서로 데려가려고 했고, 이것이 팍티오의 분쟁으로도 이어졌다. 유능하다면 그 분쟁에서 전차 기수가 선택권을 가질 수 있었다. 물론 유능하다고 하여 항상 대접받는 것은 아니었다. 과한 인기를 얻는다 싶으면 시기와 질투의 대상이 되었다. 364년 전차 기수 힐라리누스는 경쟁자 측에 독을 썼다는 죄목으로 기소되어 유죄판결을 받았다. 371년 아우케니우스와 아타나시우스는 인기 많고, 영향력도 있는 전차 기수들이었지만 그들도 독을 사용했다는 죄목으로 사형판결을 받았다.

그리스는 전차 기수 개인의 기술이나 말의 속력에 직접적으로 환호했지만, 로마는 철저히 팍티오를 중심으로 운영된다는 점이 달랐다. 로마인들은 팍티오에 지지를 보냈다. 관중은 팍티오에 충성했으나 전차 기수는 그렇지 않았다. 소속 팍티오의 말의 상태, 운영 방식, 대우, 훈련 여건 등이 마음에 들지 않거나 더 좋은 조건을 제시하는 팍티오가 있으면 쉽게 이적했다. 청색 팍티오에서 최고의 대접을 받다가 이튿날 바로 녹색 팍티오 소속으로 경주에 나갈 수도 있었다. 이런 사실을 묘비에까지 남긴 것으로 보아 기수의 이적 행위는 소속 팍티오에 대한 불충이 아니라 능력의 과시였다.

전차 경주의 보조원들

\

전차 경주는 여러 보조원의 도움으로 진행되었다. 이는 전차 경주와 관련된 비문에 나오는 여러 명칭을 통해 알 수 있다.

홍색 팍티오의 수장 카피토의 사두 전차 가족. 그 명부는 다음과 같다.

미기오니스와 도키무스는 감독자, 크레스투스는 마부, 에파프라이는 집사, 메난데르는 전차 기수, 아폴로니우스는 전차 기수, 케르도니스는 전차 기수, 리카이우스는 전차 기수, 헬레티스는 마부 조수, 프리무스와 힐루스는 의사, 안테로티스는 텐토리스*tentoris*, 안티오쿠스는 대장장이, 파르나키스는 텐토리스, 칼라무스, 다레우스, 에로스는 텐토리스, 파우스투스, 힐라루스는 전차 기수, 니칸데르는 전차 기수, 에피고누스는 전차 기수, 알렉산데르는 전차 기수, 니케포루스는 스파르소리스*sparsoris*, 알렉시오니스는 모라토리스*moratoris*.**48**

비문에는 텐토리스, 스파르소리스, 모라토리스, 호르타토리스*hortatoris*, 유빌라토리스*iubilatoris*라는 명칭들이 기록되어 있다. 모두 각자의 역할이 있는데 전차 경주를 묘사한 모자이크나 부조를 통해 알 수 있다. 텐토리스는 출발 신호에 따라 출발문을 여는 일을 하는 사람이었다. 스파르소리스는 경주 중 급속도로 열이 오르는 전차의 차축을 식히기 위해 소속 팍티오의 전차가 지나갈 때 물을 뿌리는 사람이었다. 모라토리스는 출발문 뒤에 서서 출발 신호와 함께 정확히 말들을 풀도록 고삐를 쥐고 기다리고 있는 사람을 말한다. 호르타토리스는 경주하는 동안 말을 타고 다니면서 기수에게 부상자나 다른 전차와 같은 장애물들을 피해갈 수 있는 길을 보여주는 역할을 하는 사람이었다. 그는 승리를 위해 없어서는 안 되는 존재였다. 기수와 같은 색깔의 옷을 입고 말을 타는 그는 여러 말을 신경 써야 하는 기수보다 시야가 넓으므로 기수에게 최적의 경주로와 상대 기수들의 상황을 알려주었다. 유빌라토리스는 승리한 기수가 사람들의 환호를 받을 때 같이 전차를 타고 기수를 보조하는 사람이었다.

스포츠로서 전차 경주의 흥미를 돋우는 역할을 하는 곡마사desulto-ris도 팍티오의 일원이었다. 곡마사는 속옷을 입고 원뿔 모양의 모자를 쓰고 긴 채찍을 가지고 다녔다. 그는 전속력으로 달리는 말 위를 이리저리 옮겨 다니거나 말의 배 아래에 매달리거나 말 등에 서 있거나 그 위에서 춤을 추기도 했다. 경주로를 달리는 도중에 도약하면서 두 마리의 말을 번갈아 타는 그의 모습은 관중들에게 기인의 곡예처럼 느껴졌다. 그래서 그들은 상당한 인기를 누렸다. 이들의 경주는 5회 경주를 진행한 후에 벌이는 일종의 이벤트였다. 이들이 달리는 거리는 알려지지 않았지만, 실제 전차 기수들에게 부여된 7바퀴보다는 적었을 것이다. 그러한 추측의 근거는 그들이 받은 상금이다. 204년의 백년제에서 1등을 한 곡마사는 6000세스테르티우스, 2등은 2000세스테르티우스, 3등은 1000세스테르티우스를 받았다. 이는 당시 사두 전차를 모는 경주의 승자가 받았던 2만4000세스테르티우스와 비교하면 많은 돈이 아니었다.

팍티오의 일원으로 훈련사, 수의사, 의사, 간호사, 전차 수선공, 마구 제조공, 마구간 관리인, 마부가 있었다. 자신의 팍티오의 위세를 과시하기 위해 응원 구호를 외치는 사람도 팍티오의 일원으로 활동했다. 박수 부대도 있었다.

△ 세스테르티우스는 고대 로마에서 쓰인 은화 단위 가운데 하나다. 공화정기에 작은 은화가 제조되었으며 제정기에는 대형 황동 주화가 제조되었다.

네로 황제는 기사 계층의 젊은이들과 평민 중 5000명 이상의 힘센 젊은이들을 선발했다. 그들은 알렉산드리아 양식의 박수를 배워야 했다. 그들은 이 박수를 벌, 지붕 타일, 벽돌로 불렀다. 처음에는 벌이 윙윙거리는 소리가 난다고 하여 붙여진 이름이다. 타일과 벽돌은 손을 둥글게 말고 박수를 치거나, 손가락은 부딪치지 않게 하고 손바닥으로만 납작하게 친다고 해서 붙여진 이름이다. 그들은 여러 팍티오에 소속되어 있었다. 머리카락을 정갈하게 하고, 왼손에 반지를 끼고 있으며, 잘 차려입어서 눈에 띄었다. 이들 박수부대의 지도자들은 4만 세스테르티우스의 봉급을 받았다.**49**

전차 경주에서는 이들 보조원이 있어야 말과 전차 기수가 최적의 상태를 유지해 승리할 수 있었다. 따라서 전차 경주는 항상 조직적, 체계적으로 운영되었고, 그것을 뒷받침해주는 것이 팍티오였다.

말

\

　말을 사용하는 전차 경주는 수천 년 전 근동, 이집트, 지중해 지역에서 나타난다. 전차에 대한 가장 오래된 묘사는 메소포타미아 지역에서 나왔다. 기원전 4000년경의 수메르 비문에서는 그림으로 말을 표현했다. 말이 흑해와 아나톨리아에도 나타난 것은 기원전 2000년대였다. 북부 초원 지역의 흑해 유목민, 아나톨리아, 서부 아시아의 인도-이란 지역으로 퍼졌다. 기원전 2000년 중반부터 아나톨리아, 북부 시리아, 티그리스 상류 지역에서 말에 대한 유적이 상당히 많이 나왔다. 이는 말이 그만큼 인기 있었음을 증명한다. 처음에는 소, 당나귀, 야생 당나귀가 수레를 끌었으나 점차 말도 사용되었다.

　말의 전파에 중요한 역할을 한 사람은 아나톨리아, 시리아, 북부 메소포타미아에 거주했던 후리아인이었다. 가장 크고 강력했던 후리아 국가는 미타니 왕국이었다. 이들은 인도-이란인과 직접 접촉했다. 이때 사용된 인도-이란인의 아리아어는 이미 사어가 되었다. 하지만 그 언어적 전통은 후리아어에 보존되어 말이나 전차를 언급하는 100개 이상의 언어가 후리아어에 내재하게 되었다. 그 결정체가 기원전 14세기 후리아어로 된 미타니 왕국의 키쿨리 점토판이었다. 미타니의 조련사 키쿨리가 전차를 모는 군마를 조련하는 방법을 적은 것이다. 말먹이를 주는 시간과 양, 훈련하는 시간과 양, 말을 씻기는 방법 등이 적혀 있다.

△ 키쿨리 점토판

잘 조련되어 승리하는 말은 유명세를 얻었다. 1세기 말 로마의 풍자 시인 마르티알리스는 "경기장의 많은 사람은 (방금 경주에서) 유명한 경주마인 파사리누스가 뛰었는지, 티그리스가 뛰었는지에 대해서는 잘 모른다"라고 했다. 하지만 다른 글에서는 그 역시 유명한 말의 명성을 인정했다.

모든 민족이 알고 로마인들 사이에 유명한 나 마르티알리스도, 말인 안
드라이몬보다는 더 유명하지 않다.[50]

유베날리스도 경주마에 대한 풍자시를 적었다.

우리는 경주마를 칭찬한다.
환호를 만들어내는 그 속도, 무수한 승리 때문에.
시끌벅적한 경주에서 고귀한 말이 승리의 상을 받는다.
어떤 목초지가 그 말을 키웠든 간에 그 말은 잘 뛰었다.
무리에서, 맨 앞에서, 평지에서 먼지구름을 일으켰다.
승리의 마구가 없는 나머지 말들은 소다.
히르피누스나 코리파이우스를 구매했다.
승리하지 못하면 새로운 주인을 찾아야 한다.[51]

경주마에 대한 로마인의 애정은 대단하다. 알제리의 콘스탄틴에서
나온 한 모자이크 유물에는 다음과 같은 글귀가 있다.

이기든 지든 우리는 폴리독수스 너를 사랑한다.[52]

경주마는 오직 수컷만 사용하고, 보통 다섯 살이 되면 전차 경주에 참여시킨다. 물론 말의 자질에 따라 그보다 더 이른 나이에 경주에 내보낼 때도 있다. 말은 심각한 부상이 없다면 10~15년 동안 현역으로 활동했다. 현재 남아 있는 뼈를 토대로 볼 때 당시의 말은 조랑말 수준으로서 키는 135~155센티미터이고, 평균 키는 142센티미터다. 오늘날의 말과 달리 다리가 짧아 장애물을 뛰어넘기는 잘하지 못했다. 하지만 전차 경주에서는 그냥 달리기만 잘하면 되었다. 당시에는 말편자가 사용되지 않았기 때문에 말발굽 자체가 단단하고 건강한 것이 중요했다. 특히 경주로에서 반환점을 도는 데 엄청난 힘이 필요했다. 충돌할 때는 기수보다 말이 더 크게 다치는 경우가 많았다. 부러진 뼈는 당시의 의료기술로 고칠 수 없었기 때문에 말의 골절은 곧바로 금전적 손실로 이어졌다.

기수와 수의사처럼 말과 관련 있는 사람뿐 아니라 곽티오의 수장이 가장 신경 쓰는 것도 말이었다. 말의 상태에 따라 경주의 승패가 달라지기 때문에 말에게 제공되는 모든 부분을 세심하게 살폈다. 말이 먹이를 잘 먹는지, 좋아하는 음식은 무엇인지를 기억했고, 대소변은 정상적인 색깔을 띠는지도 점검 대상이었다. 말똥 냄새를 맡는 것도 건강 상태를 알기 위해서는 당연한 해야 할 일이었다.

기수는 가장 오른쪽에 있는 말에게 힘껏 채찍을 가했다. 사두 전차에서 일종의 '대장' 역할을 하는 말이었다. 대장 말로는 아프리카산과 스페인산이 사용될 가능성이 컸다. 하지만 이탈리아, 시킬리아, 그리스,

갈리아, 마우레타니아, 키레나이카, 카파도키아의 말들도 많이 사용했다. 산탄젤로 성의 벽에서 나온 비문에 테레스는 자신이 담당한 최고 품질의 말 42마리 중 37마리가 북부 아프리카산 말이라고 말했다. 아프리카산 말 중 2마리는 아주 뛰어났다. 나머지 3마리는 스페인산, 1마리는 갈리아산, 1마리는 그리스산이었다고 한다.

2~4세기경에 나온 비문은 칼푸르니아누스와 함께 했던 말을 언급했다.

1. 칼푸르니아누스, 로가투스의 아들. 나는 청색 팍티오에서 다음의 말들로 승리했다. 아프리카산 흑마인 게르미나토르로 92번, 아프리카산 홍마인 실바누스로 105번, 아프리카산 금마인 니티두스로 52번, 아프리카산 흑마인 삭소로 60번 승리했다.

2. 칼푸르니아누스, 로가투스의 아들. 나는 녹색 팍티오에서 다음의 말들로 승리의 종려나무 가지를 1000번 받았다. 아프리카산 적갈색 말 다나우스로 19번, 흑마 오키아누스로 209번, 홍마 빅토르로 429번, 적갈색 말 빈덱스로 157번 승리했다.[53]

디오클레스는 경주에 여러 지역 출신의 말들을 사용했지만, 아프리카산 말을 가장 잘 다루는 기수였다. 그중 9마리는 100번째 승리를 함께 했고, 1마리는 200번째 승리를 함께 했다. 아비게이우스, 루키두스, 폼페이아누스, 코티누스, 갈라타 등 5마리는 그의 승리에 445번이나 이바지했다.

　우수한 말은 씨말로 사용했다. 그렇게 태어난 말이 같은 팍티오에서 뛰기도 했다. 로마인은 말고기를 먹지 않았기 때문에 성공적인 경력을 마친 말은 은퇴시켰다.

　　많은 경주에서 승리한 말은 패배하여 그의 승리를 더럽히기 전에 초원에서 한가로이 풀이나 뜯도록 두어라.[54]

　은퇴한 말이 죽으면 명예로운 장례식이 거행되었다. 묘비도 있었다.

　　가이툴리의 모래 위에서 씨말이 된 너.
　　바람만큼 빠른 너.
　　인생에서 짝을 짓지 못한 채 이제 서둘러 망각의 강에서 사는구나.[55]

전차
\

　가장 오래된 수송 수단은 단단한 나무로 만든 4개 혹은 2개의 바퀴로 마른 땅에서 운행했다. 기원전 3000년경 수메르 지역에서 전차가 처음 사용된 듯하다. 텔 아랍 신전과 시리아 북부에서 구리와 점토로 만든 전차 모형이 출토되어 이를 증명했다. 기원전 3000~기원전

2000년 전차는 아나톨리아 지역에서도 나타났다. 이때는 더 단단한 원반형 바퀴였다.

원래 말과 전차는 왕가만이 소유할 수 있는 특권이자 독점의 권리였다. 오직 신들만이 그 몫을 공유할 수 있었다. 처음부터 말과 전차는 의식에서 중요한 역할을 했다. 신이 전차를 탄다는 관념은 많은 종교적 의식, 신화, 예술, 점성술에서 나타났다. 전차는 원래 왕의 특권이었던 것이 점차 귀족, 나중에는 용병에게까지 퍼졌다. 기원전 2000년 크레타의 미노스 왕은 400대 이상의 전차가 있음을 자랑했다. 기원전 16~기원전 12세기까지 가벼운 전차는 기수와 엘리트 전사로 구성된 2인 1조를 이루어 탔다. 히타이트에서는 기수, 단창병, 투창병 등 3명이 함께 탔다.

전차 부대가 활약한 가장 유명한 전투는 기원전 1274년의 카데쉬 전투다. 이 전투에서 3만5000명의 히타이트 병사는 이집트의 보병 17만 명과 전차 부대 3500명에 대항해 싸웠다. 이집트는 외부에서 침입해 온 힉소스인을 통해 전차를 알게 된 후 빠르게 성장했다. 이 두 전차 부대가 충돌한 것이 카데쉬 전투였다. 히타이트 군대는 람세스 2세와 후발 사단을 분리할 전략으로 2500명의 전차 부대를 투입했다. 전차 부대가 아몬Amon 사단을 뒤따르던 라Ra 사단을 급습하여 궤멸시켰다. 이후 람세스 2세의 아몬 사단을 공격하여 혼란에 빠뜨렸다. 패전 직전에 지원군이 도착하여 람세스 2세를 구출했다. 포위망에서 빠져나온 람세스 2세는 히타이트 전차 부대를 카데쉬 남쪽으로 몰아붙였다. 이 전투는 양측이 모두 승리를 주장했지만, 보통은 월등한 전차 부대와 강력한 철제 무기를 소유한 히타이트의 승리로 본다.

이즈음 말이 끄는 전차가 귀족들의 사냥터에 등장하기 시작했다. 미타니 왕국과 그 인근 지역, 근동, 이집트, 미케네에서 그런 유행이 나타났다. 가벼운 이륜 전차를 타면서 활과 화살로 사냥하는 풍습이 있었다. 기원전 14세기 시리아의 우가리트 그릇에는 두 마리의 말이 끄는 전차로 사냥하는 장면이 묘사되었다. 이는 미케네, 키프루스, 히타이트, 아시리아, 나중에는 페르시아에서 사냥꾼이 사냥을 즐기기 위해 전차를 활용하는 형태였다. 사냥용 전차는 기원전 15~기원전 12세기의 이집트 예술에 자주 등장했다. 이집트의 파라오는 사냥을 위해, 목표물 맞히기와 같은 특별한 오락거리를 위해 전차를 사용했다.

기원전 1100년경 아나톨리아에서 히타이트 제국이 붕괴했고, 그리스에서 미케네 문명이 사라졌다. 전투용 전차의 중요성은 약화되었고, 귀족적인 전사는 창과 검으로 백병전에 돌입했다. 그리스 귀족들은 전차의 속도에 관심을 가졌다. 그들은 사육한 말 한 쌍이 끄는 전차 경주에 흥미를 느꼈다. 기원전 8세기 도자기 그림에는 전차 경주 장면이 자주 묘사되었다. 아킬레우스의 친구 파트로클로스 장례식에서 벌어진 전차 경주에서 기수들은 시계 반대 방향으로 돌았다. 고대 그리스에서 전차 기수들은 보통 한 바퀴로 승부를 지었다. 경주한 거리는 호메로스가 말하지 않아 정확히 알 수 없다.

로마의 기록을 보건대 초기에 로마 고유의 전차는 없었던 것 같다.

△ 카데쉬 전투를 새긴 이집트 부조의 탁본

사람들은 도보로 싸우거나 전투를 위해 말에 올라탔다고 기록되어 있지만, 전차에 대한 언급은 없다. 이탈리아 중부에서 발견된 가장 오래된 전차는 기원전 650년경 레골리니의 무덤에서 나온 것이다. 바퀴는 그리스에서 온 것이다. 그리스에서 전차는 전쟁 무기로서는 폐기되었으나 의식이나 의례용으로는 여전히 사용되었다. 군사령관들이 전장에

빨리 가기 위해 전차를 이용하기도 했다. 로마에서도 개선식 사열식에서 군 지휘관이 타고 가는 의례적인 용도로 사용했다. 이는 전투용 전차의 군사적 효용성이 떨어졌기 때문이다. 보병과의 싸움에서 전장에 전차를 타고 와서 정작 싸울 때는 전차에서 내려서 백병전을 했다.

전차가 전장에서 거추장스럽게 되자 전투용 전차는 폐기되었다. 하지만 브리타니아에서는 여전히 사용되었다. 60년 브리타니아 보우디카 여왕이 로마에 반란을 일으켰다. 반란이 촉발된 계기는 로마군의 악행 때문이었다. 친로마적이었던 이케니족의 왕이 사망한 후 로마의 백부장들이 왕실로 달려가 왕비인 보우디카를 채찍으로 때리고 미혼인 딸들을 겁탈했다. 이어서 수많은 병사와 노예들이 주민들의 재산을 약탈하고 땅을 몰수하는 등 마치 전리품을 얻은 양 행동했다. 분노한 여왕은 남하하여 상업의 중심지였던 론디니움에서 7만 명에 달하는 로마인들을 대량 학살했다.

남하한 보우디카 여왕과 싸웠던 베룰라미움 전투는 적은 수의 군인들을 최대한 활용할 수 있는 장소를 선택했던 로마 총독 파울리누스Gaius Suetonius Paulinus(41~69 재임)의 전술과 전장에 부녀자들을 대동하는 브리타니아의 전통이 낳은 합작품이었다. 당시 로마군은 1만 1000명, 브리타니아군은 23만 명이었다. 이 수치는 비전투원까지 포함된 수로 실제 병력은 그보다 적었지만, 수적으로 로마군보다 우세했던 것은 사실이다. 파울리누스는 뒤쪽 전체가 숲으로 둘러싸인 좁은 지역을 전장으로 선택했다. 포위나 복병을 걱정할 필요가 없는 지형이었지만 만일 패배한다면 퇴로가 없어 곧바로 살육당할 수밖에 없는 지형이었다. 적은 앞에 전차병, 뒤에 보병을 넓게 포진시켰다. 전선에서 약간 떨어진 뒤쪽에 짐마차와 그 마차에 올라탄 부녀자들이 있었다. 승리를 확신하고 전투 상황을 즐기려는 것이었다.

전투가 시작되자 브리타니아군은 당시 유럽에서 거의 찾아볼 수 없는 전차에 의존한 채 다가왔다. 전차병과 기수 두 사람이 타는 전차는 기동력이 상당해 전초전을 할 때 적의 대형을 흩어놓는 데 일조했지만, 본격적인 전투에서는 전차에서 내려 보병처럼 싸웠다. 전차병과 마찬가지로 보병들 또한 조밀한 대형을 전개하지 않았고, 뿔뿔이 흩어져서 무질서하게 돌진했다. 당연히 조직적인 지휘 체계를 가진 로마군에게 밀릴 수밖에 없었다. 이 전투에서 사망한 적군은 8만 여명인데 반해, 로마군 희생자는 400명에 불과했다. 전선 뒤쪽의 짐마차로 인해 퇴로가 차단되어 브리타니아군의 희생이 더 컸다. 살아남은 보우디카 여왕이 고향으로 돌아가 독을 마시고 사망함으로써 반란은 무사히 진압되었다. 이 전투에서 로마는 브리타니아 원주민이 불편하고 실효성 없는 전투용 전차를 여전히 사용하고 있자 비웃었다.

경주용 전차 바퀴는 작고, 지름은 45.7센티미터 정도다. 얇은 철로 된 바큇살은 6개 혹은 8개였다. 타이어 역할은 철이 했고, 철을 감싸는 테두리는 나무였다. 사두 전차의 경우 중앙의 두 마리는 전차와 멍에로 연결되어 있고, 제일 왼쪽과 오른쪽의 말은 중앙의 두 마리와 막대기로만 연결되어 있다. 이두 전차의 경우 축의 총 길이는 180센티미터, 전차 본체의 높이는 70센티미터, 전차 본체의 넓이는 60센티미터였다. 이두 전차는 사두 전차에 비해 속력이 느리지만 기수들이 더 효율적으로 전차를 다룰 수 있었다. 육두 전차나 팔두 전차는 말들을 연결하면서 좌우 폭이 커져 대경기장의 출발문에는 들어갈 수 없었다. 그래서 일상적으로 사용하는 전차는 아니었고, 기수들이 말들을 다루는 기술을 보기 위한 경주에 사용되었다.

경주용 전차는 이집트의 전투용 전차보다 덜 무거웠다. 전장에서 2명이 타는 전투용 전차는 35킬로그램 정도였고, 로마의 경주용 전차는 25~30킬로그램 정도였다. 기수는 성인 중 약간 가벼운 체구에 속한다. 경주에서 말이 끌어야 하는 총 무게는 최대 100킬로그램 정도였다. 이두 전차의 경우 말 한 마리당 50킬로그램을 끌어야 하고, 사두 전차는 25킬로그램이다. 전차에는 제동장치가 없으므로 가속과 속도 저하는 오로지 말과 이를 다루는 기수의 기술에 의존했다.

마르티알리스는 사두 전차의 속도에 대해 풍자했다.

청색 전차 기수가 반복해서 사두 전차를 거세게 몰았지만, 여전히 속도는 느렸다.[56]

청색 팍티오의 전차 기수가 말을 채찍질하면서 열심히 노력했지만 승리할 수 없는 상황을 풍자한 것이다.

하나의 전차 경주가 개최되기까지 많은 사람의 노력이 있어야 했다. 아무리 뛰어난 기수라도, 아무리 많은 말을 소유한 부자라도 혼자서 전차 경주를 조직, 개최할 수 없었다. 팍티오라는 조직의 힘이 있어야 했다. 경주에 필요한 말, 기수, 보조원, 전차, 후원자를 모으고, 관리하는 조직이 바로 팍티오였다. 경기가 없는 날 기수와 말이 온종일 훈련할 수 있는 여건과 경비를 제공하는 것이 팍티오였다. 이들의 영향력이 과도하여 기수를 옥죄기도 하지만 그런 조직이 있었기에 로마의 전차 경주는 흥미와 화려함, 완벽함을 유지할 수 있었다.

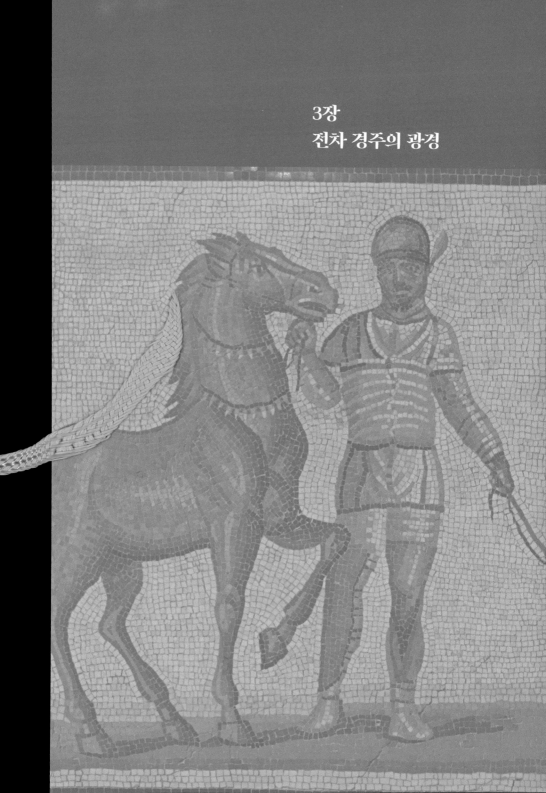

3장
전차 경주의 광경

1.
개막식

전차 경기장으로의 행진

\

전차 경주가 열리기 전날 각 팍티오의 기수와 말들이 속속 경기장 인근의 마구간으로 몰려들었다. 경기장 인근 마구간에는 수백 마리의 말들이 힘껏 달리기 훈련을 할 공간이 부족했다. 각 팍티오가 시골에 제2, 제3의 마구간을 소유하는 것은 이 때문이었다. 전차 기수들은 가능하면 하루 전날 미리 경기장 인근으로 오려고 했다. 말은 귀소 본능이 강해서 낯선 환경에서 불안해하고 기수의 뜻대로 움직이지 않을 수 있다. 하루라도 미리 와 있다면 환경에 적응하여 심리적인 안정감을 얻을 수 있었다. 각 팍티오가 경기장 인근에 소속 마구간을 가지고 있는 것도 그런 이유다.

전차 경기장으로 가는 행진 과정은 경주의 시작을 알리는 신호였다. 이 행진에서 특이한 점은 개선장군이 행진하는 것과 정확히 반대

방향이라는 점이다. 개선식 행렬은 로마시 경계선 바깥에 있는 마르스 광장에서 시작하여 개선문*Porta Triumphalis*을 거쳐 로마시로 들어온 후 플라미니우스 경기장을 통과했다. 개선로*Via Triumphalis*를 따라 벨라브룸의 남쪽을 돌아 대경기장과 포룸 보아리움으로 갔다. 이후 행렬은 로마 광장을 거쳐 카피톨리움 언덕의 유피테르 신전으로 갔다. 총 4킬로미터에 달하는 길을 최대한 천천히 움직이면서 승리를 축하했다. 전차 경주를 위한 행진은 카피톨리움 언덕에서 시작해서 신성한 길*Via Sacra*을 따라 로마 광장, 포룸 보아리움을 거쳐 대경기장으로 갔다. 한마디로 개선식 행렬은 대경기장을 거쳐 카피톨리움 언덕으로 갔고, 전차 경주의 행렬은 카피톨리움 언덕에서 대경기장으로 갔다.

전차 경기장으로 가는 행진은 정무관, 기수, 춤꾼, 운동선수, 음악가 등으로 이뤄졌다. 유베날리스는 정무관의 행진에 대해 간단히 설명했다.

법무관은 고상한 마차를 타고 먼지 나는 경기장 한가운데를 지나갔다. 그는 의례용 옷, 즉 소매 있는 투니카와 어깨에 크게 주름을 잡은 두꺼운 티레식 토가를 입고 있었다. 큰 화관을 쓰고 있어서 그의 목이 무게를 견딜 수 없을 정도여서 국가 노예들이 그것을 받들고 갔다. 독수리로 장식된 상아 지팡이, 트럼펫 취주자, 시민의 행렬이 있었다.57

행진 의식에 대해서는 『로마사』를 쓴 그리스의 역사가 디오니시우스가 상세히 전한다.

전차 경주를 시작하기 전 주요 정무관들은 카피톨리움 언덕에서 로마 광장을 거쳐 대경기장까지 신들을 기리는 행진을 했다. 이 행렬 제일 앞에 가는 사람들은 이런 의식에 참여할 나이가 된 남자다운 로마인의 아들들이었다. 만일 그들의 아버지가 재산상 기사가 될 자격(40만 세스테르티우스 이상)이 있는 사람들은 말을 타고 갔다. 반면 보병으로 복무할 운명인 사람들은 걸어서 갔다. 이들은 분대와 대대별로 갔고, 후자는 여러 갈래로 나뉘어서, 동료들끼리 걸어갔다. 마치 학교에 가는 것처럼. 이 행렬은 성인이 되어가는 평민 자식들의 아름다움을 이방인에게 구경시켜주려는 것처럼 보였다.

이들 뒤에 전차 기수가 따라갔다. 그들 중 일부는 네 마리의 말을 나란히 몰고 갔고, 일부는 두 마리, 다른 사람들은 멍에 없이 말을 타고 갔다. 그다음에 가벼운 경기와 무거운 경기를 하는 참가자들이 뒤따랐는데, 그들은 허리를 제외하고 벌거벗었다. 이런 관행은 로마시의 경우 현재까지 지속되었다. 원래는 그리스에서 행했던 관습이었다. 그러나 지금은 그리스에서는 폐지되었고, 라케다이모니아인도 하지 않았다. 제15회 올림피아 경기에서 벌거벗은 채 달린 최초의 사람은 라케다이모니아인인 아칸투스였다. 그 이전에 모든 그리스인은 경기에서 완전히 벌거벗는 것을 부끄러워한 것 같았다. 오늘날까지 고대 그리스 풍습을 고수하고 있는 로마인은 그리스와 달리 시간이 지나면서 그 풍습을 바꾸지 않은 게 명백하다.

참가자들은 세 부류로 나뉘어 지나갔다. 첫 번째는 남자들, 두 번째는 젊은이들, 세 번째는 소년들로 구성되었다. 그들과 함께 플루트 연주자들도 지나갔다. 그들은 오늘날까지 사용하는 작고 짧은 고대의 플루트를 가지고 있었다. 리라 연주자들도 있었다. 그들은 7개의 현이 있는 상아로 된 리라를 연주했는데, 이 도구는 바르비타*barbita*라고 불렸다. 나의 시대에 이 악기가 전통적으로 그리스인의 것이라고 해도 그리스인은 이 악기를 사용하지 않았다. 그러나 로마인은 고대의 신성한 의식에서 이를 보존했다. 춤꾼들은 청동색의 띠를 허리에 묶고, 홍색의 투니카를 입었다. 양옆에는 검을 매달았으며, 평균 길이보다 더 짧은 창을 가지고 있었다. 남자들도 눈에 띄는 볏과 깃털로 장식한 청동 투구를 쓰고 있었다. 각 집단은 춤꾼의 특징들을 나머지 사람에게 전하는 한 사람을 따랐다. 우두머리는 4음절의 기분을 돋우는 리듬으로 호전적이고 급진적인 움직임을 대변했다. 이것도 고대 그리스의 제도다. 나는 무장한 춤꾼을 피루스*Pyrrhus*라고 불렀다.

행진에서 무장한 춤꾼들 다음으로 춤꾼들이 시킨니스*sicinnis*라 불리는 그리스 춤을 흉내냈다. 한 무리의 춤꾼이 지나간 후에 리라 연주자들과 플루트 연주자들의 무리가 지나갔다. 그들 뒤에 향기로운 유향을 태우는 향료를 든 무리의 행진이 이어졌다. 금과 은으로 만든 용기를 들고 가는 사람들도 함께했다. 이들은 신을 모시는 사람들이고, 국가에 소속된 사람들이다.

행진 대열의 마지막에는 신상이 자리했는데 사람들이 어깨로 받치고 있었다. 그리스와 같은 모습, 같은 옷, 같은 상징물이다. 신상은 유피테스, 유노, 미네르바, 넵투누스 등 그리스의 12신이었다. 전설의 12신이라 말하는 고대의 신 사투르누스, 오프스, 테미스, 라토나, 파르카이, 므네모시네, 그리스의 봉헌 신전과 그 외의 신성한 장소에 있는 신들, 유피테르 신이 주권을 넘겨줘 삶을 대변하는 신들, 프로세느피나, 루키나, 님프, 무세스, 그라케스, 리베르, 하늘로 올라가 신들과 같은 명예를 얻은 반인반신, 즉 헤르쿨레스, 아이스쿨라피우스, 카스토르와 폴룩스, 헬레나, 판 등 여러 신상이 지나갔다.

행진 후에 집정관과 사제들이 황소를 희생물로 바치면서 의식은 끝났다. 희생제를 하는 방식은 그리스와 같았다. 집정관과 사제들이 손을 깨끗이 씻은 후 깨끗한 물로 희생물을 씻고, 그들의 머리에 '데메테르 여신의 열매'를 뿌렸다. 그 후에 기도하고, 무기를 든 사람에게 동물을 희생시킬 것을 명령한다. 이들은 희생물이 여전히 서 있을 때 곤봉으로 치고, 다른 이들은 신성한 칼로 동물을 쓰러뜨린다.[58]

행진 순서를 정리하면 정무관과 기사 계급의 상류층 자식들이 앞서 말을 타고 가고 보병으로 복무할 평민의 자식들이 뒤따라 걸어갔다. 이들 뒤에 전차 기수는 전차를 몰거나 말을 타고 갔고, 그 뒤에 여러 경기 참가자들이 장년, 청년, 소년 순으로 지나갔다. 이들은 플루트 연주자, 바르비타 연주자와 함께였다. 이들 뒤에 춤꾼과 악대, 향료와

금은 용기를 가진 사람들이 지나갔다. 이들 뒤에 여러 신상을 어깨에 짊어진 사람들이 지나갔으며 행진이 끝난 후 신상들은 경기장 '황제의 공간'에 자리를 잡았다. 황제와 함께 경주를 관람하는 개념이었다. 이런 행진이 끝난 후 집정관과 사제들이 황소로 희생제를 드리면 경주 시작을 알리는 의식이 모두 끝났다.

전차 경주 준비

\

행진의식에서 전차 기수들은 경기장으로 들어와 경주로를 가로질러 갔다. 이때 기수들의 움직임만으로도 성격이나 승패를 짐작할 수 있었다. 적극적인 성격이거나 전적이 화려한 기수들일수록 관중의 환호성에 적극적으로 대응했다. 손을 흔들어주기도 하고, 고삐 없이도 말을 잘 탈 수 있다는 것을 보여주기라도 하는 것처럼 고삐를 놓거나 채찍을 휘두르는 등 결의를 다지는 자신만의 몸짓을 보냈다. 전적이 좋지 못한 기수들도 전의를 불태우는 몸짓을 했지만 유명한 기수만큼의 반응을 끌어낼 수는 없었다.

행진의식을 하는 동안 경주를 주최하는 황제나 정무관이 경기장으로 들어와 자리에 앉았고, 이에 관중은 환호로 답했다. 황제가 모든 경주를 관람하는 것은 아니므로 황제가 등장할 때는 특별히 큰 환호를 했다. 그 환호의 크기가 황제에 대한 지지도를 측정하는 잣대였다. 도미티아누스 황제가 경기장에 있을 때 관중은 "조국의 아버지인 황제에게 행운을!" "당신에게 신의 가호가 있기를!" "황제가 안전하므로 로마도 안전하다!" 등의 구호를 외쳤다. 그 환호가 어찌나 길었던지 처음 4회 경주는 누구의 주목도 받지 못한 채 치러졌다.

행진의식을 하는 전차 기수들은 황제의 공간에 앉아 있는 황제를 포함해 황실 가족과 사회 지도층들에게 인사했다. 최대한 정중하게 인사를 해야 했다. 유명하다고 자칫 거만함을 비칠 경우 황제가 싫어하는 팍티오 소속이라면 카라칼라 황제의 경우처럼 기수가 처형당할지도 모를 일이었다. 인사 후 기수들은 출발문으로 이동했다. 출발문 앞에서 전차 기수들은 다시 한 번 말과 장비들을 점검했다. 황제를 포함한 지도층들이 앉아서 기수들의 인사를 받고 나면 곧바로 경주가 시작되기 때문에 준비를 서둘러야 했다.

행진의식과 지도층 인사의 착석이 끝나면 출발문을 배정하는 순서가 이어졌다. 출발문의 위치를 정하는 것은 추첨 방식이었다. 공정성을 위해 추첨은 관중들이 보는 앞에서 행해졌고, 정무관이 주도했다. 각 팍티오의 이름이 적힌 공을 항아리에 넣었으며, 자신의 팍티오가 호명되면 전차 기수가 원하는 출발문을 선택했다. 전차 기수는 자신이 좋아하는 출발문 번호가 있었다. 제일 오른쪽 출발문에서 승리한 경험이 있는 기수라면 항상 그 자리를 원했다. 패배한 경험이 있는 출발문이 배정되었다고 해도 누구를 원망할 수는 없었다. 선택은 자신의 운이기 때문이다. 그래서 출발문을 추첨하는 시간은 기수들이 신의 가호를 기원하는 시간이었다.

출발문 추첨이 끝나면 전차 기수들은 각자의 출발문으로 들어갔다. 그들은 출발문 안에서도 말들의 상태를 살폈다. 말에게 몰랐던 상처라도 있을까 하여 수의사와 함께 전체를 꼼꼼히 살폈다. 소심하고 겁이 많은 말들이 낯선 곳에서 지내는 불안감에 근육이 긴장되지 않았는지 특히 걱정스러웠다. 다리의 근육이 뭉쳐 절뚝거리는 말은 즉시 교체했다. 말에게 승리의 기쁨을 맛보게 해달라고 부탁하기도 했다. 전차의 축과 바큇살도 점검했고, 고삐의 길이도 적당한지 시험해보았다. 이제 모든 것이 완벽했다. 마음도 가뿐하여 달리기만 하면 승리할 것 같았다. 만반의 준비를 했지만, 떨리는 마음을 주체할 수는 없었다. 출발문에 섰을 때 느끼는 이 긴장감은 묘한 흥분으로 이어졌다. 이 감정을 느껴본 사람이라면 기수들이 왜 경기장을 떠나려 하지 않는지 알 것이다.

2.
전차 경주 과정

출발 순간

\

　전차 기수들이 어제까지 하루도 빠지지 않고 했던 훈련이 결실을 보는 순간이 되었다. 각 경주당 4개의 팍티오에서 기수들을 출전시켰다. 일반적으로는 각 팍티오에서 한 경주당 3대의 전차를 내보내 12대의 전차가 나란히 트랙을 달렸다. 출전하는 전차 기수들이 출발문 앞에 섰다. 사람이 꽉 찬 것은 한눈에 확인되기도 하지만 기수들이 경기장을 가로질러 출발문으로 오면서 커지는 웅성거림과 외침이 관중의 수를 더욱 실감나게 했다. 기수의 눈은 아마도 나무로 된 막힌 출발문이 아니라 수만 명이 지켜보는 가운데 경주로를 달리는 자신을 보고 있었을 것이다. 기수는 힘차게 달리는 자신을 상상하고, 관중은 그런 상상을 하는 기수를 상상한다. 관중은 비록 출발문에 막혀 기수의 세세한 움직임을 볼 수 없었지만, 말이 출발문에 제대로 서 있도록 지시하는 기수의 목소리만으로도 경주 직전의 긴장감을 느낄 수 있었다. 고삐를 쥔 기수의 손은 바르르 떨렸을 것이고, 출발문이 열리는 동시에 출발하려고 문을 뚫어지게 쳐다봤을 것이다.

출발 신호

\

준비하는 지루한 시간을 잡담으로 때우는 관중도 있고, 이제나저제나 출발 신호가 떨어지기를 초조한 마음으로 기다리는 관중도 있었다. 경주를 보는 것이 인생 최대의 낙인 사람에게는 전차가 달리는 모습이나 결승선에 도달하는 순간을 보는 것도 박진감을 주지만, 출발 신호와 함께 누가 치고 나오는지를 보면서 그 순발력을 알아보는 것도 큰 즐거움이었다. 출발문에서 떨고 있는 기수의 마음이 관중석까지 전해지기라도 하는 듯 관중은 출발문과 신호를 내리는 황제를 번갈아 바라보았다.

드디어 황제가 일어섰다. 관중은 환호했고, 황제는 우쭐한 듯 관중석을 한 바퀴 둘러보았다. 사람들의 환호에 만족한 듯 잠시 흐뭇한 미소를 짓고 있던 황제는 손을 위아래로 흔들면서 관중을 진정시키는 손짓을 했다. 환호가 사그라지자 황제는 옆의 노예가 건네주는 흰 수건mappa을 쥐었다. 될 수 있으면 많은 사람이 자신의 팔을 보게 하려는 양 황제는 수건을 쥐고 있는 팔을 있는 힘껏 뻗었다. 곧이어 황제는 수건을 흔들었다. 출발 신호를 내리기 직전의 준비 행동이었다. 이제 신호를 내릴 것이니 주목하라는 의미가 담겨 있었다. 수건을 몇 초 흔든 황제가 잠시 정지하는가 싶더니 마침내 수건을 손에서 놓았다. 물건을 가볍게 버리는 듯한 동작이었다.

테르툴리아누스는 경주 주최자가 수건을 던지는 장면의 긴장감을 적나라하게 묘사했다.

> 법무관의 행동이 관중에게는 너무 느렸다. 항상 관중은 그가 항아리를 흔드는 추첨에서부터 리듬을 타듯 이리저리 눈을 굴리고 있었다. 그리고 숨을 죽이고 신호를 기다렸다. 사람들은 한목소리로 외쳐댔다. 그들의 어리석은 행동에서 광기가 느껴진다. "그가 던졌다"라고 그들은 소리쳤다. 모두가 그 순간에 자신이 본 것을 다른 사람에게 그렇게 말했다.[59]

네로 황제의 식사로 인해 경주가 지연되자 사람들은 빨리 출발 신호를 내려달라고 요청했다. 관중은 온갖 산해진미를 먹고 있는 황제의 모습보다 박진감 넘치는 경주 장면을 더 원했던 것이다. 관중의 요구에 네로는 귀찮은 표정으로 손을 닦는 데 사용하던 수건을 시중을 들던 사람에게 주면서 빨리 던져버리라고 지시했다. 그렇게 우여곡절 끝에 경주가 시작된 적이 있었다.

출발문 옆에 대기하고 있던 노예는 황제를 유심히 지켜보고 있었다.

황제가 수건을 버리는 동작을 하는 즉시 그는 출발문 위의 노예들에게 밧줄을 당겨 올리라고 소리쳤다. 출발 외침 소리를 들은 노예들은 밧줄을 당겨 올렸고, 이와 동시에 출발문이 열렸다. 기수들은 출발문에 막혀 출발 신호를 볼 수 없었기 때문에 트럼펫 취주자들의 소리에 의존했다. 또 콜로세움과 달리 차광막이 없다는 것은 눈부신 태양광과 숨 막히는 더운 열기에 그대로 노출되어 있었다는 것을 의미했다. 햇빛이 반사되어 작은 수건만으로 관중이 모두 출발 신호를 알아차릴 수 없으므로 트럼펫을 불어 출발을 알렸다. 황제가 출발 신호를 보내기 위해 일어설 때, 수건을 떨어뜨릴 때 들리는 트럼펫 소리는 기수들에게는 심장 박동을 촉진하는 소리였다. 천천히 울려 퍼지는 트럼펫 소리는 곧 출발 신호가 떨어질 것이니 정신을 최대한 집중하라는 뜻이었다.

트럼펫은 음의 강약 장단에 따라 뜻하는 바가 달랐다. 예를 들어 로마군은 트럼펫으로 대형 훈련을 했다. 대형 앞에 있던 트럼펫 취주자가 길게 늘어뜨린 한 음을 불거나 한 음을 짧게, 짧게 연속해서 불 때 병사들의 보폭이나 대형 전개 방향이 바뀌었다. 트럼펫 소리에 따라 전체 대형이 오른쪽으로 돌기도 하고, 왼쪽으로 돌기도 했다. 보조군이 군단병 앞에 서기도 했고, 기병이 앞서 나가고 보병대는 뒤에서 천천히 전진하기도 했다. 북은 없고, 목소리만으로는 한계가 있으므로 트럼펫으로 다양한 뜻을 전할 수밖에 없었다. 트럼펫은 관악기다 보니 몇 시간을 불면 입술에 경련이 일어나서 한 사람이 훈련 내내 불 수는 없었다. 한 군단에 38명의 악기 취주자가 있는 것은 그 때문이었다. 전차 경기장에서는 그 정도까지는 필요 없지만, 소리의 강도를 높이고, 다양한 음으로 뜻을 전하기 위해 여러 명의 트럼펫 취주자들이 있었다.

트럼펫 소리가 더 크게 퍼지자 관중의 시선은 일제히 출발문 쪽으로 향했다. 관중은 출발 신호와 함께 먼저 튀어나오는 말을 보고 싶었다. 기수는 물론 그와 한 쌍을 이루는 말에 대한 정보를 꿰뚫고 있는 관중이라면 말만 보더라도 어느 기수가 출발을 빨리했는지 알 수 있었다. 관중은 굳게 닫혀 있는 출발문 옆에 서 있는 헤르메스 신상을 향해 좋아하는 기수가 승리하게 해달라고 마음속으로 염원했다. 또 출발문 위에서 밧줄을 당기는 노예들이 혹시나 잘못하여 지지하는 기수에게 불이익이 돌아가지 않을까 염려했다.

트럼펫 소리를 듣고 긴장하기는 관중보다 기수가 더했다. 그들은 초조하게 출발문만 뚫어지게 바라보면서 귀를 바깥소리에 집중시켰다. 그들은 날카롭게 찢어지는 듯한 트럼펫 소리와 함께 문이 열리자 말에게 채찍으로 출발할 것을 지시했다. 기수는 출발문을 박차고 나가 고삐를 잡고 채찍을 휘두르면서 속도를 냈다. 중앙분리대와 먼 쪽에서 달리는 기수는 어서 안쪽으로 이동해야 했지만 바닥에 그려진 선 안에서 달려야 했다. 약 160미터 정도인 이 직선 때문에 기수들은 일찍 정해진 트랙에서 벗어나거나 중앙분리대와 가까운 안쪽 경주로를 선택할 수 없었다.

기수들은 정해진 경주로를 따라 달리면서 속력을 늘리려고 안간힘을 썼다. 각자 초반에 가속도를 붙여야 지정 주로가 끝나자마자 중앙 분리대 쪽으로 붙을 수 있었기 때문이다. 안쪽으로 달리면 거리가 짧아지므로 결정적으로 유리했다. 서로 안쪽 노선을 파고들려고 하니 선이 끝나는 동시에 치열한 몸싸움 아니 말싸움이 벌어졌다. 기수들은 채찍질하면서 말을 강하게 밀어붙여 안쪽 노선을 노렸다. 유리한 노선을 점했을 때는 속도를 올려 빼앗으려고 달려드는 다른 말들을 떨궈내는 데 진력을 다했다. 기수들의 의도는 채찍질을 통해 고스란히 말에게 전해졌다. 평소 말과 교감 훈련을 해온 만큼 이 순간 채찍질에 모든 마음을 담았다.

긴장 속에서 출발을 제대로 하지 못하는 기수도 있었다. 클라우디우스 황제가 개최한 백년제에서 전차 기수인 코락스는 출발문 안에서 출발 신호를 기다리고 있었다. 하지만 말이 긴장감에서 심하게 움직이면서 그는 전차 밖으로 내동댕이쳐졌다. 이어서 출발문이 열리자 말은 기수도 없이 출발문을 튀어나와 경주로를 내달렸다. 말은 다른 말들을 앞지르고, 다른 전차를 전복시키면서 내달렸다. 마치 유능한 전차 기수의 지휘를 받는 듯했다. 마침내 말은 1등으로 결승선을 통과한 후 멈추었다. 하지만 이 승리는 인정되지 않았다. 기수가 말과 함께 결승선에 들어와야 인정되는 것이 규칙이었기 때문이다.[60]

목숨을 건 질주

\

달리는 기술은 더 공격적이고, 더 무자비했다. 전차 기수는 상대편 전차의 앞을 가로막아 경주로 옆으로 쳐내거나 중앙분리대를 넘어 전복되도록 했다. 위태로운 충돌 사건은 경주에서 일상적으로 인정되는 부분이었다. 같은 팍티오 소속의 전차 기수들끼리 연합할 때 그러한 상황은 더 빈번하게 발생했다. 그들은 서로 길을 열어주기도 하고, 상대편의 진로를 막기도 하면서 자기편이 승리하도록 도왔다. 베르길리우스Publius Vergilius Maro(기원전 70~기원전 19)는 경주 과정을 노래했다.

말들의 나이와 정신에 특히 주목하라.

그들의 다른 미덕과 혈통에도 주목하라.

패배했을 때의 고통과 승리했을 때의 자부심에도 주목하라.

중앙분리대로 전차가 쏟아져 나오는 것을 본 적이 있는가?

허둥지둥 평지로 돌진해 정면으로 승부를 겨루는 걸 본 적이 있는가?

젊은 전차 기수들은 가슴이 두근거렸다.

경주로로 돌진했다.

거의 숨을 쉴 수 없었다.

그들은 있는 힘을 다해 채찍질했다.

고삐를 쥐고 몸을 앞으로 구부리면 빨갛게 달아오른 바퀴가 회전한다.

나르는 듯 전차는 경주로를 요란하게 달렸다.

전차는 낮게 나는 듯했다.

공기를 가로질러 하늘에 닿을 듯했다.

멈추어서는 안 된다.

모래 구름이 생긴다.

영광에 대한 열망이 너무 강해서 승리는 소중하다.[61]

전차 경주 과정에서 같은 팍티오 소속의 보조 기수가 힘이 되었다. 보조 기수란 팍티오의 최우수 기수와 함께 출전하여 그의 승리를 돕는 사람이었다. 겉으로 보기에는 보조 기수인지 최우수 기수인지 구분할 수 없으나 경주를 조금만 살펴보면 충분히 인지할 수 있었다. 최우수 기수는 자신이 승리하려고 안간힘을 쓰는 반면 보조 기수는 상대편 기수에게 신경을 쓰고 있기 때문이다.

보조 기수는 특별한 이유 없이 노선을 바꾸어 상대편의 경주로로 뛰어든 후 속도를 늦추어 상대의 진로를 방해하거나 옆 경주로를 나란히 달리면서 서로 부딪힐 만큼 바짝 달라붙기도 했다. 상대 기수가 자신을 피해 경주로를 바꾸면 보조 기수도 같이 경주로를 바꾸었고, 상대가 부딪히지 않기 위해 속도를 내면 같이 속도를 냈다. 상대 기수에게 직접적인 위해를 가하지 않고 단지 성가시게 함으로써 몇 초 속도를 늦추게 하려는 것이 목적이었다. 그 몇 초로 승패가 갈릴 때는 보조 기수가 팍티오의 승리에 결정적인 역할을 한 셈이었다. 유용한 전략은 서로 도용하기 마련이다. 보조 기수를 활용하는 방법을 상대 팍티오도 사용하기 때문에 보조 기수는 필요하지만 귀찮은 존재였다.

두 전차가 엎치락뒤치락하면서 달리다보니 상당히 밀착될 때가 많다. 때문에 상대의 말에게 채찍을 가하는 것이 허용되었다. 말을 놀라게 하여 경주로를 벗어나게 하거나 전복시킬 수도 있었다. 많이 붙는다고 생각하는 찰나 두 전차는 충돌했다. 충돌은 고도의 기술을 필요로 하는 작전이다. 자신의 전차는 최대한 피해를 적게 입으면서 다른 전차를 전복시켜야 했다. 이를 위해 충돌 훈련도 하지만 속도를 내는 경기장에서 원하는 대로 움직여지지 않을 때가 많았다. 직선로에서 빨리 질주하고 반환점을 빨리 돌기 위해 전차의 무게를 가볍게 한 것이 충돌 때는 독이 되었다. 무서운 속도로 달리던 두 전차 중 무게가 있는 전차는 충격을 덜 받았고, 상대적으로 가벼운 전차는 전복될 가능성이 컸다. 유독 속도가 빠른 전차를 본 기수들은 누가 먼저랄 것도 없이 충돌하려고 달려들었고, 같은 곽티오의 기수는 이를 막으려고 달려들었다.

전차 기수인 디오클레스가 1462번이라는 엄청난 승리를 거둔 이유는 누구에게도 없는 신기술이 있었기 때문이다. 그는 1년에 60번 정도 승리를 거둘 정도로 고도의 기술을 인정받았는데, 그 이면에는 훈련과 위험이라는 두 단어가 있었다. 그는 처음으로 멍에를 하지 않은 7마리의 말로 경주를 해서 승리했고, 단번에 5만 세스테르티우스를 벌었다. 멍에를 하지 않은 말은 다른 말의 움직임에 맞추기보다 자신의 의지대로 속도를 낼 수 있었다. 같이 달리는 동료 말들과 보조를

△ 리옹 지역의 모자이크화를 보면 청색, 녹색, 홍색, 백색 팍티오 소속의 전차들이 달리는 모습이 생생하게 그려져 있다.

맞추지 못하고, 기수의 뜻대로 움직여주지 않을 수도 있었다. 자칫 말들이 엇박자로 달린다면 속도를 낼 수 없었다. 기수의 채찍에 흥분한 말들이 이리저리 튀어 오르면 전차는 이리저리 처박힐 위험에 처한다. 그만큼 사고의 위험도 많았다. 이 리스크를 줄이는 비결은 훈련이었다. 훈련을 통해 말들이 기수와 교감하기 때문에 기수의 채찍에 신경질적인 반응이 아니라 순응하며 지시에 따랐다.

다음은 경주 과정을 상세히 설명한 글이다.

이제 정해진 날이 다가왔다. 경기장은 수많은 관중의 소리로 가득 채워졌다. 스키피오는 그것이 마치 장례 의식의 행렬처럼 보였다. 출발문의 빗장이 풀리기도 전에 흥분한 군중은 파도 소리와 같은 소음을 내면서 떠들썩하다. 곽티오의 격분과 함께 그들의 눈은 전차 기수들이 서 있는 출발문에 고정되었다.

이제 신호가 떨어졌고, 출발문의 빗장이 큰 소리와 함께 위로 벗겨졌다. 첫 번째 말의 말발굽이 눈에 들어오자마자 격렬한 함성이 하늘을 뚫었다. 기수들이 앞으로 일제히 몸을 숙여 전방을 응시했고, 동시에 달리는 말들에게 소리쳤다. 경주는 관중의 흥분으로 흔들렸고, 흥분은 모든 사람의 정신을 쏙 빼놓았다. 기수들은 상체를 구부려 소리치면서 말들을 지휘했다. 누런 먼지구름이 모랫바닥에서 일었고, 말들의 질주와 기수들의 고군분투는 먼지를 어둠 속으로 숨겨버렸다. 어떤 기수는 분노를 삼키며 물러났고, 어떤 기수는 기세가 꺾였다. 어떤 관중은 그날 처음으로 출전한 말에 희망을 걸고 즐거워하며. 또 다른 사람은 잘 훈련된 노련한 늙은 말을 좋아한다.

갈리키아 태생의 말 람폰은 처음부터 선두를 차지했다. 날아가듯 달리는 전차와 함께 공기를 가로질러 달렸다. 람폰은 큰 보폭으로 경주로를 질주하면서 뒤에 바람을 남겼다. 관중은 손뼉을 치면서 함성을 질렀다. 그들은 자신이 좋아하는 말이 출발이 좋았으니 이긴 것이나 다름없다고 생각했다. 그러나 경주로를 더 예리하게 보고, 더 경험 많은 사람은 처음부터 힘을 쏟는 기수를 비난했다. 그렇게 그들이 멀리서 항의해보았자 소용이 없었다. 기수는 자신의 노력으로 말을 지치게 했고, 힘을 비축하지 않았다.

"키르누스야! 도대체 몇 등을 하려고 그러는 것이냐?"

키르누스는 전차 기수의 이름이다.

"신중해라. 너의 채찍을 내려놓고, 고삐를 단단히 쥐어라."

그러나 아! 그 기수의 귀에는 들리지 않았다. 그는 계속 속력을 내 말의 체력을 안배하지 않았고, 얼마나 많은 거리를 달려야 하는지 잊어버렸다.

판카테스가 그다음으로 달렸다. 선두에서 그리 뒤지지 않았다. 아스투리아 태생으로 흰 갈기와 네 개의 흰 발이 눈에 띄었다. 이 말은 기운이 펄펄 끓었으나 키가 작았고 추진력이 부족했다. 그러나 광포한 정신력은 그에게 날개를 달아주었다. 그는 직선로를 힘차게 달렸다. 앞으로 내디딜 때 키와 체격이 커지는 것 같았다. 그를 모는 기수 히베루스가 입은, 키니피아 염료로 물들인 주홍색 옷이 빛났다.

펠로루스와 막상막하이면서 근소하게 앞선 3등 말은 카우카수스다. 목을 쓰다듬는 애무의 손길을 좋아하지 않는 말썽꾸러기 말이었다. 펠로루스는 다루기 쉽고, 고삐에 더 순종적이었다. 그 말은 구부러진 경주로에서 다른 전차로 돌진하지 않았다. 펠로루스는 안쪽으로 파고들어 달리면서 반환점을 응시했다. 이상하게도 그는 아무런 욕심이 없었다. 그의 전차는 고상한 기수 두리우스가 이끄는 대로 경주로를 따라 달렸다. 카우카수스는 기수 아틀라스에 의존했다. 카우카수스는 아나톨리아의 티데 태생이다. 아틀라스가 꼴찌였다가 두리우스가 꼴찌가 되었다. 누구도 더 빨리 달리지 못했다. 둘이 나란히 보조를 맞춰 평화롭게 달린다고 생각될 정도였다. 이제 절반이 지났다. 기수들은 더욱 속도를 냈다. 정신력이 강한 판카테스가 치고 나가면서 더 속력을 올렸다. 그는 한순간 앞에 있는 전차 뒤에 앞발굽을 갖다 대며 갈리키아산 말이 모는 전차를 덜컹거리게 했다. 판카테스의 기수 히베루스는 갈리키아산 말이 지치는 것이 눈에 들어오자 더 이상 그의 전차를 건드리거나 방해하지 않았다. 숨을 헐떡이는 자신의 말들에게 채찍질을 반복하면서 더 빨리 모는 데 집중했다. 갑작스럽게 그는 판카테스 목쪽으로 몸을 구부려 좀처럼 선두로 치고 나가지 못하는 판카테스에게 채찍질을 하면서 말했다.

"뭐라도 앞질러야 경주를 끝냈을 때 상을 타지 않겠니? 일어나서 달리거라. 놀라운 속도로 직선로에서 미끄러지듯 달려다오. 날개를 단 것처럼 말이야! 람폰을 보라고. 숨을 헐떡거려서 이제 힘이 없고 앞으로 더 빠질 거란다. 그에게는 경주를 완주할 숨이 남아 있지 않아."

이런 말을 할 때 판카테스는 방향을 틀면서 쫓아오는 경쟁자를 가로막는 동시에 앞으로 치고 나갔다. 드디어 1등을 앞질렀다. 관중의 함성이 하늘에도, 경주로에도 울려 퍼졌다. 선두로 올라선 판카테스는 갈기를 더욱 세우면서 늠름하게 달렸고, 그와 멍에를 함께 한 세 마리의 말도 그를 따라 달렸다.

판카테스, 람폰 뒤로 따라오는 기수들은 아틀라스와 두리우스였다. 그들은 경쟁했다. 한 명이 경쟁자를 왼쪽으로 밀어버리려고 했다. 그다음에는 다른 사람이 오른쪽으로 밀어버리고 앞으로 달려 나가려고 했다.

두 사람의 전략은 실패했다. 마침내 젊고 자신만만했던 두리우스가 몸을 앞으로 구부리면서 고삐를 획 잡아당기면서 자신의 전차를 경쟁자의 경로 앞으로 밀고 나가 경쟁자의 전차와 충돌했다. 젊음과 힘에서 상대가 되지 않았던 아틀라스는 정당하게 항의했다.

"당신, 도대체 어디에서 돌진하는 거야? 이게 얼마나 미친 일인 줄 알아? 당신은 나와 내 말을 함께 죽이려고 했다고."

아틀라스가 이렇게 소리치자마자 그는 부서진 전차에서 곤두박질쳤다. 말도 마찬가지로 쓰러져 땅에 무질서하게 널브러졌다. 반면 개방된 경주로에서 승리자는 고삐를 흔들었다. 두리우스가 모는 펠로루스는 경주로 중간까지 달려 나갔다. 허약해진 람폰과 함께 선두 경쟁에서 처진 키르누스는 더 이상 그를 따라잡을 수 없었다. 펠로루스는 빠른 속도로 그를 지나쳐갔다. 키르누스가 뭔가를 해서 통제하기에는 너무 늦었다. 펠로루스 지지자들의 박수 소리가 울려퍼졌다. 히베루스는 뒤에서 따라오는 펠로루스의 뜨거운 숨과 포효를 느꼈다. 두리우스가 직선로에서 채찍질하면서 더욱 속도를 내고 있었다. 그 노력은 헛되지 않았다. 경주로 오른쪽에 자리를 잡은 그는 경쟁자와 막상막하의 경주를 하는 것 같았다. 그는 그러한 영광에 놀라워하면서 소리쳤다.

"지금이야. 펠로루스. 서풍이 너의 편이라는 것을 보여줄 때가 지금이야. 네가 염원하면 승리를 선물로 받을 거라고. 너에게 제단을 올릴 거야."

두리우스가 이런 말을 하면서 채찍을 떨어뜨리지 않았다면 그는 아마도 자신이 맹세했던 서풍의 신에게 제단을 봉헌했을 것이다. 그러나 승자의 화관이 머리에서 떨어진 것처럼 그는 자신의 금으로 된 옷을 찢으며 분개했고, 하늘을 우러러 한탄했다. 채찍이 없어지자 말들은 더 이상 기수에게 복종하지 않았다. 채찍 대신 고삐로 조종해보았지만 소용이 없었다. 승리가 확실해진 판카테스가 결승선으로 질주했고, 머리를 높이 쳐들고 1등을 차지했다. 잔잔한 바람이 목과 어깨의 갈기를 흔들었다. 날렵한 앞발을 들어 올리자 커다란 함성이 그의 승리를 축하해주었다. 승자에게는 마실리아 왕의 이름으로 나르는 발, 타구스의 금으로 만든 2개의 컵, 카르타고 투구가 선물로 주어졌다. 마지막으로 스키피오는 아틀라스를 불러 그의 나이와 불운에 대한 연민을 금할 수 없다며 상을 주었다. 전차가 부서질 때 땅으로 떨어진 것에 대한 위로다. 그에게는 시중을 들 미소년과 스페인 모자가 선물로 주어졌다.[62]

스키피오가 주최한 경주에서 말 판카테스와 기수 히베루스가 1등을 차지했다. 말 람폰과 기수 키르누스는 처음부터 너무 속력을 내 선두에서 달리다가 쳐졌다. 말 펠로루스와 기수 두리우스는 말 카우카수스와 기수 아틀라스를 밀어내면서 아틀라스의 전차를 전복시켰다. 두리우스는 히베루스의 바로 뒤까지 따라붙었지만, 채찍을 놓치는 바람에 더 이상 달리지 못하고 쳐졌다. 두리우스에게 밀려 전차에서 떨어졌던 아틀라스는 억울함의 대가를 보상받았다.

고난도의 기술은 코너에서

\

　직선로를 질주하는 것은 말들의 힘을 최대한 끌어내는 것이 관건이었고, 코너를 도는 것은 미세한 힘 조절이 필요한 고난도의 기술이었다. 노련한 전차 기수는 재주꾼이었다. 그는 전속력으로 달리다가 코너를 돌 때 손목의 온 힘을 다하여 고삐를 잡아당겼다. 관중은 기수가 고삐를 잡아당겨 속도를 줄이면서 코너를 돈다고 생각하지만, 고삐를 잡아당기는 힘의 분배과정을 몰랐다. 기수는 손목의 힘을 적절히 분배하려고 모든 신경을 곤두세우고 있었다. 제일 왼쪽 말의 고삐는 최대한 잡아당기고, 바깥쪽으로 갈수록 적게 잡아당겼다. 안쪽 말은 작은 보폭으로 속도를 덜 냈고, 바깥쪽 말은 큰 보폭으로 빠르게 달렸다. 말들이 속도를 달리하면서 일률적으로 코너를 도는 것은 기수가 죄는 고삐의 힘을 정확하게 느꼈을 때 가능한 일이었다. 그래서 어떤 기수는 고삐를 잡아당기는 기술이 뛰어나 유명해졌다. 속도와 원심력과의 싸움에서 한 마리의 말이라도 예기치 않게 움직이면 전차는 파도타기를 하듯이 출렁거렸다. 기수는 전차의 리듬에 맞춰 출렁거리지 않으면 언제든지 내동댕이쳐졌다.

　전차 기수는 힘을 줄이면서 왼쪽으로 회전하는 말들의 움직임에 따라 몸을 최대한 왼쪽으로 기울이면서 무릎으로 원심력에 저항했다. 평소 손의 힘과 다리 근육을 단련하는 훈련을 한 것이 이때 효과를 나타냈다. 군인이나 검투사처럼 무기를 가지고 싸움하는 것도 아니면서 목제 장대를 피하는 훈련을 한 것도 유연성을 키우기 위해서였다. 코너를 돌거나 전차에서 튕겨 나갔을 때 몸의 균형을 유지하거나 달리는 전차에 다시 올라타기 위해서는 유연성이 필수 항목이었기 때문이다. 기수의 몸무게도 도움이 됐다. 기수가 무거우면 말이 힘들기는 하지만 코너에서는 중심을 잡는 데 일조했다. 아무래도 몸무게가 가벼운 기수보다는 버티는 힘이 더 좋기 때문이다.

전차들이 180도의 반환점을 돌 때 방해하는 작전은 상당한 위험을 초래했다. 안쪽에서 코너를 도는 것이 유리하지만 유리한 만큼 위험도 컸다. 유리하다고 무조건 안쪽으로 파고들었다가는 파국을 자초할 수 있었다. 너도나도 안쪽으로 들어가려고 해서 전차들이 서로 부딪칠 가능성이 컸다. 반환점의 폭이 직선로의 폭보다 더 좁아 이때 발생하는 충돌이 규모도 컸고 부상자도 많았다. 부딪혔다가 금방 중심을 잡으면 다행이지만, 전차가 뒤집히기라도 하면 승리는 멀어졌다. 코너에서의 치열한 자리다툼에서 선두를 달리던 전차들끼리 부딪히면서 전복되는 일이 빈번했다. 그 틈을 타 뒤처져 있던 전차가 재빨리 앞으로 달려 나갔다. 직선로에서의 순위가 완전 뒤집히는 순간이었다. 이런 역전극이 바로 관중이 원하는 바이자 전차 경주의 진정한 묘미였다. 그래서 전차 경주에서 승리로 이끄는 것은 강인하고 빠른 말이 아니라 명석한 전차 기수라는 말이 있는 것이다.

5세기 시인 시도니우스는 친구인 콘센티우스가 아마추어 기수로서 승리한 사건을 전했다.

△ 백색 팍티오의 전차 기수 모자이크

백색과 청색, 녹색과 홍색 등 여러 색깔이 밝게 빛난다. 노예들이 출발
문과 고삐를 쥐고 있다. 그들은 열광적인 열정을 자극한다. 출발문 뒤
에서 고삐를 쥐고 말들을 억누르고 있다. 아직 경주로에 들어서기 전
인데도 출발문은 말들의 헐떡이는 숨소리로 가득 찼다. 말들은 돌진했
고, 서둘렀고, 끌었고, 서로 부딪혔고, 돌격했고, 뛰어올랐고, 두려워하
거나 두려움을 주었다. 말발굽은 무자비하게 돌진했다. 땅은 전차 바퀴
로 꺼지고, 공기는 경주로의 먼지로 더럽혀졌다. 고삐를 휘감고 있는 기
수가 채찍을 휘둘렀다. 그들은 몸을 구부리면서 전차를 몰았고, 말들을
몰아붙이면서 나갔다. 마치 날개가 있는 것처럼 너는 더 개방된 공간을
가로질러 나갔다. 거기에는 중앙분리대가 이중벽을 가진 구조물로 뻗어
있었다.

더 먼 지점의 반환점(첫 번째 반환점)에 네가 나타났을 때, 너의 동료 기
수는 다른 두 경쟁자보다 앞섰다. 너는 네 번째 바퀴를 돌아야 했다. 그
때 중간에서 달리던 다른 기수들이 전차를 왼쪽으로 돌려 가까이에 있
는 전차를 추월했다. 너는 고삐를 단단히 쥐면서 그 힘으로 두 배는 더
먼 바깥쪽 경주로를 굽이 돌았다. 현명하게도 너는 일곱 번째 바퀴를 위
해 힘을 비축했다. 다른 기수들은 손이 바빴고, 소리도 냈다. 모든 곳에
전차 기수의 땀이 흩날렸다. 팍티오를 환호하는 거친 함성이 심장을 자
극했다. 말과 사람 모두 경주로 뜨거웠고, 두려움으로 치를 떨었다.

그들은 첫 번째 바퀴, 두 번째 바퀴, 세 번째 바퀴, 네 번째 바퀴를 계
속 돌았다. 다섯 번째 바퀴에서 제일 선두에 있던 기수는 추격자들을

따돌릴 수 없었다. 그의 전차가 쳐졌다. 힘이 소진했다. 이제 여섯 번째 바퀴의 반을 돌았다. 관중은 이미 상을 받을 사람, 너의 적을 향해 환호하고 있었다. 너의 적은 너의 노력을 두려워하지 않고 어떤 조심성도 없이 앞에서 경주로를 돌고 있었다. 그때 갑자기 네가 고삐를 단단히 잡고, 가슴을 오므리면서 발을 앞에 단단히 고정했다. 다른 기수들이 가장 가까운 경로로 반환점을 돌려고 북새통일 때 너는 그들을 앞질러 갔다. 너는 경쟁자들보다 앞서갔다.**63**

콘센티우스는 아마추어 기수인데도 힘을 잘 안배했고, 위험한 안쪽보다 바깥쪽 경주로를 안전하게 돌면서, 막판에 힘을 모아 승리했다. 처음부터 1등을 유지하는 기수가 주는 안정감도 대단하지만, 하위권에서 달리다가 역전승한 기수, 바깥쪽 경주로를 선택해 더 많은 거리를 달리고도 승리한 기수, 막상막하의 실력으로 좀처럼 승부를 결정짓지 못하는 기수들이 주는 박진감은 전차 경주의 진정한 매력으로 꼽힌다.

속출하는 사상자들
\

노예로 태어나 힘든 훈련을 참아낸 결과는 승리로 인한 영광, 아니면 부상으로 인한 사망이었다. 물론 기수들은 중요한 자원이므로 늘

부상에 대비하고자 했다. 복장 면에서 로마의 기수는 그리스와 비교해 부상을 방지할 수 있었다. 기원전 5세기 그리스 기수의 의상을 보여주는 '델피의 전차 기수'라는 청동상에는 기수가 키톤을 입고 머리띠를 하고 있었다. 키톤은 기원전 8세기부터 그리스 지역의 남자와 여자가 공동으로 입는 옷이다. 소매가 없으며 긴 직사각형 천을 걸치고 어깨는 핀으로, 허리는 끈으로 고정한 옷이었다. 키톤은 얇은 천으로 되어 있지만, 길이가 길어서 신속하게 움직일 수 없었다. 머리띠 또한 기수가 전차에서 튕겨 나가 말이나 땅바닥에 부딪혔을 때 머리를 보호해주지 못했다.

에트루리아 프레스코화에서 전차 기수는 더 짧은 키톤을 입고 투구를 썼다. 에트루리아는 그리스와 로마의 중간 형태였다. 로마는 기수들에게 현대와 같은 보호 의상을 착용시켰다. 사고가 났을 때 기수를 보호하지 못하는 그리스와 달리 로마의 기수는 투구와 보호대로 보호받았다. 투구는 가죽이나 천으로 되어 있어 머리 부상을 방지했고, 가죽끈이나 천으로 다리와 몸을 감싸 찰과상을 덜 입었다. 가슴과 배는 코르셋처럼 가죽으로 감싼 후 앞을 끈으로 단단히 조여 묶었다. 갑옷과 같은 철이 아니라 가죽이나 천이다보니 가슴과 배가 완전히 보호되지는 않았지만, 활동성은 높았다.

전차들이 충돌하자 한 전차가 뒤집혔고, 기수는 전차에서 튕겨 나가 질질 끌려다녔다. 기수들이 말에게 끌려갈 확률은 그리스보다 로마에서 더 높았다. 그리스의 기수들은 양손으로 고삐를 쥐지만, 로마의 기수들은 4개의 고삐를 모두 허리에 휘감은 다음 왼손으로 방향을 조종하고, 오른손으로 채찍을 휘둘렀기 때문이다. 고삐가 기수의 몸을 휘감고 있어서 전차에서 균형을 잃거나 튕겨 나간 기수는 말에게 끌려다닐 수밖에 없었다. 기수가 단검을 가지고 전차에 오르는 것은 바로 이때를 대비한 것이다. 기수는 재빨리 가슴에 있는 단검을 꺼내 고삐를 잘랐다. 계속 끌려갔다가는 찰과상이 아니라 목숨을 잃을 수도 있었으므로 빨리 잘라야 했다. 단검을 적절히 활용한다면 기수는 목숨을 구할 수 있었다.

말들끼리의 충돌로 혹은 앞서 넘어진 전차나 기수를 미처 피하지 못해 한순간 방향을 잘못 틀면 중앙분리대나 관중석 칸막이를 들이받기도 했다. 전차에 탄 채 충돌한 기수는 전차가 최소한의 보호막이 되었다. 문제는 이차 피해였다. 전차에서 중심을 잃고 휘청거리다 손발, 어깨, 심지어 머리가 바퀴에 끼이는 기수들이 있었다. 옷자락이 빨려 들어가는 기수도 있었다. 기수가 빨려 들어가면서 몸에 감겨 있는 고삐도 덩달아 빨려 들어갔고, 팽팽하게 당긴 고삐가 말을 옥죄면서 말은 더욱 속도를 냈다. 단검으로 고삐를 자르는 훈련은 실전에서는 무용지물일 때가 많았다. 이미 몸의 균형을 잃은 데다 달리는 전차 속에서 극심한 고통으로 혼절하기 직전인 상태에서 단검을 빼기란 쉽지 않았기 때문이다. 아니, 단검에 관한 생각 자체가 들지 않을 때도 있었다. 본능적으로 움직이도록 훈련했지만, 본능도 본능을 도출해내려는 최소한의 의식이 있어야 작동하는 것이다.

빨리 달리는 상황에서 바퀴에 끼인 신체를 빼내려는 기수의 노력은 눈물겨웠다. 옷이나 고삐의 가죽끈이 처음 바퀴에 끼었을 때 기수는 대수롭지 않게 생각하여 속도를 내면서 가죽끈을 끌어당겼으나 곧 몸통 전체가 바퀴 속으로 빨려 들어갔다. 회전하는 바퀴에서 몸을 빼내려고 하면 할수록 더 빨려 들어갔고, 급기야 잘려 나가기까지 했다. 말 그대로 유혈이 낭자했다. 손발이 잘려 나갔으나 목숨이 붙어 있는 상태에서 기어 나오는 기수도 있었고, 목이 꺾인 상태에서 숨을 거둔 기수도 있었다.

전차에서 튕겨 나와 경주로로 내팽개쳐지는 기수도 안전을 보장받지 못했다. 어떤 기수는 재빠르게 일어나서 경주로를 벗어났다. 그나마 속도가 줄어드는 반환점에서 튕겨 나가면 부상 정도가 가벼워 빨리 정신을 차릴 수 있었다. 직선로에서 사고를 당한 기수는 그렇지 못했다. 땅바닥에 몸이 내팽개쳐지는 강도가 강해서 정신을 차리거나 일어설 수 없었기 때문이다.

기수가 전차에서 튕겨 나갔을 때 생존 여부를 결정짓는 것은 뒤의 전차였다. 부상 정도가 대수롭지 않은 기수라도 뒤에서 오는 전차에 치이면 살아남지 못했다. 한 기수는 바닥에 뒹굴자마자 바로 벌떡 일어나 경주로를 벗어나려고 내달렸지만, 뒤의 전차에 치였다. 기수의 육체는 공처럼 치여 이리저리 나뒹굴었다. 뒤에 오는 말의 발굽에 치여 옆으로 굴러간 상태에서 뒤의 전차 바퀴가 밟고 지나갔고, 같은 과정이 여러 번 반복되었다. 참가한 전차들이 다 지나간 후 노예들이 땅바닥에 나뒹군 기수를 수습하려 달려들었을 때 그들은 이미 내장은 터지고 얼굴은 뭉개져 마지막 숨을 헐떡이는 기수를 보았다. 다행히 말과 전차에 덜 짓밟힌 기수라도 타박상의 정도로 보아 몇 주는 고생할 것 같았다.

뒤의 전차가 사고를 당한 기수에게 해를 끼치지도 하지만, 반대로 뒤따라오던 기수가 앞서 달리던 전차의 사고로 애꿎은 희생자가 되기도 했다. 뒤쪽의 전차 기수는 사고를 당한 기수나 넘어져 있는 전차를 피하려고 안간힘을 썼다. 자칫 피하지 못해 자신도 같이 뒤엉킨다면 승리는커녕 부상을 피할 수 없기 때문이다. 한 기수는 사고 현장을 보고 나름대로 방향을 틀어보았지만 쉽지 않았다. 직선로에서는 사고 현장이 보이기 때문에 피할 수 있을 것 같았지만, 속도가 빨라 방향을 틀기 어려웠다. 반환점에서는 속도가 줄어 방향을 틀기 쉬우나 코너를 돌자마자 사고를 감지했으므로 피할 시간적 여유가 없었다.

기수가 사고 지점을 피하지 못하고 그대로 내달렸을 때 말이 순발력을 발휘하여 사고를 당한 기수와 전차를 뛰어넘을 수 있었다. 하지만 말이 전차와 기수를 무난히 넘는 것과 말에 달린 전차와 전차에 타고 있는 기수가 뛰어넘는 것은 다른 일이었다. 말은 넘었는데 전차는 장애물로 인해 순간적으로 솟구쳤고, 그 위에 타고 있던 기수 역시 하늘로 솟았다가 땅바닥에 곤두박질쳤다. 순간 기수는 중심을 잃고 전차 바닥에 넘어진 채 말이 이끄는 대로 딸려가면서 계속 일어서려고 노력했다. 그때 놀란 말이 더 속도를 내면서 전차는 한 번 더 솟구쳤고, 기수는 전차 옆이나 앞으로 튕겨 나와 끌려갔다. 눈 깜짝할 새에 벌어진 상황이라 기수는 정신을 차릴 수 없었다. 끌려가는 속도가 빨라 단검을 꺼낼 수 없었고, 고삐가 몸에 엉키면서 목을 조여오기 시작했다. 땅바닥에 쓸리는 것은 문제도 아니었다. 기수는 목숨이 오가는 절체절명의 순간이어서 자신의 몸이 얼마나 큰 상처를 입고 있는지 느끼지도 못했다.

심각한 상처를 입은 기수는 장애가 남아 은퇴할 수밖에 없었다. 특히 뼈가 부러지면 치료하기 어려워 경주용 전차를 모는 데 부적합한 육체적 질환을 가져왔다. 발목 인대와 뒷다리 관절이 찢어지거나 근육이 비틀리는 상처는 예상보다 빠른 은퇴로 이어졌다. 플리니우스는 그 치료법을 다음과 같이 말했다.

타격으로 야기된 골절과 부상은 야생 수퇘지의 똥, 봄에 수집해서 말린 똥으로 치료된다. 똑같은 치료법이 전차 바퀴에 질질 끌려 상처를 입거나 다른 방법으로 심하게 멍이 든 전차 기수에게도 적용된다. 위기 시에 그 방법은 생기를 넘치게 하는 데 사용할 수 있다. 일부 사람들은 그 똥을 식초에 끓이면 더 효과적이라고 생각한다. 일부 주의 깊은 의사들은 똥을 태워 재로 만들어 물에 섞는다. 만일 야생 수퇘지 똥을 얻을 수 없다면 사육하는 돼지 똥이 차선책이다.[64]

일부 의사들은 물 한 컵에 촛농을 녹여 환자에게 마시도록 처방하

기도 했다. 의사들은 기수와 말이 가능한 한 빨리 경주를 할 수 있는
상태가 되게 해야 했다. 다양한 민간요법이 성행했다. 상처를 입었을
때 진통제로 아편을 자주 사용했다.

말도 심각한 상처를 입을 수 있었다. 다른 전차의 바퀴에 심하게 충
격을 받거나 충돌로 남은 잔해를 밟은 말은 발목이 삐거나 다리가 부
러졌다. 바깥에 있는 두 마리의 말들이 가장 큰 위험에 노출된다. 이유
는 그들이 다른 전차 바퀴에 짓눌릴 수 있기 때문이다. 왼쪽 말은 중
앙분리대나 반환점에 바짝 붙어서 돌기 때문에 더 위험하다. 상처를
입은 말들은 소속 팍티오의 다른 말로 교체되었다.

공포의 7바퀴
\

말의 몸무게는 350~700킬로그램이었고, 전차의 무게는 25~30킬로
그램이었다. 이 정도의 말은 속도를 시속 75킬로미터까지 끌어올릴 수
있었고, 반환점을 돌 때의 속도는 시속 25~30킬로미터로 줄어들었다.
평균 시속은 33.6킬로미터였다. 1989년에 대경기장보다 더 작은 막센
티우스 경기장에서 프랑스 카마르그산 말로 경주에 걸리는 시간을 측
정하는 실험이 있었다. 출발문에서 반환점까지의 길이는 159미터, 중
앙분리대는 296미터이므로 7바퀴를 돌면 총 4.57킬로미터다. 대경기
장에서 7바퀴를 달리면 총 5.2킬로미터이므로 더 짧은 길이로 실험을

한 것이다. 말이 가장 빠른 속도를 낼 때는 시속 70킬로미터까지 갔지만 평균 속도는 시속 26.5킬로미터로 달렸다. 그 결과 7바퀴를 도는 데 걸린 시간은 10분 20초였다. 이것을 대경기장의 길이로 환산하면 11분 45초가 된다. 실험과 달리 로마의 전차 기수와 말은 상당히 훈련되어 있었고, 경주를 위해 경주로도 고르게 펴놓았기 때문에 실제 한 경주의 지속 시간은 그보다 더 짧은 8~9분대였을 것이다. 검투사 경기가 한 경기당 평균 10~15분인 것과 비교하면 전차 경주는 더 짧고, 더 강렬한 승부라고 할 수 있다.

하루 24회의 경주가 있고, 여러 날에 걸쳐 경주가 열리므로 전차 기수들은 전적을 쌓을 수 있었다. 기수들은 자신이 몇 번째 경주에서 승리했는지를 꼼꼼히 기록했다. 가령 스키르투스는 13세부터 전차 기수로 활동했다.

스키르투스, 해방 노예, 백색 파티오의 전차 기수

13년 무나티우스와 실리우스가 집정관이었을 때 사두 전차로 1번 승리, 두 번째 경주에서 1번, 세 번째 경주에서 1번 승리

14년 폼페이우스와 아풀레이우스가 집정관이었을 때 사두 전차로 1번, 두 번째 경주에서 1번, 세 번째 경주에서 2번 승리

15년 드루수스와 노르바누스가 집정관이었을 때 사두 전차로 1번, 두 번째 경주에서 2번, 세 번째 경주에서 5번 승리

16년 스타틸리우스와 스크리보니우스가 집정관이었을 때 사두 전차

로 2번 승리, 재경주에서 1번, 두 번째 경주에서 5번, 세 번째 경주에서 5번 승리

17년 카일리우스와 폼포니우스가 집정관이었을 때 사두 전차로 2번 승리, 재경주에서 1번, 두 번째 경주에서 8번, 세 번째 경주에서 6번 승리

18년 티투스가 세 번째로, 게르마니투스가 두 번째로 집정관이었을 때 두 번째 경주에서 7번, 세 번째 경주에서 12번 승리

19년 실라누스와 노르바누스가 집정관이었을 때 재경주에서 1번, 두 번째 경주에서 5번, 세 번째 경주에서 5번 승리

20년 발레리우스와 아우렐리우스가 집정관이었을 때 두 번째 경주에서 3번, 세 번째 경주에서 4번 승리

21년 티투스가 네 번째로, 드루수스가 두 번째로 집정관이었을 때 두 번째 경주에서 2번, 세 번째 경주에서 5번 승리

22년 아그리파와 술피키우스가 집정관이었을 때 두 번째 경주에서 3번, 세 번째 경주에서 4번 승리

23년 아시니우스와 베투스가 집정관이었을 때 재경주에서 1번, 두 번째 경주에서 1번, 세 번째 경주에서 5번 승리

24년 세르비우스와 비셀리우스가 집정관이었을 때 두 번째 경주에서 1번, 세 번째 경주에서 4번 승리

25년 렌툴루스와 아시니우스가 집정관이었을 때 세 번째 경주에서 2번 승리

총계: 사두 전차로 7번 승리, 재경주에서 4번 승리, 두 번째 경주에서

39번, 세 번째 경주에서 60번 승리

로마시에서 나온 67년의 비문은 이름을 알 수 없지만 승리한 회차를 기록한 묘비다.

청색 팍티오의 전차 기수. 갈루스와 세베루스가 집정관이었을 때 8월 23일 죽었다. 그는 사두 전차로 47번 승리했다. 두 번째 경주에서 131번, 세 번째 경주에서 146번 승리했다. 이두 전차로 9번 승리했고, 두 번째 경주에서 8번, 세 번째 경주에서 8번 승리했다. 다른 유형의 사두 전차로 2번 승리했고, 재경주에서 2번 승리했다. 식사 중 경주에서 1번 승리했다. 총 354번 명예를 받았다. 25년 살았다. 크리스피나가 이 비를 세웠다.[65]

가끔 전차들을 출발문으로 다시 불러 재경주를 한다. 이는 경주 전에 하는 종교적 행렬 의식에서 실수가 있어서 신의 가호를 얻지 못하거나 부정 출발한 상황에 해당되었다.

기수들은 삶의 모든 힘을 쏟으면서 승리를 위해 돌진하느라 관중을 바라볼 여력이 없었다. 기수들은 관중의 함성이 자신을 격려하는 소리인지, 다른 기수를 지지하는 소리인지 분간할 수 없었다. 하지만 다른 전차를 앞지르거나 승리를 확정 지었을 때 야유가 아니라 함성과 박수갈채를 들으면 자신의 위상과 인기를 절감할 수 있었다. 관중도 기수만큼이나 경기장에 온 힘을 쏟았다. 특히 반환점에 있는 관중은 반환점에서 순위가 갈리는 상황이 오면 더 격렬하게 소리쳤다. 관중은 전차에 소속 팍티오의 색깔로 물들인 가죽이나 천이 감겨 있어서 어느 팍티오 소속의 기수가 이기고 있는지를 알아볼 수 있었다. 그들은 자신이 지지하는 팍티오의 기수가 더 빨리 달리기를, 역전하기를 고대하면서 모든 힘을 모아 기수와 말의 이름을 불렀다. 지지하는 팍티오 색깔의 투니카를 입고, 손에는 같은 색깔의 천을 흔들어대는 관중의 함성이 경기장에 울려 퍼졌다. 환호와 야유의 소리로 귀가 먹먹할 정도였다. 승리를 열망하여 온 힘을 다하는 기수와 관중이 일심동체가 되는 순간이었다.

전차 경주를 본뜬 전차 검투사

\

로마에서 가장 오래된 구경거리인 전차 경주의 극적인 재미를 검투사들이 재현했다. 이 검투사를 '전차 검투사essedarius'라고 부른다. 규모가 가장 크고, 검투사들의 자질도 좋은 검투사 양성소는 도미티아누스 황제가 콜로세움의 동쪽에 세운 루두스 마그누스였다. 이 양성소는 검투사를 즉각 투입하기 위해 콜로세움과 지하로 연결되어 있었다. 1937년 처음 발견된 이 양성소의 전체 면적은 75×54미터, 타원형인 아레나의 크기는 63×42미터였다. 전차 검투사처럼 넓은 공간이 있어야 하는 검투사들을 위한 훈련 장소로 쓰이기도 했다.

전차 검투사는 전투에서 이륜 전차를 이용하는 브리타니아인과 싸웠던 카이사르가 도입했다. 43년 클라우디우스 황제가 브리타니아를 침입한 후 검투사의 한 유형으로 자리 잡았지만 오래 존재하지는 않았다. 전차 경주가 있는 데다 전차를 구매, 유지하는 비용이 많이 들었고, 전차에서 싸울 줄 아는 검투사를 훈련 시키기 어려웠기 때문이다.

전차 검투사는 두 명이 한 쌍으로 움직였다. 검투사와 함께 탄 전차 기수가 전차를 몰아 상대의 전차를 향해 돌격했다. 큰 경기장에서는 검투사들이 걸어서 싸우는 것보다 전차를 타고 싸우는 것이 훨씬 더 극적인 광경을 연출했다. 전차 검투사가 경기하는 모습은 실제 전차 경주와는 사뭇 달랐다. 전차 검투사는 경주로를 빨리 달리는 것이 아니라 상대 검투사를 목표로 했다. 전차를 타고 상대의 말을 향해 창을 던져 전차를 무용지물로 만들거나 말 사이에 창을 던져 기수와 검투사를 맞혔다. 다만 바닥이 모래여서 전차 바퀴가 잘 빠졌으므로 속도를 내기 어려웠다. 전차를 타고 웅장하게 등장했다가 이내 바퀴는 모래에 빠졌고, 바퀴를 빼기 위해 휘두른 채찍은 말의 심기를 건드렸다. 말이 화를 내면서 몸을 솟구쳐 세우자 검투사는 전차에서 떨어져 바닥에 나뒹굴었다. 기수가 이리저리 말을 몰아보려 했지만, 말은 제멋대로 움직여 급기야 검투사를 깔아뭉개기 시작했다. 다급한 비명이 난무하자 싸움이 제대로 될 리 없었다. 이때 심판의 지시로 아레나 구석에서 경기를 지켜보고 있던 노예들이 들어왔다. 노예들이 흥분한 말의 고삐를 움켜쥐려고 다가가자 말은 더욱 날뛰었다. 전차 기수가 말의 고삐를 더욱 잡아당기고, 노예가 말에게 서서히 다가가면서 회유하자 말은 진정한 듯 보였다. 그사이에 전차에 치인 검투사들을 안전한 장소로 끌어내면서 전차 검투사들의 싸움은 끝났다. 전차로 승부를 보지 못했을 때는 전차에서 내려 브리타니아의 타원형 방패와 장검으로 싸웠다. 폼페이에 있는 스카우루스 무덤에는 개개 검투사들이 싸우는 모습이 새겨져 있다. 두 명의 전차 검투사가 그려져 있는데, 오른쪽 전차 검투사가 넓적다리에 상처를 입어 피가 철철 흐르고 있다.

규모가 큰 양성소에는 다양한 유형의 검투사들이 있었다. 177년 로마시 가까이에서 나온 비문에는 양성소에 소속된 검투사들의 명부가 기록되어 있다.

코모두스와 퀸틸루스가 집정관직에 있을 때 실바누스의 조합 지도자들이 황실의 해방노예인 힐라루스와 지하실 경비원인 마르그누스를 감독했다.

첫 번째 십인조:

　　　보리스테네스, 선임 트라키아 검투사

　　　클로니우스, 선임 중장보병 검투사

　　　칼리스테네스, 선임 트라키아 검투사

　　　조시무스, 선임 전차 검투사

　　　플루티온, 선임 전차 검투사

페르티낙스, 선임 그물 검투사의 적(추격 검투사)

카르포포루스, 선임 물고기 검투사

크리스피누스, 선임 물고기 검투사

파르두스, 선임 도전 검투사

밀레투스, 선임 물고기 검투사[66]

조합이란 검투사들이 죽은 동료 검투사를 위해 장례식을 치러주기 위한 모임이다. 10명씩 분류되어 있는데, 조합을 편성할 때 검투사 유형에 상관없이 첫 번째 십인조가 최고의 싸움꾼들로 구성되었다. 여기에 전차 검투사도 속해 있다. 또 다른 비문에는 한꺼번에 매장된 같은 양성소 소속 검투사들의 명부가 기록되어 있다.

전차 검투사: 아리우스의 노예인 인클루투스, 5번 승리했고, 2번 화관을 받았다.

전차 검투사: 푸블리우스. 51번 싸워 승리, 산 채로 싸움을 종결하도록 승인받았다. 율리우스 양성소의 스키락스. 26번 싸워 이긴 승리자.[67]

묘비에는 대부분 죽은 검투사를 기록했다.

막시무스, 율리우스 검투사 양성소 출신의 전차 검투사. 40번 싸워 36번 승리했다.

그리스 출신이고, 전차 검투사로서 20번 싸운 후 해방되었으며, 25년을 살다 간 베릴루스를 위해, 그의 아내인 노마스가 소중한 남편을 위해 이 비를 세웠다.**68**

어느 전차 검투사에게는 4명의 아들이 있었다. 이들은 경기장에서 클라우디우스 황제에게 연로한 아버지가 은퇴할 수 있도록 해달라고 요청했다. 이 전차 검투사의 나이와 체력을 본 관중이 은퇴를 적극적으로 지지하자 황제는 목검을 하사했다. 목검은 검투사로서 싸워야 할 의무가 해제되었다는 증표였다.

3.
시상식

상금
\

　패배한 전차 기수와 말은 빠르게 경기장을 나가야 했다. 승리한 전차 기수가 최고 환희의 순간을 즐길 수 있게 비켜줘야 했다. 승리한 전차 기수는 경주를 주최한 정무관이나 황제의 좌석으로 가서 종려나무 가지, 화관, 돈을 상으로 받았다. 고대 후기에는 전통적인 월계관 대신 얇은 금속으로 된 관을 받았다. 승자는 관중의 박수를 받으면서 경주로를 한 바퀴 돈 후 경기장을 떠났다.

　제정기 한 사람이 기본 생계에 필요한 최소한의 연간 수입은 100~125세스테르티우스였고, 군단병의 연봉은 900~1200세스테르티우스였다. 성공한 수공업자는 700~2300세스테르티우스를 벌었다. 1세기 기수들이 받는 상금은 평균 1만5000~6만 세스테르티우스였다. 1등 상금인 5만 세스테르티우스는 임금 노동자가 평생 일해도 벌어들일 수 없는 액수였다. 2등과 3등이 받은 상금도 당시 일반 평민의 수입보다 많았다. 따라서 전차 기수는 신분은 열등하나 많은 돈을 벌 수 있는 직업이었다.

뛰어난 기수들은 많은 상금을 벌어들였다. 2~4세기의 칼푸르니아누스도 많은 상금을 받았다.

1. 칼푸르니아누스, 로가투스의 아들. 나는 상금으로 5만 세스테르티우스를 1번, 4만 세스테르티우스를 9번, 3만 세스테르티우스를 17번 받았다.
2. 칼푸르니아누스, 로가투스의 아들. 나는 상금으로 4만 세스테르티우스를 3번, 3만 세스테르티우스를 3번 받았다.
3. 나는 1127번 승리의 종려나무 가지를 받았다. 백색 팍티오에서 92번 승리했다.[69]

유명한 기수 디오클레스가 24년 기수로서 생활하면서 벌어들인 상금은 총 3586만3120세스테르티우스였다. 2세기의 디오데스는 총 3500만 세스테르티우스 이상의 상금을 벌었다. 686번 출전한 크레스켄스는 아주 어린 나이인 13세에 기수로서의 경력을 시작하여 9년 동안 활동하면서 많은 상금을 받았다.

크레스켄스는 청색 팍티오의 전차 기수로 마우레타니아 출신이다.

22세에 사망했다. 48년 비프사니우스와 메살라가 집정관에 있을 때 사두 전차로 처음 승리했다. 네르바 생일 때 그는 말 키르키우스, 아케프토르, 델리카투스, 코티누스로 24번째로 승리했다. 메살라 대신 글라브리오가 집정관으로 있고 신성한 클라우디우스 황제 생일 때 그는 686번 출전하여 47번 승리했다. 이들 중 각 팍티오에서 한 대씩 사두 전차로 경주하여 19번 승리했고, 두 대씩 할 때는 23번, 세 대씩 할 때는 5번 승리했다. 그는 155만8346세스테르티우스를 상금으로 받았다.[70]

전차 기수들이 많은 상금을 벌어들이자 상대적 박탈감을 느낀 풍자 시인들이 이를 비난했다. 유베날리스는 유명한 전차 기수의 수입이 전문 직업인의 수입을 능가한다고 개탄했다.

그들이 법정에서 그 많은 서류 뭉치를 보면서 일을 해서 번 금액을 큰 소리로 말해주세요. 그들의 수입을 확인해보면 변호사 100명이 벌어들이는 수입이 홍색 팍티오 기수인 라케르타의 수입보다 적다는 것을 알 겁니다.[71]

또 그는 어떤 기수가 교사 1년 연봉보다 더 많은 돈을 한번에 번다고 개탄했다.

마르티알리스는 2048번 승리하고 27세에 사망한 스코르푸스가

1세기 후반 도시 전체의 찬사를 받은 사람이라고 말했다. 그는 자신의 빈약한 벌이와 스코르푸스가 한 경주에서 버는 돈을 비교하면서 상대적 박탈감을 이야기했다.

나는 온종일 피호민이나 하는 하찮은 일을 하고 납 주화 100개를 버는데, 경주 승자인 스코르푸스는 한 시간 만에 금 15덩이를 벌어들이지 않는가?**72**

가난한 시인인 마이비우스는 검은색 덮개를 덮고 떨고 있고, 노새 몰이꾼인 전차 기수 인키타투스는 자주색 덮개로 빛난다.**73**

가난한 가우루스는 법무관에게 10만 세스테르티우스를 빌려달라고 간청했다. 자신이 가진 30만 세스테르티우스로는 기사 계층이 되는 데 필요한 40만 세스테르티우스에 모자란다고 말했다. 법무관은 말했다. "내가 전차 기수인 스코르푸스와 탈루스에게 막 선물을 하려고 하는데, 내가 10만 세스테르티우스를 주려고 한다는 것을 너는 알아라." 법무관이여! 당신은 기사에게 주지 않을 것을 말에게 주려는 것인가?**74**

마르티알리스는 법무관이 가난한 기사에게 빌려줄 돈은 없고, 유명한 전차 기수에게는 선뜻 큰 액수의 돈을 선물로 주는 상황을 풍자했다.

전적

\

경주 주최자들이 고용한 서기들은 각각의 기수들이 얼마나 승리를 거두었는지 정확하게 기록했다. 단순히 승리 횟수만 기록하는 것이 아니라 처음부터 끝까지 1등으로 달렸는지, 하위권에 있다가 다른 기수를 앞지르면서 1등이 되었는지, 계속 2등을 하다가 1등이 되었는지를 기록했다. 서기들의 기록과 달리 기수들은 자신이 승리한 횟수가 더 중요했다.

카라칼라 황제가 다른 팍티오를 지지한다고 처형한 에우프레페스는 782번을 이겼다. 이 기록은 전무후무한 기록이라고 한다. 하지만 실제로는 그보다 더 많이 승리한 기수도 많았다. 전차 기수들의 묘비가 이를 증명해준다.

칼푸르니아누스는 1세기에 4개의 팍티오에서 활동했다. 그는 1100번 승리했다.

폼페이우스는 3559번 승리했다. 스코르푸스는 2048번 승리했는데, 이 승리는 모두 27세 이전에 한 것이었다. 둘 다 녹색 팍티오 소속의 전차 기수였다.[75]

위의 폼페이우스와 스코르푸스에 비하면 못하지만 디오클레스도 입지전적인 인물이었다. 104년 이베리아반도 출신인 그는 122년 경력을 시작하여 146년 사망할 때까지 4257번 경주하여 1462번 승리를 거두었다.

디오클레스는 이베리아반도의 루시타니아 출신, 홍색 팍티오에 소속된 전차 기수로서 42년 7개월 23일 동안 살았다. 그는 아킬리우스와 코르넬리우스가 집정관이었을 때(122) 백색 팍티오로 처음 경주에 참여했다. 그는 마니우스와 가이우스가 집정관이었을 때(124) 홍색 팍티오로 처음 출전했다. 그는 토르콰투스가 두 번째로, 안니우스가 집정관이었을 때(128) 처음으로 녹색 팍티오로 출전했다. 그는 라이나티스와 안토니우스가 집정관이었을 때(131) 홍색 팍티오로 처음 우승했다.

총계: 그는 24년 동안 사두 전차를 몰았고, 4257번 출전해서 1462번 우승했다. 행진 의식 후 첫 번째 경주에서 110번 승리했다. 그는 각 팍티오에서 한 대씩 사두 전차를 출전시킨 경주에서 1064번 승리했다. 그는 주요한 상 92개를 휩쓸었다. 승리한 경기 중 32번은 3만 세스테르티우스를 상금으로 받았다. 32번 중 3번은 육두 전차를 몰았다. 승리한 경기 중 28번은 4만 세스테르티우스를 상금으로 받았다. 28번 중 2번은 육두 전차를 몰았다. 승리한 경기 중 28번은 5만 세스테르티우스를 상금으로 받았다. 28번 중 1번은 육두 전차를 몰았다. 승리한 경기 중 3번은 6만 세스테르티우스를 상금으로 받았다. 그는 각 팍티오에서 두 대씩 출전한 경주에서 347번 승리했다. 삼두 전차로 4번 1만5000세스

테르티우스의 상금을 받았다. 그는 각 팍티오에서 세 대석 출전한 경주에서 51번 승리했다. 그는 1000번 명예를 얻었다.

그는 두 번째 경주에서 861번, 세 번째 경주에서 576번, 네 번째 경주에서 1번 1000세스테르티우스의 상금을 받았다. 그는 1351번 졌다. 그는 청색 팍티오와 공동으로 10번, 백색 팍티오와 공동으로 91번 승리했고, 2만 세스테르티우스를 2번 공동 수상했다. 그의 총상금은 3586만3120세스테르티우스였다. 게다가 그는 이두 전차로 총 3번 단독으로 1000세스테르티우스의 상금을 받았고, 1번 백색 팍티오와 공동으로, 2번 녹색 팍티오와 공동으로 승리했다.

그는 815번 처음부터 앞서서 승리했고, 67번은 뒤에서 오다가 승리했고, 36번은 경주중에 앞질렀고, 42번은 여러 방식으로 승리했고, 502번은 결승선에서 승리했다. 그는 녹색 팍티오에 대항해 216번 승리했고, 청색 팍티오에 대항해 205번 승리했고, 백색 팍티오에 대항해 81번 승리했다. 그와 함께 한 9마리의 말이 100번 승리했고, 1마리는 200번 승리했다.[76]

디오클레스가 활동한 기간을 경주에 따라 나누면 그는 매년 평균 177번 경주했고, 경주가 열리는 날마다 하루 3~4번 경주해야 했다. 이는 특별한 경우였다. 이처럼 많이 출전하면 체력 소모로 인해 승리할 가능성이 줄어들었다. 그가 칭송을 받는 이유는 안전하게 오래 살아남으려고 하지 않고 끊임없이 새로운 기술을 썼기 때문이다. 그는 최초로 멍에를 하지 않은 7마리의 말을 몰아 경주에서 승리했다. 안전하게 경주하면 이길 가능성은 컸지만, 관중의 흥미를 끌지 못한다. 색다른 기술을 쓰면 사고의 가능성, 사망의 가능성은 커지지만 그만큼 관중에게 각인되기 쉽다. 디오클레스가 받은 총상금은 로마 시민의 연간 곡물 소비량을 충당할 정도의 액수였다. 그는 당대 최상의 기수로 살다가 42세에 사망했다.

전차 기수 칼푸르니아누스는 총 1127번 승리했고, 그중 1117번의 승리는 어느 팍티오에 소속되었을 때 얻은 승리인지 알 수 있다.

〈표1〉 칼푸르니아누스의 전적

	백색	홍색	청색	녹색
팍티오마다 전차 한 대씩	83	42	334	116
팍티오마다 전차 두 대씩	7	32	184	184
팍티오마다 전차 세 대씩	2	3	65	64
팍티오마다 전차 네 대씩	0	1	0	0
총 승리 횟수	92	78	583	364

그가 자유민 출신이기 때문인지, 아니면 엄청난 승리를 거두었기 때문인지 알 수 없으나 그는 하드리아누스 황제로부터 로마 시민권을 받았다.

화려한 경력의 전차 기수는 사람들의 뇌리에 오랫동안 각인되었다. 500~544년에 활동한 포르피리우스가 얼마나 유명했는지 그의 조상

△ 3세기 중반 황제 목욕탕 바닥의 모자이크. 종려나무 가지를 들고 있는 홍색 팍티오 소속의 폴리두스

이 중앙분리대에 놓여 있을 정도였다. 그는 승리의 기념으로 청동 대신 금으로 된 조상을 받을 정도였다.

황제와 팍티오가 칼카스의 아들 포르피리우스의 조상을 세워주었다. 그는 숙련된 노력으로 많은 화관을 쟁취했고, 최상의 기수 중에서도 가장 젊었고, 누구보다 많은 승리를 거두었다. 그의 조상은 다른 조상들처럼 청동이 아니라 금으로 되어 있다.

황제가 은퇴하는 기수들에게, 현역인 기수 중에는 포르피리우스에게만 명예를 준다. 그는 자신의 말로 승리를 이끌었고, 경쟁 팍티오의 말들로도 승리해서 화관을 쟁취했다. 그래서 녹색 팍티오에 격심한 경쟁심을 불러일으켰고, 그에게 박수갈채가 쏟아졌다. 청색과 녹색 팍티오 모두에게 기쁨을 주실 황제시여![77]

포르피리우스는 북부 아프리카의 리비아 출신으로 청색 팍티오 소속으로 경력을 시작했다. 그는 아주 어렸을 때 전차 기수가 되었다. 다음은 어떤 이방인과 나눈 포르피리우스의 대화다.

나의 귀여운 젊은이여, 그대는 누구인가?
턱이 아직 솜털로 덮여 있구나.
이방인이여, 저는 포르피리우스입니다.
그대는 어디 출신인가?
아프리카 출신입니다.
누가 그대를 명예롭게 하더냐?
황제입니다. 나의 경주를 위해.
누가 이것을 증명할 수 있느냐?
청색 팍티오입니다.
포르피리우스야!
그대는 솜씨 좋은 조각가 리시푸스가 만든 승리의 기념품을 얻을 것이다.

그는 청색 팍티오 소속으로 상당한 승리를 거두었다.

포르피리우스여!

여전히 젊었을 때 승리가 그대에게 있다.

다른 누가 그대에게 말하겠느냐?

경쟁하는 팍티오도 그대의 영광을 찬미하여 환호하지 않느냐?

위대한 황제가 그대에게 선물로 위탁한 청색 팍티오 지지자들도 그대를 찬미한다.

　7년 후인 507년 그는 녹색 팍티오 소속으로 이적했다. 몇 년 후 그는 백색 팍티오 혹은 홍색 팍티오로 두 번째 이적했다. 하지만 이들 팍티오는 규모나 재정적인 여건이 열악하여 그에게 제대로 된 대우를 해줄 수 없었다. 그는 다시 청색 팍티오로 이적했다. 고삐를 잡는 기술이 탁월했던 그는 청색 팍티오 지지자들의 환대를 받았다. 이후 그는 또 다시 녹색 팍티오로 이적했다. 뛰어난 기술 덕분에 청색과 녹색 팍티오 지지자 모두 그의 이적에 대해 적대감을 보이지 않았다.

　포르피리우스는 아프리카에서 태어났으나 콘스탄티노폴리스에서 자랐다. 그는 주기적으로 승리의 화관을 썼다. 최고 승리를 상징하는 색깔의 화관을 썼으며, 그다음에는 다른 색깔로 된 승리의 화관을 썼다. 그는 팍티오를 바꾸자마자 말도 바꾸었다. 그는 지지자와 반대자 모두에게 위대한 인물이었다.

515년경 녹색 팍티오 소속이었던 포르피리우스는 아나스타시우스 1세 황제Anastasius I Dicorus(491~518 재위)가 제위를 유지하는 데 공헌했다. 고트족 출신의 군사령관인 비탈리아누스Flavius Vitalianus(?~520)가 반란을 일으켰다. 그는 반란을 진압하는 데 도움을 주었다.

녹색 팍티오의 도움으로 황제는 제위를 빼앗으려는 적에 대항한 전쟁에서 잘 싸웠다. 야만적인 반란자가 죽었을 때 로마의 자유는 복구되었다. 주권은 녹색 팍티오의 도움으로 회복되었다.

이후 그에 관한 기록은 전혀 나타나지 않는다. 그러다 30년 후 그는 여전히 전차 기수로 등장했다. 544년 그는 60세에도 경주에서 승리했다.

당신이 젊었을 때 당신은 나이 든 사람을 패배시켰다. 이제 당신은 나이 든 사람이 되었다. 당신은 사두 전차의 경주에서 젊은이를 패배시켰다. 이제 당신은 60세가 되었고, 칼리오파스(포르피리우스의 다른 이름) 당신은 황제의 명령으로 승리의 대가로 조상을 받았다. 그래서 당신의 명성은 앞으로 수 세대에 걸쳐 기억될 것이다. 당신의 명성만큼 육체도 영원불멸할지 모른다.[78]

포르피리우스의 뛰어난 승리는 동료들의 능력을 가려버렸다. 동료

기수인 율리아누스, 콘스탄티누스, 우라니우스, 파우스티누스도 청색
과 녹색 팍티오 모두에서 활동할 만큼 유명한 기수였지만 포르피리우
스의 그늘에 가려졌다.

죽음, 전차 경주의 종착역

\

경주를 포기하거나 죽어 나간 전차 기수는 관중에게 아무런 의미
도 없는 존재였다. 관중은 기수들의 죽음을 몰랐다. 그들에게 몇몇 유
명한 기수의 죽음은 큰 슬픔을 남기지만, 경주에서 두각을 나타내지
못해 이름도 알리지 못한 기수의 죽음은 알 바가 아니었다. 일류가 아
니면 무관심한 관중의 즐거움을 위해 기수는 죽었다. 기수가 애도를
바라고 한 일은 아니지만 죽는 순간 환호하는 관중의 모습에 서글픔
을 느끼지 않을 수 없었다. 기수에게 죽음은 예견했으면서도 예기치
않게 다가오는 충격이었다.

사고가 빈번하다보니 전차 기수는 부상과 죽음의 위험을 안고 살았
다. 스코르푸스는 3000번 이상의 경주에 참여했고, 2048번 승리했던
유명한 기수였다. 그는 마지막 지점의 짧은 거리, 즉 반환점에서 속도
를 내다 사고를 당해 27세에 죽었다. 마르티알리스는 "왜 당신은 자주
그랬던 것처럼 마지막 지점에서 속도를 내면서 서둘러 삶의 종말을 고
했는가?"라며 그의 죽음을 슬퍼했다. 슬픔은 마르티알리스가 쓴 스코

르푸스의 비문에도 잘 묻어나 있다.

나는 스코르푸스다. 떠들썩한 경기장의 영광이었고, 짧은 기간 로마의 환호와 사랑을 받은 사람이다. 질투심 많은 운명의 여신이 내 나이가 아니라 지금까지 얻은 승리의 수를 헤아려 수년 만에 늙었다고 간주해 나를 데려갔다.[79]

전차 기수들의 비문은 그들이 살다간 기간을 말해준다.

녹색 팍티오의 기수인 푸스쿠스는 전차 기수로서 처음부터 두각을 나타내 57번 승리했지만, 그의 영광은 24세로 종말을 고했다.

폴리니케스, 노예로 태어나 29년 9개월 5일을 살다 갔다. 그는 739번 승리했다.

아퀼리우스는 늦은 나이에 전차 기수를 시작했다. 12년 동안 활동하고 35세에 사망했다.[80]

남아 있는 비문들을 볼 때 전차 기수 대다수는 20대에 사망했다. 로마인의 구경거리를 위해 헌신하는 검투사와 비교하면 그 수명의 의미를 알 수 있다. 비문에 기록된 검투사들은 평균 17세에 입문했고,

22.5세에 사망했다. 이는 검투사로 입문해 5년 5개월 남짓 활동한다는 이야기다. 당시 로마 남성의 평균 기대 수명은 25~30세로 추정된다. 검투사들이 평균 22.5년을 살았으므로 일반인의 기대 수명보다 더 빨리 죽었다. 명예의 목검을 받고 은퇴한 지 얼마 되지 않아 60세에 사망한 시게루스 같은 경우는 드물었다. 비문에서 시게루스를 제외하고 가장 오래 산 세 사람은 각각 48세, 45세, 38세까지 살았다.

검투사에 비하면 전차 기수의 수명은 그나마 나은 편이었다. 크레스켄스가 13세, 디오클레스가 18세에 기수로서 활동을 시작했다. 평균적으로는 대략 16세에 기수로서의 경력을 시작한다. 평균 활동 기간은 10~15년이었다. 전차 기수는 30세가 되기 전에 일찍 죽을 가능성이 컸다. 때때로 치명적인 질병이 화려한 경력을 단절시키기도 했다. 위험 부담은 있지만 활동 기간이 길어 많은 돈을 벌 수 있고, 수명도 일반인과 큰 차이가 없어 전차 기수가 검투사보다는 나은 직업이었다.[81]

사람들의 인기를 독차지하면서도 낮은 신분 때문에 멸시받는 괴리감은 다음 글에 잘 나타나 있다.

구경거리를 제공하는 자와 관리하는 자는 우상화된 전차 기수, 배우, 운동선수, 검투사와 같은 대우를 받는다. 사람들은 그들의 영혼에 굴복하고, 여성들조차도 그들의 신체에 항복한다. 바로 그런 이유로 그들은 비난받을 만한 죄를 저지른 것이다. 그들을 영광스럽게 하는 바로 그 기술 때문에 그들은 타락하고 열등해진다. 더 안 좋은 것은 그들은 공개적으로 불명예스럽다고 비난받고, 시민권이 박탈당해 원로원 회의, 연설 단상, 원로원 신분과 기사 신분에서 배제되고, 다른 모든 관직과 영예에서도 제외된다. 얼마나 심술궂은 일인가! 그들은 자신들을 처벌하는 사람들의 사랑을 받는다. 그들은 자신들에게 박수를 보내는 사람들의 악평 속으로 떨어진다. 사람들은 예술을 칭찬하면서 예술가는 불명예로 낙인찍어버린다. 명성을 얻게 된 그 일이 비난받아야 하는 이 상황을 어떻게 판단해야 하는가?[82]

전차 경주가 열리는 날 행진을 시작으로 기수들은 사람들에게 자신을 각인시켰다. 출발문 앞에 섰을 때 최상의 긴장감을 가졌던 기수들은 정작 경주가 시작되면 본능적으로 움직였다. 본능은 훈련에서 나왔다. 훈련은 충돌에서 자신의 목숨을 지켜주는 열쇠였기에 게을리 할 수 없었다. 전차끼리의 충돌에서 적게 상처를 입기 위해, 최소한 살아남기 위해 말과 혼연일체가 되었다. 대경기장의 7바퀴를 도는 데 걸리는 시간은 기껏해야 10분 남짓이었다. 짧아 보이는 시간이지만 기수들의 목숨을 건 질주의 시간이었다. 기수들이 이 경주를 위해 온종일 훈련에 매진했던 나날을 생각하면 경주를 완주하는 것이 중요한 것이 아니었다. 반드시 승리해야 했다. 군인 연봉의 17배에 달하는 평균 상금을 벌어야 했다. 기수들은 관중에게 영웅 대접을 받아도 사회적으로 비천한 대우를 받는 현실을 돈으로라도 보상받고자 했다. 위험한 질주로 인한 생명의 위협은 돈이 보상해주지 못하지만, 그것이라고 붙들고 싶은 것이 기수들의 마음이었다. 그들은 관중의 환호를 잊지 못해 은 퇴해도 팍티오에서 이런저런 일을 하면서 살아갔다. 성공한 기수들 대 다수는 팍티오에서 교관으로 활약하며 새로 입문하는 전차 기수들에 게 기술을 전수해주었다. 위험 부담과 열등한 신분을 생각하면 직업을 바꾸고 싶을 때도 있지만, 기수들에 대한 관중의 환호와 고액의 상금 은 떨쳐버릴 수 없는 유혹이었다.

경품 행사
\

승리한 전차 기수들에게 화관과 상금을 주는 시상식이 끝났다고 모든 일정이 끝난 것은 아니었다. 관중을 위한 행사도 있었다. 전차 경 주가 끝나고 하는 경품 행사는 검투사 경기가 끝난 후 하는 행사와 같았다. 경주가 끝나고 관중들이 나가려고 부산히 움직일 때 트럼펫 소리가 길게 울려 퍼지면서 관중들의 주의를 환기했다. 관중들이 일제 히 경주 주최자의 좌석을 보자 포고자가 큰 소리로 선물을 주는 시간 임을 알렸다. 그 소리를 듣자 사람들은 일제히 경기장 가장 뒤쪽을 바 라보았다. 뒤쪽에서 경기 보조원들이 나무로 만든 작은 공이 담긴 큰 바구니를 들고 있었다. 트럼펫 신호와 함께 보조원들은 나무 공을 앞 쪽의 관중들에게 던졌다.

경품은 관중들에게 경기장을 찾은 즐거움을 주었다. 관중들은 공을 잡으려고 이리저리 달려들어 현장은 일시에 난장판이 되었다. 공이 자신의 손가락을 스치면서 다른 쪽으로 가 그쪽으로 냅다 몸을 던지는 관중, 옆 사람의 품에 떨어진 공을 자기 것이라 우기는 관중, 누구의 자리도 아닌 곳에 떨어진 공을 주우려고 한꺼번에 달려드는 관중, 빼앗기지 않으려고 너무 꽉 잡아 나무 공을 부러뜨려 글자를 알아볼 수 없게 만든 관중, 공을 동시에 잡고 서로 자신의 공이라 실랑이하는 관중, 공을 잡기 위해 바구니를 미리 준비해와 옆 사람에게 오는 것까지 낚아채는 관중 등으로 인해 경기장은 아수라장이 되었다. 공이 던져진 좌석 어디에서나 싸움이 일어났다. 공으로 인해 난장판이 되는 경기장이 싫어 이 시간이 되면 경기장을 나가버리는 관중도 있었다. 주변 사람들은 이런 관중을 젠체한다고 비웃거나 아예 신경을 쓰지 않았다.

경품 품목은 검투사 경기 후 나누어준 품목과 유사했다. 나무 공에는 음식 품목에서 현금까지 경주 주최자가 관중들에게 주는 다양한 선물 목록이 적혀 있었다.

티투스 황제 또한 사람들이 실질적으로 사용할 수 있는 것을 제공했다. 그는 원형경기장에서 여러 가지 품목을 적은 나무로 된 공을 약간 높은 곳에서 아래로 던졌다. 어떤 공에는 음식, 어떤 공에는 옷, 또 다른 공에는 은제나 금제 용기, 말, 소, 노예와 같은 품목이 적혀 있었다. 공을 잡은 사람들은 상품을 나눠주는 곳에 가서 적혀 있는 품목을 받았

네로 황제의 선물 품목은 다른 황제에 비해 유독 풍성했다. 곡물을 비롯하여 여러 종류의 음식은 물론 옷, 금, 은, 진주, 그림, 노예, 가축, 맹수, 심지어 배, 공동주택, 농지까지 나누어주었다. 도미티아누스 황제 또한 원로원 의원과 기사들에게는 빵 바구니를, 일반 시민들에게는 도시락을 주었다. 하드리아누스 황제도 음식, 옷, 동물을 작은 공에 적어 던졌다.

전차 기수에게는 죽음의 공포를 안겨주는 동시에 돈과 인기라는 세속적인 보상이 주어졌다. 훈련과 긴장에 대한 대가였다. 그리고 위험한 경주로 인한 죽음의 공포에 대한 대가였다. 관중은 그런 기수의 긴장과 죽음을 즐겼다. 경주 후 주최자가 베풀어주는 경품까지 받았다면 금상첨화였다. 최고의 하루를 보낸 셈이었다. 전차 기수와 로마 관중은 각자의 역할에 맞는 즐거움을 누린 하루였다.

전차 경주와 경품 행사까지 끝나면 해질녘이 되었다. 하루 24회의 경주에서 각 경주당 10분으로 잡아도 총 4시간이 걸린다. 여기에 행진 의식, 경주 준비 시간, 경주 사이사이의 운동 경기, 곡마사 경기, 춤 등을 삽입하고 시상식과 경품 행사까지 하면 시간은 더 걸린다. 이 정도면 하루의 여가로 충분한 구경거리다. 경주 후 사람들이 일시에 경기장을 우르르 몰려나왔다. 그들은 집으로 가거나 흥분의 여운을 맛보기 위해, 저녁 허기를 달래기 위해 선술집을 찾기도 했다. 선술집에서는 승리한 곽티오의 지지자들끼리 상당히 시끄럽게 떠들었다. 사람들은 밤까지 경주 내용, 말의 상태, 기수의 기술에 대해 떠들었다. 그날그날의 경주에 따라 명성과 인기를 잃어버리는 기수도 있고, 새로운 스타가 떠오르기도 했다. 역전할 때의 순간을 반복해서 기억하기도 하고, 유명한 전차 기수의 버릇을 흉내 내기도 했다.

패자의 지지자들은 조롱을 받거나 비웃음을 당했다. 멸시를 당하고 주눅이 들었다. 또 어떨 때는 스스로 통제할 수 없어 싸움질을 하기도 했다. 그들은 서로 몽둥이로 때리고, 칼이나 돌을 던지고, 신체와 재산에 심각한 손상을 입히기도 했다. 로마시에 주둔하는 근위대와 로마시 수비대가 질서를 회복하기 위해 간섭하기도 했다. 근위대가 제1보병대에서 제9보병대까지 있고, 로마시 수비대가 제10보병대에서 제12보병대로 편성되어 있다. 500명으로 구성된 보병대가 12개 있으므로 전차경기장과 그 인근에서 벌어지는 사소한 소요는 막을 수 있었다. 군대의 출동으로 곽티오 지지자들끼리의 작은 언쟁은 진압되었고, 모임은 자연스럽게 강제 해산되었다. 전차 경주로 웃고 울던 하루는 그렇게 지나갔다.

1.
팍티오와 관중의 관계

관중의 동질감

\

검투사 경기는 양성소 대항이 아니라 동일 양성소 출신의 검투사들이 여러 유형으로 싸우다보니 개별 검투사에 대한 관중의 지지도가 높았다. 반면 전차 경주는 팍티오 중심으로 운영되고 팍티오끼리의 대항이다보니 팍티오에 대한 관중의 지지도가 상당했다. 팍티오에 대한 지지가 경기장에서 얼마나 발산되는가의 문제를 해결하는 데 있어 좌석 배정이 중요한 열쇠를 제공한다. 기수보다 팍티오에 대한 열정이 더 강했던 상황에서 좌석 배정을 어떻게 하느냐에 따라 관중이 집단행동을 할 수 있는지 아닌지가 가려지기 때문이다.

좌석 문제에서 중요한 것은 지지하는 팍티오별로 앉을 수 있었는가 하는 것이다. 외관상 어느 팍티오를 지지하는지 모른다면 동일 팍티오를 지지하는 사람들끼리 모여서 앉기 어렵다. 지지 팍티오가 다른 사람들끼리 앉아 있다면 옆 사람과 같은 감정을 공유하거나 같은 행동을 하기 쉽지 않다. 결론은 같은 팍티오를 지지하는 사람들이 함께 앉을 수 있었을 뿐 아니라 어느 팍티오를 지지하는지도 한눈에 알아볼 수 있었다는 것이다. 관중이 지지하는 팍티오를 상징하는 색깔이 들어간 투니카를 입고 있거나 그 색깔의 천을 흔들었기 때문이다. 또 부모들은 자신이 좋아하는 팍티오의 색깔이 들어간 옷, 가령 '녹색 가슴받이_viridem thoraca_'를 아이들에게 걸쳐주었다.

6세기 초 청색과 녹색 팍티오에 대한 지지가 과열되다보니 상대 팍티오가 차지한 좌석을 구매하는 일이 일어났다. 상대 팍티오의 단결력을 저해하기 위해 좌석을 구매하는 것은 당시 새롭게 나타난 현상이었다. 이 역시 동일 팍티오를 지지하는 사람들이 모여 앉는 것이 관행이었음을 알게 한다. 따라서 좌석 배정으로 볼 때 같은 팍티오를 지지하며 같이 앉은 관중들끼리의 동질감은 상당히 높았다.

대경기장 바깥에서부터 자신이 지지하는 팍티오가 승리하리라는 것을 공언하는 사람도 있었다. 2세기 녹색 팍티오를 지지하는 어떤 부자는 야생 새들을 잡아 머리에 녹색을 칠해서 우리에 가두었다. 그는 사람들에게 우리에 갇힌 새들을 보여주면서 자신이 지지하는 녹색 팍티오의 기수들이 승리하면 이 새들을 사람들이 보는 앞에서 풀어줄 것이라고 말했다. 경주를 보지 않은 사람도 녹색 팍티오가 승리했다는 것을 알 수 있게 하겠다는 의지였다. 그만큼 열성적인 팍티오 지지자들은 자신과 팍티오를 동일시했다.

내기

\

좌석 배정과 함께 관중들의 동질감과 몰입도를 높이는 또 다른 요소는 관중들이 경주를 보면서 내기를 했다는 점이다. 전차 경기장이 원형경기장보다 관중 수가 많고, 경주도 더 자주 열렸기 때문에 내기 금액도 훨씬 컸다. 트리말키오의 연회에서 주인과 손님이 녹색 팍티오가 우승할 확률을 놓고 내기를 했다.[84] 내기에서 이기기 위한 비합리적인 추측이 난무했다. 경주가 열리기 수일 전에 사람들은 점성가를 찾아가 별들을 관측하여 경주 결과를 예측해주기를 요청했다. 이러한 목적의 행성 관측 결과는 13세기의 한 기록에 등장한다.

> 당신은 달이 녹색 팍티오를 돕고, 태양이 홍색 팍티오를, 토성과 금성이 청색 팍티오를 지원한다는 사실을 알아야 한다. 만일 태양이 금성과 정확히 결합하는 순간 청색 팍티오 소속의 전차 기수가 경주에 나서면 무조건 승리할 것이다. 만일 태양이 화성과 결합한다면 승리는 녹색 팍티오의 것이다. 왜냐하면 화성은 녹색 팍티오를 돕기 때문이다. 만일 목성이 바로 머리 위에 있으면 청색 팍티오가 확실히 승리한다. 특히 달이 빛을 잃는 순간이라면 더욱 그렇다.[85]

내기에 돈을 건 관중이 먼 곳에 살 때 그들은 경주 결과를 듣기 위해 어느 정도 기다려야 했다. 공화정 후기 카이키나라는 사람은 사두 전차를 소유한 부유한 기사였고, 제정기에는 원로원 계층이 되었다. 그는 로마시에서 남쪽으로 200킬로미터 떨어진 볼라테라 출신이었다. 그는 고향에 있는 동료 시민들이 로마시에서 벌어진 경주의 결과를 듣기 위해 기다려야 한다는 사실을 알고 내기 결과를 빨리 전해주고 싶었다. 그는 제비를 잡아 승리한 팍티오의 색깔을 칠한 후 고향에 있는 친구들에게 결과를 전하고 둥지로 다시 돌아오게 훈련시켰다. 제비 덕분에 고향의 동료들은 경주 결과를 빨리 알 수 있었다.

테르툴리아누스는 내기에 열광하는 관중의 모습을 비난했다.

모든 열정적인 흥분이 금지되었기 때문에 우리 성도는 모든 종류의 구경거리, 특히 그러한 흥분이 적절한 요소로 취급되는 전차 경주를 볼 수 없었다. 이미 그러한 강렬한 감정에 휩싸이고, 이미 떠들썩하고, 이미 열정에 사로잡힌 채 내기에 동요하는 사람들을 보라. 그들은 공동의 광기에 한마음으로 소리쳤다. 그들의 맹목성에 대한 가장 분명한 증거가 있다. 그들은 흰 수건을 경주의 시작을 알리는 '신호 천'으로 생각했지만, 그것은 높은 곳에서 거꾸로 던져진 악마와 닮았다. 그 결과 분노, 열정, 불화가 뒤따랐다. 경주의 재미에는 평화를 위해 헌신하는 사람들이 절대 빠져서는 안 된다. 저주와 비난이 난무하고, 갈채의 외침이 있다. 이 모든 일에 참여하는 사람들은 스스로 그것을 얻기 위해 무엇을 해야 하는가? 그들의 사랑은 쓸모없는 것이고, 증오는 부당하다. 하느님은 원수를 사랑하라고 하셨다. 하느님은 우리가 저주하는 것을 금하셨다. 하느님의 성도 가운데 그 광기를 다른 곳으로 옮겨가면 그곳도 경기장처럼 보일 것이다. 그러나 그들이 경기장 어디에도 없다면 거기에는 광기도 없을 것이다.[86]

구경거리에 부정적이었던 기독교 사가의 글이니만큼 약간의 과장은 있겠지만 경주가 시작되면 관중들이 상당히 흥분한다는 것은 사실이었다. 관중은 경주 자체의 재미와 경주에 돈을 거는 내기 관행으로 인해 경주에 대해 높은 몰입도와 열정을 보여주었다. 개개 전차 기수와 말에게 내기를 거는 것은 극소수였고, 대개는 팍티오에 걸었다. 최고의 기수와 말을 보유하고 있는 청색과 녹색 팍티오는 승리의 가능성이 컸기 때문에 배당금이 적었다. 홍색과 백색 팍티오는 승리의 가능성이 낮아 배당금이 6배까지 치솟았던 적도 있었다.

유베날리스는 자신의 휴식을 방해하는 경기장의 함성, 내기에 빠진 젊은이들을 묘사했다.

로마시 전체가 경주를 보려는 군중들로 붐볐다. 녹색 팍티오가 이겼다는 함성이 귀청을 찢을 듯했다. 왜냐하면 녹색 팍티오가 패하면 로마는 집정관들이 칸나이의 먼지 속으로 사라진 것처럼 미치고 실망하기 때문이다. 그런 광경은 소리치는데 걸맞고, 예쁜 아가씨와 함께 대담하게 내기하는 젊은이들을 위한 것이다. 나의 쭈글쭈글한 피부는 봄 햇빛을 마시는 것이 더 낫다.[87]

기대했던 녹색 팍티오가 지면 칸나이 전투에서 로마 군인 5만 명이 사망했을 때처럼 엄청나게 절망한다는 말이다. 관중은 좋아하거나 돈을 건 팍티오가 지는 것을 국가가 망한 것처럼 생각했다. 극적인 승부를 보여주는 전차 경주에 자신의 돈까지 걸려 있으니 더 열광할 수밖에 없었다. 돈을 걸었던 말이 역전승하자 기절하는 사람도 있었다. 15만 명이 외쳐대는 함성은 사람을 열정에 사로잡히게 하고, 흥분시키고, 급기야 이성을 잃게 한다. 기수의 죽음도, 파괴된 전차도 눈에 들어오지 않고, 오직 승리자가 누구인가에만 관심을 가졌다. 지지하는 팍티오의 승리가 곧 자신의 승리였다. 자부심과 함께 돈이 들어오기 때문이었다. 로마인은 그렇게 하루의 몰입으로 삶의 고통을 잊고 싶었고, 잊은 듯이 보였다.

저주 서판

\

관중이나 전차 기수들은 전날 밤잠을 잘 수 없었다. 경주 결과에 대한 예상으로 이 생각 저 생각을 하다보면 잠은 저만치 달아나기 일쑤였다. 승리에 대한 열망을 넘어 집착하는 관중이나 기수는 불안감을 없애줄 행동에 나섰다. 인간의 힘으로 할 수 없다면 신의 힘을 빌리는 것도 한 방법이었다. 그들은 주술사를 찾아가 데몬 신에게 상대 팍티오에게 저주를 내려달라고 부탁했다. 주술사는 상대 팍티오의 기수들

△ 라틴어로 쓰인 저주 서판. 저주 서판은 유럽 전체에서 유행했다.

이 다치거나 죽기를 바라는 글을 납으로 만든 서판에 써주었다. 저주 서판을 받아든 사람들은 이것을 출발문 밑이나 경기장에 몰래 묻었다. 저주 서판은 엄청난 심리적 안정감을 가져다주었다. 서판에 쓴 대로 상대 팍티오에는 저주가, 자신의 팍티오에는 승리가 주어질 것 같았기 때문이다. 현실이 서판의 내용과 달라도 상관없었다. 이번이 아니라면 다음번에는 저주의 효과가 있을 것이라는 막연한 기대만으로도 만족했다.

저주를 기원하는 서판은 '마법 서판*tabella defixionis*'이라 불리는데, 이 것은 상대편 기수와 말의 이름을 적어 넘어지거나 사망하기를 기원하는 도구였다. 북부 아프리카의 하드루메툼에서 출토된 서판이 그 좋은 예다.

나는 당신이 누구이든지, 데몬 신 당신에게 요구합니다. 나는 이날, 이 시간, 이 순간부터 당신이 녹색 팍티오과 백색 팍티오의 말들을 고문하고 죽이기를 요청합니다. 또 그들 팍티오의 기수인 클라루스, 펠릭스, 프리물루스, 로마누스가 사고로 죽기를 요청하고, 그들의 신체가 더 이상 숨 쉬지 않고 떠나기를 요구합니다.[88]

서판에서 녹색과 백색 팍티오를 저주한 것으로 보아 서판을 쓴 사람은 청색과 홍색 팍티오의 지지자일 것이다.

다음 글은 3세기 카르타고의 한 무덤에서 나온 것으로 납에 새겨진 저주 서판이다. 어떤 지지자가 상대 팍티오의 말과 기수에게 불행이 있기를 기원하는 글이다.

저는 죽은 자의 정령인 당신에게 기원합니다. 말들을 묶어주소서. 그 말들의 이름과 모습을 당신에게 맡기겠습니다. 홍색 팍티오에 속하는 말들의 이름은 실바누스, 세르바토르, 루에스, 제피루스, 블란두스, 임브라이아우스, 디베스, 마리스쿠스, 라피두스, 오리엔스, 아르부스투스 등입니다. 청색 팍티오에 속하는 말들의 이름은 임미넨스, 디그누스, 리논, 파이존, 크리사스피스, 아르구투스, 디레소르, 프루기페루스, 에우프라테스, 산크투스, 아이티오프스, 프라이클라루스 등입니다.

이 말들의 달리기, 힘, 영혼, 돌진, 속도를 묶어주소서. 그들의 승리를 빼앗아주시고, 그들의 발을 얼어붙게 만들어주시고, 그들을 방해해주시고, 그들의 두 다리를 묶어주소서. 그래서 내일 아침 경기장에서 그들이 달리거나 걷지 못하게, 승리하거나 출발문을 박차고 나가지 못하게, 경주로를 뛰어나가지 못하게 해주소서. 그들이 기수들, 즉 텔레스포로스의 아들 에우프레페스, 펠릭스, 디오니시오스, 라무로스를 떨어뜨리게 해주소서.

기수들의 손을 묶어주소서. 그들의 승리, 그들의 돌진, 그들의 시야를 빼앗아주소서. 그래서 그들이 자신과 경쟁하는 전차 기수를 볼 수 없게 해주소서. 그들을 전차에서 끌어내 내동댕이쳐주소서. 그들이 전차에서 떨어져 경기장을 이리저리 끌려다니게 해주소서. 특히 반환점에서 그들의 신체와 그들이 모는 말에 손상을 가해주소서. 제발 빨리요.**89**

누가 썼는지 알 수 없는 위의 서판은 녹색과 백색 팍티오를 지지하여 홍색과 청색 팍티오에게 저주를 퍼부은 글이다. 죽은 자들의 신에게 이런저런 이름의 말들을 묶어두기를, 기수 누구누구의 능력을 제한해주기를 요구했다. 반환점에서 다치게 해달라는 섬뜩한 저주 서판이 상당히 많았다. 그만큼 자신이 좋아하는 팍티오의 승리와 싫어하는 팍티오의 패배가 중요했다.

기독교가 전파된 후 기원의 대상이 이교 신에서 하느님으로 바뀌었을 뿐 저주의 내용에는 변함이 없었다.

나는 신성한 천사와 신성한 이름인 당신에게 요청드리니 신비로운 기도의 힘이 나타나게 해주소서. 내일 로마시의 경기장에서 전차 기수인 에우케리우스를 묶어놓으소서. 그를 옭아매소서. 그를 떨어트려 상처 입게 하소서. 그를 파괴하소서. 그를 죽이고 으스러뜨리소서. 출발문이 제때 열리지 않게 하소서. 그가 경주로에 빠르게 들어서지 못하게 하소서. 그가 다른 사람을 앞지르지 못하게 하소서. 그가 제때 방향을 바꾸지 못하게 하소서. 그가 칭찬을 받지 못하게 하소서. 그가 선두에서 달리지 못하게 하소서. 그가 하위권에서 빠져나오지 못하게 하시고, 다른 사람을 앞지르는 대신 충돌하게 하소서. 이른 아침 경주에서, 또 나머지 경주에서 그가 당신의 힘에 의해 묶여 있는 모습, 충돌하는 모습, 그가 경기장 밖으로 끌려나가는 모습을 보여주소서. 지금 당장, 빨리, 빨리.**90**

저주 서판들은 상대에 대한 비이성적인 저주를 표현하는 동시에 자신이 지지하는 팍티오에 대한 무조건적이고도 무한한 사랑을 드러낸 것이다. 관중은 팍티오의 확고하면서도 변치 않는 지지자였다. 자신이 좋아하는 기수의 장례식에서 자살할 정도로 기수에게 몰입하는 관중도 있었지만, 대개는 좋아하는 전차 기수가 소속 팍티오를 이적하더라도 지지하는 팍티오를 바꾸지 않았다. 소플리니우스Gaius Plinius Secundus(61~113?)는 수천 명의 성인이 말의 속도나 전차 기수의 기술이 아니라 단지 색깔에 매료될 뿐이고, 색깔을 사랑할 뿐이라는 사실에 놀랐다고 했다. 전차 기수가 색깔을 바꾼다면 그들은 지지자를 바꾸고, 자신들이 외쳤던 기수와 말도 바꾸었다. 색깔에 대해 과도하게 몰입한다는 것이다.[91] 관중은 자신이 좋아하는 팍티오가 졌을 때 칸나이에서 먼지를 뒤집어쓴 그날처럼 실망하고 낙담했다. 그들은 구경거리에서 원하는 결과가 나오지 않는 것을 한니발에게 대패하여 국운이 절체절명의 순간에 있었던 칸나이에서의 패전과 비교할 정도로 심각하게 받아들였다.

2.
사가들의 기록과 관중의 폭력성

로마인, 훌리건이 되다
\

몰입도와 지지도가 강한 관중이 같은 팍티오를 지지하는 사람들과 함께 앉아 경주 양상에 따라 환호와 탄식을 내질렀다. "마음을 빼앗긴 관중" "목이 쉬도록 외쳐대는 관중" 상대편에게 "끔찍한 저주의 말들을 퍼붓는 관중"으로 인해 경기장의 열기는 더욱 달아올랐다. 치열한 경쟁 관계에 있는 팍티오끼리의 경주를 보고 있다는 것, 같은 감정을 공유하는 사람끼리 함께 앉아 있다는 것, 관중이 흥분 상태에 있다는 것이 경기장의 진실이다. 이런 상황이 관중의 집단행동을 자극하는 정황 증거다.

원로원 의원이든 해방 노예든 상관없이, 지지하는 팍티오가 상대 팍티오의 기수에게 밀리고 있을 때 흥분의 강도는 상상을 초월했다. 중앙분리대 안쪽의 유리한 노선을 선점하려고 엎치락뒤치락할 때면 목이 터질 정도로 소리치면서 응원한다. 응원하는 소리가 기수에게 들려 더 분발해주기를 바라는 마음이었다. 자신의 외침이 마치 원하는 결과를 가져오기라도 한다는 듯이 목젖이 다 보일 정도로 소리치고 또 소리쳤다.

관중은 안다. 자신이 온 힘을 다해 외치는 소리가 기수에게 힘을 실어주지만 스스로의 고달픈 현실을 잊게 만드는 효과도 있다는 것을. 일거리를 찾아 거리를 헤매던 어제를 망각하게 하고, 돈을 빌려 세금을 내야 하는 궁핍한 내일을 고민하지 않게 만든다. 경기장을 나서면 초라한 오늘이 기다리고 있다는 것을 알지만 누구도 경기장 바깥의 삶은 말하지 않는다. 마치 경기장이 현실과 환상을 나누는 경계선이기라도 한 것 같았다. 그래서 4세기의 역사가인 암미아누스Ammianus Marcellinus(330~400?)가 대중이 가장 큰 희망을 걸고 있는 곳은 바로 대경기장이라고 한 것이다.

현실의 고통이 깊을수록 관중은 경주에 몰입했다. 현실 세계로 나가기 싫은 몸부림이 기수에 대한 열렬한 환호로 나타났다. 지지하던 기수가 승리하지 못하면 깊은 절망감에 빠졌고, 그 절망감은 분노를 낳았다. 분노는 승리한 기수를 응원하는 관중에 대한 적대감으로 표출되었다. 되는 일이 하나도 없는 현실이 경기장에서도 반복되니 울화가 치밀 수밖에 없었다. 훈련을 제대로 하지 못한 기수, 작전을 잘못 짠 팍티오의 수장에게 패배의 원인을 묻고 싶었으나 그들은 지금 옆에 없다. 화가 나고 우울한 관중에게 가장 먼저 눈에 띄는 것은 옆 사람이었다. 옆 사람이 자신과 달리 원하는 결과를 얻어 환호하고 있다면 분노의 지수는 더 올라갔다. 옆의 관중이 자신의 불행에 대한 핑곗거리를 제공해주었다. 자신이 처해 있는 모든 상황이 옆 관중의 탓이기라도 한 것처럼 쏘아보았다. 울분을 토해내고 싶은 관중과 흥분으로 자제력을 상실한 관중은 사소한 부딪힘에도 시비가 붙었다.

사가들의 시각

\

고대 상류층 사가들은 전차 경주에 대한 자신들의 무관심과 하층민의 몰입을 대비시켰다. 제정기의 사가들은 빈도의 차이는 있지만 대부분 전차 경주에 대해 언급했다. 전차 경주에 대해 15번 언급한 마르티알리스는 흔히 우호적인 견해를 가진 것으로 여겨진다. 그는 팍티오의 다양한 색깔과 열광하는 관중, 대경기장의 광경, 말과 기수의 이름을 기록했다. 하지만 그가 자신의 가난한 상황과 성공한 전차 기수의 보수를 비교할 때, 또 대다수 사람이 시에 관한 관심은 낮으면서 전차 경주에 열광하는 상황에 대해서는 부정적인 시각을 넘어 분노하기까지 했다.

페트로니우스Gaius Petronius(27?~66)와 수에토니우스는 강도가 약하기는 하지만 전차 경주에 대해 부정적인 견해를 지녔다. 페트로니우스는 검투사 경기에 대해 많이 이야기했으나 전차 경주에 대해서는 세 번 정도 언급했을 뿐이다. 그는 검투사, 기수, 배우에 관한 이야기에서 전차 경주에 대해 어떠한 견해도 제시하지 않은 듯 보인다. 그러나 검투사, 기수, 배우 같은 비천한 사람들을 경멸한 것, 청색 팍티오 지지자가 내기를 거는 이야기 속에는 전차 경주 자체를 긍정적으로 보지 않는다는 의미가 내포되어 있었다. 황제들이 개최한 다양한 구경거리에 대해 많은 기록을 남긴 수에토니우스는 구경거리 자체에 대해 어떤 생각을 하고 있는지 잘 표현하지 않았다. 그러나 칼리굴라와 네로 황제가 전차 기수로 행동하는 것을 비난하고, 청색 팍티오를 지나치게 좋아하는 비텔리우스 황제의 결점을 언급한 것을 볼 때 그가 공적인 구경거리를 경멸하고 있음을 짐작할 수 있다.

전차 경주에 대해 강한 거부감을 드러낸 대표적인 역사가는 유베날리스, 소플리니우스, 타키투스, 세네카Lucius Seneca(기원전 4?~65) 등이다. 사람들이 '빵과 경주'만을 갈망한다는 말에서 알 수 있듯이 유베날리스는 전차 경주에 대해 상당히 냉소적이었다. 여가에 경기장보다 햇볕을 쬐는 것이 더 낫다고 할 정도였다. 또 마르티알리스의 주장과 같이 학식 있는 사람들이 어렵게 사는 데 반해, 성공한 기수가 많은 돈을 버는 것에 분개했다.

소플리니우스는 팍티오에만 관심을 가지는 관중의 광신을 비난했다. 그에 따르면, 전차 경주에 대한 열정은 신분을 초월하는 것이었다. 그는 어떤 원로원 의원이 손을 다쳤을 때 수사학은 평소처럼 가르칠 수 없다고 하면서 경기장은 방문한 것에 한탄했다. 소플리니우스는 일반인들이 그런 비이성적인 행동을 보이는 것은 어느 정도 이해할 수 있으나 위엄이 있는 사람들조차 곽티오에 열광하는 것을 못마땅해했다. 그는 사람들이 단조롭고 재미없는 전차 경주에 매료되는 이유를 이해할 수 없다고 말했다.

전차 경주가 시작되었다. 이것은 나에게는 조금도 관심이 없는 종류의 구경거리다. 새로울 것도, 특이할 것도 없다. 한 번도 본 적이 없는 광경을 볼 가능성은 전혀 없다. 그래서 수천 명의 사람이 달리는 말을 그렇게 아이 같은 표정으로 보고 또 보고 싶어 하고, 전차 위에 올라탄 기수를 보고 싶어 한다는 사실에 나는 놀란다. 그들이 말의 속도나 전차 기수의 기술에 매료된다면 의미가 있을 것이다. 그러나 그들은 단지 색깔에 매료될 뿐이고, 색깔을 사랑할 뿐이었다. 만일 같은 경주에서 혹은 경주 중간에 전차 기수가 다른 색깔로 바꾸면 기수에 대한 그들의 열정과 지지도 바뀐다. 그들은 유명한 기수와 말, 그들이 외쳐댔고 인정했던 이름을 갑자기 버려버린다. 이 가치 없는 투니카의 인기와 지배력이 그런 것이다. 나는 대중이 투니카의 색깔보다 더 가치 없어서 무시한다. 나는 영향력 있는 사람들도 이 헛되고, 어리석고, 단조로운 경주에 만족하지 못하고 오랫동안 앉아 있다고 생각한다. 나는 이 쾌락에 사로잡히지 않았다는 것에 일종의 쾌락을 느낀다. 요즘 나는 다른 사람들이 가장 게으른 직업에 낭비한다는 바로 그 문학으로 나의 여가를 아주 즐겁게 보내고 있다.[92]

소플리니우스는 기수들과 같은 색깔의 투니카를 입는 사람 중에 아주 저명한 사람도 있다는 사실을 개탄스러워했다. 그러면서 자신은 그런 즐거움에 빠지지 않은 것에 감사하고, 경기장에 가는 대신 문학 활동으로 여가를 보내는 것이 더 낫다고 했다.

타키투스에 따르면, 배우, 검투사, 말에 열광하는 것은 로마인이 가지고 있는 특별한 단점이었다. 그것에 열광하면 지적인 활동을 추구할 여유를 가질 수 없으므로 그런 구경거리는 악이라고 했다. 그는 "경기장과 극장을 어슬렁거리는 부도덕한 평민"에 대해 냉소적이었다. 그에게 경기장과 극장은 대중을 가장 방종하기 쉬운 존재로 만드는 곳, 병사들을 타락시키는 곳이었다.

구경거리에 열광하는 대중을 가장 신랄하게 비난한 사람은 세네카였다.

> 당신은 나에게 '특별히 피해야 한다고 생각하는 것이 무엇인가?'라고 물었다. 나의 대답은 대중이다. 대중과 어울리는 것은 해롭다. 우리에게 어떤 해도 가하지 않는 사람은 없고, 우리와 얽힌 사람이 많으면 많을수록 위험도 더 크다.[93]

세네카에 따르면, 감각적이고 쉽게 영향을 받는 사람, 즉 옳다는 것을 지지할 만큼 매우 확고하지 않은 사람은 대중과 떨어져 있어야 했다. 왜냐하면 그 사람은 쉽게 자신을 저버리고 대중의 편에 서기 때문이다. 그런 사람들에게 대중과 섞이는 검투사 경기나 전차 경주는 피해야 할 구경거리였다. 훌륭한 인물은 폭력성을 띠는 대중과 함께 하는 그런 구경거리에 빠지지 않아야 했다. 구경거리에 빠지면 지적인 추구에 관심을 두지 않게 되고, 더 위험한 것, 더 나쁜 것에 몰두하게 된다는 것이다. 또 그는 즐거움을 가장 쓸모없는 악이라고 주장했다. 미덕은 높고 침범할 수 없는 것인데 반해, 즐거움은 낮고 허약하고 몰락하기 쉬운 것이기 때문이다. 따라서 현명한 사람은 즐거움을 추구하지 않아야 하고, 진정한 즐거움은 즐거움을 경멸하는 데 있었다.

고대 사가들은 대중을 현혹하는 전차 경주가 대중을 무한히 끌어들이는 재미있는 구경거리라는 점을 인정하지 않을 수 없었다. 강약은 다르지만, 그들은 모두 전차 경주에 무절제하게 빠져들고 흥분하는 대중을 비난했다. 전차 경주가 대중을 타락시키고 폭력적으로 만들 뿐 아니라 지적인 활동을 못 하게 하는 구경거리라는 것이었다. 이 때문에 자신들은 대중과 단순한 즐거움을 공유하기를 꺼리면서 전차 경주를 즐기지 않으려는 태도를 보였다. 경주를 보면서 게으르게 앉아 있는 것보다 더 가치 있는 일을 해야 했다.

검투사 경기의 폭력성과 비교
\

구경거리에 대한 고대 사가들의 기록에서 이상한 점은 역사가들이 전차 경주에 대해 부정적인데도 불구하고 경기장에서 관중들끼리의 폭력 사건을 기록하지 않았다는 것이다. 물론 기록이 없으므로 관중들끼리의 폭력 사건이 없었다고 결론짓는다면 간단하다. 그러나 팍티오끼리 경쟁하고, 팍티오에 대한 열정과 단결력이 있어서 집단행동을 할 가능성이 다분한 상황을 고려한다면 그런 결론은 쉽게 이해되지 않는다.

역사가들이 폭력성에 관심을 두는 것은 전차 경주가 아니라 검투사 경기였다. 스파르타쿠스의 반란(기원전 73~기원전 71)에서 보듯이 날카로운 무기로 싸우는 검투사들이 경기장을 벗어날 때는 로마에 위협적인 존재가 되었다. 원형경기장에 군인들을 배치하는 목적은 검투사의 반란을 감시하기 위해서였다. 하지만 관중의 폭력성도 무시할 수 없었다. 관중의 폭력성을 보여준 사건은 59년에 일어난 폼페이 폭동 사건이다. 검투사 경기 도중에 벌어진 누케리아와 폼페이 주민 간의 난투극은 검투사 경기의 과열 양상을 보여주었다.

폼페이 사건의 발단은 사소했다. 원로원에서 추방된 리비네이우스라는 사람이 폼페이에서 경기를 개최했다. 누케리아와 폼페이 두 지역의 주민 모두 성격이 급하고 경기에 열정적이었다. 그들은 앉은 상태에서 서로를 향해 조롱과 야유를 주고받다가 욕설까지 하게 되었다. 그다음에는 서로에게 돌을 던지다가 급기야 칼부림하기에 이르렀다. 경기 개최지가 폼페이였기 때문에 폼페이 주민들이 수적으로 많았다. 당연히 싸움도 폼페이 주민들에게 유리하게 돌아갔다. 누케리아 주민들

△ 59년 폭동을 묘사한 폼페이 벽화.

상당수가 손발이 절단되는 심각한 상처를 입었고, 사망자가 속출했다. 이 사건에 대한 조사는 원로원에 위임되었다. 원로원은 다음과 같이 결정했다.

폼페이 주민들은 향후 10년 동안 폼페이 공동체의 이름으로 유사한 집회를 개최하는 것을 금지하고, 불법으로 조성된 조합들도 해산하라. 그리고 경기를 개최한 리비네이우스와 폭동을 선동한 자들은 모두 추방한다.

폼페이에 남아 있는 알레이우스의 광고문은 59년의 폭동 이전과 이후의 상황을 대변해준다. 알레이우스가 5년 임기직에 재직하던 55년에는 검투사 경기를 개최할 수 있었다.

5년 임기직에 재직하는 알레이우스가 개최하는 경기에서 30쌍의 검투사들과 그들을 대체할 싸움꾼들이 12월 칼렌데스 전 8일째 날, 7일째 날, 6일째 날(11월 25~27일)에 폼페이에서 싸운다. (당시의 유명한 검투사인) 엘리우스도 나오고 야생동물 사냥 경기도 열릴 것이다.

알레이우스가 검투사 경기와 야생동물 사냥 경기를 개최한다는 사실을 광고했다. 59년의 폭동 사건으로 경기를 개최하지 못하게 된 지 10년이 지난 69년 금지령이 풀렸다. 이때 사제가 된 알레이우스가 '지체하지 않고' 경기를 개최한 것이다.

제단을 봉헌하면서 베스파시아누스 황제와 그의 아이들의 건강을 위해 황제의 사제인 알레이우스가 개최하는 경기에서 여러 쌍의 검투사가 7월 노네스 전 4일째(7월 4일)에 지체하지 않고 폼페이에서 싸운다. 야생동물 사냥도 열릴 것이고, 살수기와 차광막도 준비되어 있다.[94]

검투사 경기가 번성했던 대표적인 도시인 폼페이에서 10년 동안 경기 개최 금지령이 내려질 정도로 관중들의 폭력성은 문제였다.

전차 경주에서 관중의 폭력성

\

　대경기장은 원형경기장보다 12배나 크다. 원형경기장에서는 소수의 검투사가 싸우기 때문에 큰 아레나가 필요 없었고, 관중이 중앙의 아레나에서 싸우는 검투사의 움직임을 파악하기 위해서는 작을수록 좋았다. 콜로세움 전체의 크기가 187×155미터에 아레나의 공간은 86×54미터다. 높이 52미터에 4층으로 되어 있었다. 고대 사료에는 수용 인원이 8~9만 명이라고 했으나 실제 크기를 보건대 좌석은 4만에서 4만 5000개이고 5000명은 입석으로 수용했던 것으로 평가된다. 당시 로마시 거주 인구 100만 명의 5퍼센트가 콜로세움을 찾았다. 로마시 인구 중 성년 남자 시민은 25만 명으로 추측한다. 콜로세움은 남자 시민의 20퍼센트만 수용할 수 있었다는 뜻이다. 물론 하루 일을 작파해도 좋을 만큼의 경제적 여력이 없는 가난한 하층민은 콜로세움에 가지 않았을 것이다. 그들의 자리는 여성, 아이, 해방 노예, 외국인들이 차지했다. 이와 비교하면 15~25만 명을 수용한 대경기장에서 폭력 사건이 일어날 가능성이 더 컸다.

　역사학자 만L. Mann에 따르면, 관중이 집단행동을 할 가능성을 알려면 규모, 밀도, 소음, 좌석, 구성 등 다섯 가지 측면을 고려해야 한다. 관중의 수가 많을 때, 관중 사이의 간격이 좁을 때, 관중들끼리 의사소통이 되어 시끄러울 때, 적극적이고 공격적으로 행동할 수 있도록 서 있을 때, 수동적·중립적 성향의 관중보다 열광적인 성향의 관중이

많을 때 집단행동의 가능성이 커진다는 것이다.[95]

만이 제시한 기준을 전차 경주에 대비시켜보자. 우선 경기장을 찾는 관중은 대규모였다. 숫자는 극장에서의 폭력 사건과 비교할 때 경기장에서 폭력 사건이 발생했을 가능성을 지지해준다. 기껏해야 1만 명이 참석한 극장에서 폭력 사건이 빈번했는데, 그보다 최소한 15배 이상 더 많은 15~25만 명이 찾는 경기장에서 폭력이 없었다는 것은 이해가 되지 않는다. 아니면 관중의 수가 많지만, 경비 병력도 많아서 관중을 잘 통제하여 폭력이 없었다고 볼 수도 있다. 9개의 근위대, 3개의 로마시 수비대, 7개의 소방대 등 로마시와 그 인근에 있는 병력은 각 대대를 500명씩으로 잡으면 9500명이 된다. 이들이 경기장 곳곳에 파견되어 관중을 잘 통제했다면 극장에서의 폭력 사건은 왜 일어났는가 하는 의문이 남는다. 적어도 15~25만 명을 잘 통제했는데, 기껏 극장에 있는 1만 명을 통제하지 못했다는 말이 되기 때문이다. 따라서 관중의 수나 극장에서의 폭력 사건과 비교할 때 경기장에서 폭력 사건이 있었을 개연성이 더 높다.

전차 경주가 인기 있는 구경거리인 만큼 많은 사람이 경기장을 찾았고, 자연히 조밀하게 앉아 있었다. 또 관중들이 한 공간에서 자신이 지지하는 팍티오의 승리를 위해 열정적으로 소리치고 물건을 던지면서 발을 쿵쾅거리고, 손뼉을 치고, 자신들이 좋아하는 기수의 이름을 외쳤다. 한 마디로 관중들끼리의 의사소통이 잘 되어 상당히 시끄러웠다는 말이 된다. 타키투스가 말에 열광한다고 비난할 정도로 팍티오에 대한 관중의 지지도가 높으므로 그 성향 또한 적극적이고 열성적이었다. 만의 기준을 전차 경주에 적용할 때 5가지 요인 중 4가지가 적합했다. 관중이 앉아 있다는 것이 만의 기준에 부적합하지만, 경주가 박빙일 때 관중이 일어서는 경향이 많다는 점을 고려하면 좌석 문제도 만의 기준에서 벗어났다고 볼 수 없다. 이는 그만큼 관중이 집단으로 행동할 가능성이 컸다는 것을 의미한다.

관중의 행동에 대해 의미심장한 기록들이 있다. 1세기 말에서 2세기 초에 활동한 그리스 연설가인 디온Dion Chrysostomos(40?~115?)은 극장과 경기장에서 벌어진 알렉산드리아인의 격한 행동에 대해 개탄했다.

그들이 극장이나 경기장에 들어섰을 때, 마치 자신들을 미치게 하는 약이 그곳에 묻혀 있기라도 한 것처럼 이전의 모든 의식적인 상태를 상실하고, 자신들에게 일어나는 어떤 일도 다 말하거나 행하는 것을 부끄러워하지 않았다. 끔찍한 구경거리가 끝나고 사람들이 떠날 때, 비록 그들의 무질서가 가진 더 폭력적인 측면이 사라졌다고 해도 여전히 거리 구석구석에서, 골목길에서 심각한 문제가 도시 전체에 며칠 동안 지속되었다. 강력한 대화재가 잦아들려고 할 때 우리는 연기뿐 아니라 일부 건물들이 여전히 불타고 있는 것을 오랫동안 볼 수 있었다. 그들은 소리치고, 고함친다. 그들은 서로에게 덤벼들고, 입으로 가장 무서운 저주의 말을 퍼붓는다. 그들은 전차 기수들에게 자신의 옷을 내던지고, 때

로는 경기장에서 완전히 나체로 돌아다닌다.[96]

디온의 글에서 극장이나 경기장에서의 폭력적인 상황과 그 주변에서 벌어지는 화재의 구체적인 내막은 알 수 없다. 하지만 알렉산드리아인이 구경거리를 대하는 자세는 짐작할 수 있다. 알렉산드리아인은 전차 경주를 보면서 상당히 흥분했고, 그 기분 그대로 거리를 돌아다니면서 과격하고 난폭한 행동을 서슴지 않았고 방화까지 자행했다.

2세기 말에서 3세기 초에 활동한 필로스트라투스Lucius Flavius Philostratus(170?~250?)는 철학자 아폴로니우스가 아나톨리아의 팜필리아와 킬리키아, 알렉산드리아를 여행하면서 본 상황을 기록했다.

그는 시민들이 팍티오로 싸우고 있는 도시에 올 때마다, 나서서 자신을 드러내면서 손동작이나 표정으로 비난하려는 의도를 보여 무질서를 종결지으려 했다. 춤과 말에 대해 팍티오로 싸우려는 사람들을 억제하기란 그렇게 어렵지 않다. 왜냐하면 그처럼 무질서한 사람들은 용맹한 사람에게로 눈을 돌리면 부끄러워하면서 자제하여 쉽게 제정신으로 돌아올 것이기 때문이다.[97]

알렉산드리아 사람들이 말에 헌신하고, 구경거리를 보기 위해 떼를 지어 경주로로 들어가서 서로 피투성이가 되기 때문에 그는 이런 문제들에 대해 그들을 상당히 비난했다.[98]

필로스트라투스는 팍티오로 인한 사건의 전후 사정을 구체적으로 기록하지 않았다. 그러나 그의 글에서 아폴로니우스가 활동한 1세기에 아나톨리아와 이집트 등지에서 사람들이 팍티오로 분열되었고, 이로 인해 싸움, 난동, 무질서가 난무했던 상황은 충분히 짐작할 수 있다.

디온과 필로스트라투스의 글에서 알 수 있는 것은 사람들이 팍티오로 분열되었다는 점, 경기장에서 싸우거나 난동을 부리고, 심지어 지지하는 팍티오 때문에 서로 상처를 입혔다는 점, 경주가 끝나고 흥분한 상태에서 거리 곳곳을 돌아다니면서 폭력과 방화를 저질렀다는 점이다. 이런 점들을 고려할 때 팍티오로 인한 관중의 폭력 행위는 제정기에도 심각할 정도였음을 알 수 있다.

전차 경기장에서 관중의 과격한 행동을 한마디로 정리한 역사가는 기독교 사가들인 테르툴리아누스와 아우구스티누스Augustinus Hipponensis(354~430)였다. 구경거리 자체에 대해 부정적인 그들은 경기장에서 보인 관중의 행동을 다음과 같은 말로 비난했다.

우리가 연설을 보고 듣는 것과 전차 경기장에서의 광기, 극장에서의 음란함, 원형경기장에서의 야만성은 무관하다.**99**

호도하는 노래, 가치 없는 구경거리, 극장에서의 다양한 부정, 경기장의 광기, 원형경기장에서의 잔인함은 악마를 기쁘게 한다.**100**

테르툴리아누스와 아우구스티누스에게 관중의 행동은 '광기'에 가까운 것이었다. 히에로니무스Eusebius Hieronymus(342?~420?)는 '경기장에서의 광기'라는 표현과 함께 '경기장에서의 격분'이라는 말도 했다. 기독교 사가들인 만큼 경기장에서의 광기나 격분이라는 말은 비난을 목적으로 한 표현이었다. 하지만 표현을 순화시킨다고 해도 관중들의 행동 자체를 부정할 수는 없다. 관중이 광기나 격분까지는 아니더라도 흥분과 열정으로 인해 폭력 사태가 발생했을 가능성은 충분히 유추해 볼 수 있다.

제위를 흔드는 팍티오의 경쟁

\

팍티오의 경쟁과 단결력은 로마 제국 후기 허약한 황제권을 흔드는 지경까지 이르렀다. 테오도시우스 2세 황제Theodosius II(402~450 재위)는 녹색 팍티오의 열렬한 추종자였다. 녹색 팍티오 지지자들은 자신들이 황제의 총애를 받고 있다는 것을 알고 경주 결과가 만족스럽지 못할 때는 소요를 일으켰다. 황제는 이를 진압한 후 녹색 팍티오를 계속 지지해야 할지 청색 팍티오로 바꿀지를 고민했다. 그는 녹색 팍티오에 대한 지지를 지속했다. 그의 후계자인 마르키아누스 황제Marcianus(450~457 재위)는 녹색 팍티오 지지자들과 공개적으로 대립했다. 황제가 자신들에게 호의적인 혜택과 대우를 주지 않는다면 반란을 일으킬 수 있다고 협박했기 때문이다. 황제는 이를 진압하고, 앞으로 녹색 팍티오 지지자들은 공직을 맡을 수 없다고 선언했다. 또 그는 테오도시우스 2세 황제의 신임을 받던 녹색 팍티오 후원자인 크리사피우스를 처형했다. 크리사피우스가 녹색 팍티오의 지지자들을 선동했다는 이유였다. 이제 황제의 지지를 얻은 청색 팍티오 지지자들이 목소리를 높일 수 있게 되었다. 이처럼 새 황제가 전차 경기장으로 가서 사람들이 보는 앞에서 인사해야 공식적인 황제로 인정받았다. 새 황제가 평상시 지지하는 팍티오가 어느 것이냐에 따라 열광할 수도, 야유할 수도 있었다. 황제는 녹색 팍티오나 청색 팍티오 중 하나의 지지와 신뢰를 얻어야 정치적인 안정을 꾀할 수 있었다.

이후에도 팍티오의 경쟁은 지속되었다. 동로마와 서로마를 번갈아 침략하여 로마 제국의 몰락을 재촉했던 훈족의 왕 아틸라Attila(434~453 재위)를 응징한 것은 아이티우스Flavius Aetius(391?~454)라는 군사령관이 있었기에 가능했다. 다뉴브강을 건너 동로마 지역으로 쳐들어간 아틸라는 몇 차례 전투에서 모두 승리하여 동로마의 테오도시우스 2세 황제에게 엄청난 돈을 받고 물러났다. 이후 갈리아의 부와 풍요로움에 매료된 아틸라가 갈리아 중심부를 공격하자 서로마 제국의 군대를 장악하고 있던 아이티우스는 여러 게르만족과 연합한 훈족을 라인강 너머로 패퇴시켰다. 또다시 침입한 아틸라를 로마 교황인 레오 1세Leo I(440~461 재임)가 설득하여 이탈리아에서 철수하게 했다. 철수 후 아틸라는 곧 죽었다.

이처럼 전세가 안정되자 서로마의 발렌티니아누스 3세 황제Valentin-ianus Ⅲ(425~455 재위)는 454년 귀족 출신인 아이티우스를 살해함으로써 자신의 제위를 유지해주던 근간을 파헤쳐버렸다. 야비하고 질투심이 많았던 황제는 명성, 부, 위엄, 야만족의 추종, 막강한 세력 등 모든 면에서 일개 신하 이상의 권위를 가지고 거만하게 행동하는 아이티우스를 싫어했다. 아이티우스가 격한 태도로 황실과의 결혼을 재촉하자 황제는 생애 처음으로 칼을 뽑아 그의 가슴 깊숙이 찔렀다. 100군데 이상 칼에 찔린 아이티우스는 황제 앞에 고꾸라져 죽었다. 물론 아이티우스가 황제의 경쟁자였던 아프리카 군사령관이 반역하게끔 선동한 점, 반역한 군사령관이 동조 세력으로 반달족을 끌어들임으로써 아프리카를 반달족에게 넘기게 되었다는 점에서는 비판의 여지가 많다. 하지만 그가 훈족의 아틸라를 격퇴하는 데 결정적인 공헌을 했던 것은 사실이다. 황제가 아이티우스를 죽였다고 자랑할 때 곁에 있던 어떤 사람이 유명한 대답을 했다.

잘한 일인지 잘못한 일인지는 모르겠지만, 오른손이 왼손을 자른 격이라는 것은 알겠다.

그의 사망으로 서로마 제국은 적을 물리칠 수 있는 능력 있는 군사령관, 로마인 중 최후의 군사령관이라고 일컬을 만한 인물을 잃었다.
455년 발렌티니아누스 3세 황제는 아이티우스 휘하의 장교였던 스키타이인 오프텔라스와 트라우스텔라스에게 암살되었다. 그들은 황제가 마르스 광장에서 활 연습을 하기 위해 말에서 내리자 공격했다. 황제가 죽자 청색 팍티오 지지자였던 로마시의 부유한 원로원 의원들은 원로원 의원인 페트로니우스Petronius Maximus(455 재위)를 황제로 추대했다. 페트로니우스가 제위에 대한 대가로 돈을 남발한 덕택이었다. 그는 반달족의 침입 소식이 전해지면서 공황 상태에 빠졌던 로마시를 벗어나려다 폭도들의 돌에 맞아 죽었다. 제위에 앉은 지 75일 만이었다. 폭도들은 주로 녹색 팍티오 지지자들이었다. 이들은 청색 팍티오 지지자들이 뽑은 황제를 용인할 수 없었다. 반달족은 로마시를 점령, 2주 동안 약탈했다. 이후 20년 이상 군중의 무질서, 팍티오의 경쟁, 군인들의 소요로 황제권은 약화되었고 제위 경쟁은 더 치열해졌다.

서로마 제국이 몰락한 후에도 동로마 제국에서는 팍티오의 단결력이 여전히 강했고, 정치에 적극적으로 개입했다. 수도는 이민족 왕, 고위 성직자, 원로원이 권력을 쟁취하기 위해 벌이는 투쟁으로 혼란스러웠다. 489년 제노 황제Flavius Zeno(474~475, 476~491 재위) 말기에 안티오키아에서 발생한 소요는 악명 높았다. 녹색 팍티오 지지자들이 살인, 교살, 폭력, 방화를 시도했다. 491년 제위에 오른 아나스타시우스 1세 황제는 전차 경주 자체를 싫어했고, 팍티오에 대한 지지를 표명하지도 않았다. 그는 오히려 허약했던 홍색 팍티오 지지자라고 선언했다. 이에 청색과 녹색 팍티오 지지자들은 분노하여 황제를 저주하면서 콘스탄티노폴리스 도시 곳곳에서 방화를 저질렀다. 경기장 일부가 불타기도 했다. 그 반란은 493년에도 지속되어 많은 주동자가 체포, 처형되었다. 498년 녹색 팍티오 지지자들이 방화와 약탈을 자행했다. 일부 주동자들이 체포되자 그들은 황제에게 죄수를 풀어달라고 요청했다. 황제가 거부하자 지지자들은 경기장에서 황제의 좌석 앞에 모여 황제에게 돌을 던졌다. 그들이 던진 돌 중 하나가 황제를 맞혔다. 황제의 근위대가 범인을 잡아 살해하자 그의 친구들이 분노하며 거리 곳곳에서 방화를 자행했다. 군대가 파견되어 많은 녹색 팍티오 지지자들이 살해되었다. 혼란은 501년에도 발생했다. 녹색 팍티오 지지자들이 갑자기 청색 팍티오 지지자들을 공격했다. 황제의 사생아를 포함하여 일부 청색 팍티오 지지자들이 살해되었다. 504년, 518년에도 경기장에서 팍티오들끼리의 폭력적인 사태가 반복되었다.

팍티오로 인한 무질서는 종교계도 예외가 아니었다. 아나스타시우스 2세 교황Anastasius Ⅱ(496~498 재임)이 죽은 뒤 로마시 성직자 대다수는 심마쿠스Symmachus(498~514 재임)를 새 교황으로 선출했다. 부유한 원로원 의원들은 그가 이교 출신이라는 이유를 들어 그를 반대했다. 그들은 일부 성직자를 설득해 라우렌티우스라는 이름의 성직자를 교황으로 선출하도록 했다. 이탈리아를 다스리던 동고트의 왕 테오도리쿠스 1세Theodoricus Ⅰ(475~526 재위)는 먼저 선출되었고, 많은 사람이 지지한다는 이유로 심마쿠스를 정당한 교황이라고 지지했다. 심마쿠스가 테오도리쿠스 왕에게 뇌물을 주어 교황으로 인정받았다는 소문이 나돌았다. 원로원은 여전히 심마쿠스를 거부했다. 마침내 로마시는 라우렌티우스를 지지하는 귀족적인 청색 팍티오와 심마쿠스를 지지하는 평민적인 녹색 팍티오 사이의 피비린내 나는 폭동으로 분열되었다. 녹색 팍티오가 승리하면서 심마쿠스가 교황으로 인정받았다. 이 사건은 정치적 혼란과 사회 분열이 팍티오의 경쟁이라는 형태로 표출된 것이다.

니카의 반란

\

5세기 이후에는 팍티오끼리의 경쟁으로 발생한 폭력 사건이 상당수 기록되었다. 이유는 황제들의 전폭적인 지지를 받는 팍티오와 그렇지 않은 팍티오와의 충돌 자체가 정치적 갈등을 내포하고 있었기 때문이다. 특히 대토지 소유자와 귀족들이 지지하는 청색 팍티오와 상공업자들의 후원을 받는 녹색 팍티오의 경쟁이 심했다. 청색 팍티오는 이탈리아 로마시의 오랜 전통을 이어받았다는 자부심이 강했다. 반면 녹색 팍티오는 동부의 부유한 상공업의 전통을 가지고 있었다. 청색 팍티오는 녹색 팍티오 지지자들을 벼락부자로 지칭했고, 녹색 팍티오는 청색 팍티오 지지자들을 과거의 기억에서 벗어나지 못하는 고리타분한 사람들로 치부했다. 이 두 팍티오는 황제의 지지를 업고 서로 주도권을 장악했다 놓쳤다를 반복했다.

청색 팍티오는 상류층에게, 녹색 팍티오는 평민과 속주민들에게 지

△ 테오도라 모자이크화

지를 받았으므로 팍티오의 경쟁이 바로 정치적인 갈등이었다. 허약한 황제권은 팍티오의 정치적 대립을 더욱 악화시켰다. 단순한 싸움이 아니라 정쟁의 의미를 담고 있었기 때문에 상대 팍티오 지지자들에 대한 살인, 교살, 방화, 약탈, 폭동은 도시를 초토화할 정도로 그 강도가 강했다. 팍티오에 대한 지지도가 높은 전차 경주에서 관중들끼리의 폭력 사건과 집단행동은 로마의 고질적인 병폐였다.

천년 가까이 행해졌던 전차 경주는 유스티니아누스 황제 때가 되면 팍티오의 단결력이 더 강해져 힘의 충돌이 더 빈번해졌다. 이들이 서로 단결하여 황제에게 대항하는 일은 드물었지만, 황제가 이들을 억누르고 절대적인 권력을 장악하려는 욕심을 드러낼 때는 단결했다. 유스티니아누스가 바로 그런 황제였다. 유스티니아누스 황제와 군사령관인 벨리사리우스Flavius Belisarius(500?~565?)가 대외 전쟁을 통해 비잔티움 제국의 위업을 이루는 동안 궁정 안에서는 황후인 테오도라Theodora(527~548 재위)와 벨리사리우스의 부인인 안토니나가 한 시대를 풍미하고 있었다. 곰 조련사의 딸이자 무언극 배우, 전차 경기장의 춤꾼이었던 테오도라와 전차 기수의 딸이자 창녀에 버금갈 정도로 행실이 나쁜 안토니나는 모두 비천한 출신이었지만 한 사람은 황후가, 또 한 사람은 최고의 인기를 누리는 군사령관의 부인이 되었다. 그러나 결혼 이후 테오도라는 과거의 행적과 달리 황제의 충실한 조언자로서 정숙하게 지냈다. 반면 안토니나는 시대에 회자할 정도로 난잡한 행동을 일삼았다.

아름다운 외모와 총명한 눈동자로 익살꾼이나 광대 흉내를 잘 내었던 테오도라는 돈이 절실했기에 매춘부 생활도 마다하지 않았다. 급기야 신분 상승을 꿈꾸며 이집트의 한 관리와 결혼했지만 4년 후 버림받았다. 귀부인처럼 행세하며 수도로 온 테오도라는 한 모임에서 우연히 보고 자신에게 반한 유스티니아누스와 즉각 결혼하고 싶었다. 그러나 유스티니아누스에게 로마법과 황후의 반대라는 두 가지 걸림돌이 있었다. 로마법이 고위 신분과 비천한 신분 간의 결혼을 금지하고 있었다. 또 아직 삼촌이자 양부인 유스티누스 1세 황제Flavius Justinus I(518~527 재위)의 그늘에 있는 상황이었다. 숙모이자 양모인 현재 황후가 농부 출신인 자신보다 더 비천한 배우를 며느리로 맞아들이지 않으려고 강력하게 반대하고 나섰다. 참을성 있게 기다린 유스티니아누스는 황후가 죽고, 과거의 엄격한 법령을 폐지하면서 525년 마침내 테오도라와 결혼할 수 있었다. 결혼 이후 정숙한 생활을 하면서 황제가 위기에 처할 때 조언을 아끼지 않았던 테오도라를 유스티니아누스 황제는 신이 내린 선물이라고 여겼다. 특히 니카의 반란에서 황제를 구한 것은 테오도라였다.

527년 유스티니아누스 황제는 삼촌인 유스티누스 1세와 공동으로 황제가 되었고, 4개월 후 삼촌이 죽자 단독 황제가 되었다. 유스티누스 1세는 트라키아 출신의 병사로 시작하여 근위대장을 거쳐 황제에 오른 입지전적인 인물이었다. 하지만 비천한 출신에다 정치력이 부족한 탓에 원로원 의원들과 갈등을 겪었고, 그들의 멸시를 받았다. 이를 지켜보았던 유스티니아누스 황제는 강력한 황제권에 대해 열망하고 있었다. 그 열망을 실현하는 방안으로 황제는 정치권을 억압하는 동시에 과거 로마 제국의 영토를 되찾고자 전쟁을 일으켰고, 광범위한 건축 계획을 세웠다. 전쟁과 건축을 위해서는 엄청난 돈이 필요했고, 황제는 이를 시민의 세금으로 충당했다.

가중된 세금과 강력한 황제권에 대한 불만이 532년의 반란으로 표출되었다. 유스티니아누스 황제는 공개적으로 청색 팍티오 지지자임을 드러냈고, 청색 팍티오 기수들을 옹호했다. 녹색 팍티오 지지자들은 청색 팍티오가 특별대우를 받았다고 소리쳤다. 황제가 아무런 반응을 보이지 않자 녹색 팍티오 지지자들은 더 분노했다. 청색 팍티오 지지자들은 녹색 팍티오 지지자들을 모두 이단자라고 불렀다. 모욕을 느낀 녹색 팍티오 지지자들은 청색 팍티오를 비난하면서 경기장에서 거리로 나왔다.

다음 날 도시 전역에서 청색 팍티오와 녹색 팍티오 지지자들끼리의 싸움이 벌어졌다. 황제는 군대를 보내 난동을 진압했다. 그러나 녹색 팍티오 지지자들은 군인들이 자신들만 쫓아다니고 청색 팍티오 지지자들을 그대로 두었다고 비난했다. 청색 팍티오 지지자들은 폭력적인 상대편에게 대응할 수밖에 없었다고 주장했다. 황제의 군대는 청색 팍티오와 녹색 팍티오 지지자들을 체포, 투옥했다. 7명이 살인죄로 기소되어 사형판결을 받았다. 그중 4명은 즉각 참수되었고, 다른 3명은 교수형 판결을 받았다. 그러나 녹색 팍티오 지지자 1명과 청색 팍티오 지지자 1명은 교수형에 쓰이는 올가미가 제대로 작동하지 않아 교수대 위에서 떨어져 사형을 모면했다. 그들은 가까스로 도망쳐 성 라우렌티우스 성당으로 피신했다. 그들의 지지자들은 다음 전차 경주가 열리는 날 황제에게 이 두 사람에 대한 선처를 요청하기로 했다.

532년 1월 13일 화요일 전차 경주가 열리는 날이었다. 유스티니아누스 황제는 아무 일도 일어나지 않은 것처럼 행동했다. 그는 주최자로서 경주 개최를 선언했다. 그는 상황의 심각성을 인지하지 못했다. 24회 경주 중 22번째 전차 경주가 이어질 때까지 청색과 녹색 파티오의 지지자들이 모두 불만을 표시했다. 그들은 황제에게 성 라우렌티우스 성당에 피신해 있는 두 명에게 자비를 베풀 것을 요청했다. 황제는 그들의 요구를 거부했다. 이때 한 사람이 관중을 향해 구호를 외치기 시작했다.

니카!(이겨라!) 니카!(이겨라!)

이 구호는 전차 경기장에서 지지하는 전차 기수에게 보내는 응원의 소리였다. 이제 이 구호는 황제에 대한 승리를 요청하는 것으로 바뀌었다. 황제는 이 상황을 어떻게 다루어야 할지 몰랐다. 그는 황제 출입로를 통해 황궁으로 도주했다. 전차 경기장에서의 폭력이 폭발했고, 폭도들은 거리로 쏟아져 나왔다. 그날 저녁 그들은 콘스탄티노폴리스 시장에게 죄수 방면을 요구했지만, 대답을 들을 수 없자 감옥으로 가서 죄수들을 풀어주었다. 억누를 수 없는 분노에 찼던 그들은 황궁으로 가서 방화했다. 수도의 상당 부분이 화염에 휩싸였고, 성소피아 성당과 다른 건물들도 불에 탔다.

유스티니아누스 황제는 여전히 상황의 심각성을 과소평가했다. 1월 14일 수요일 아침 그는 계획된 전차 경주를 개최하라고 명령했다. 그는 팍티오에 대한 지지도가 강한 관중이 폭력을 잊고 곧바로 경주에 몰입할 것이라고 예상했다. 그러나 그의 판단은 잘못된 것이었다. 경주가 시작되자 관중은 관중석에 불을 질렀다. 불은 인근의 제욱시푸스 공중목욕탕으로 번졌다. 원로원 계층이 얼마나 이 폭력에 관여했는지는 알 수 없지만, 그들은 이 폭력을 빌미 삼아 황제를 제위에서 추방하고자 했다. 위험을 감지한 유스티니아누스 황제는 일부 관료들을 해임하여 정책의 실패를 무마하고자 했다. 하지만 원로원 계층도, 폭도도 황제의 화해 조치를 받아들이지 않았다. 폭력이 더 극심해지자 황제와 그의 지지자들은 황궁에 갇히는 신세가 되었다.

1월 15일 목요일 폭도들은 외쳤다.

우리는 나라를 위해 다른 황제를 원한다.

폭도들은 전임 황제인 아나스타시우스의 조카인 프로부스Flavius Pro-bus(502~542)를 황제로 선포하고자 했다. 그러나 민중의 분노를 두려워한 프로부스는 이미 집을 떠나 숨어버렸다. 군중은 그에게도 분노하여 그의 집을 약탈, 방화했다.

1월 16일 금요일 혼돈이 절정으로 치달았다. 성소피아 성당 주변의 넓은 지역이 폭도들에 의해 불에 탔다. 황제는 여전히 대답해주지 않았다. 황제의 무반응은 폭도들을 더욱 자극했다.

1월 17일 토요일 마침내 유스티니아누스 황제가 반응을 보였다. 그것은 폭력에 폭력으로 응한 것이었다. 충성스러운 트라키아 부대가 콘스탄티노폴리스로 들어와서 청색 팍티오 지지자들과 녹색 팍티오 지지자들을 대상으로 전투를 벌인 것이다. 그들은 유능한 군인들이었지만 도시의 좁은 거리에 익숙한 폭도들을 이길 수 없었다. 그들은 황궁 인접한 지점으로 철수했다.

1월 18일 일요일 황제는 상황을 수습하고자 다시 전차 경기장에 나타났다. 황제의 좌석에 앉은 그의 팔 아래에는 성경책이 놓여 있었다. 지지자들에게 자비를 베풀겠다는 무언의 표시였다. 소수의 지지자가 황제에게 환호했다.

유스티니아누스 황제여! 당신은 승리할 것이다.

황제를 반대하는 사람들도 외쳤다.

당신은 당신이 한 충성의 맹세를 파기하라. 이 악당아!

이는 국가에 대한 충성의 맹세를 파기하고 제위에서 내려오라는 뜻이다. 관중의 외침을 들은 유스티니아누스 황제는 제정신이 아니었다. 그는 거의 공황 상태가 되어 경기장 밖으로 빠져나가 황궁으로 갔다. 폭도들은 유스티니아누스 황제 대신 다른 황제를 옹립하고자 했다. 후보자로 거론된 사람은 전임 황제인 아나스타시우스의 또 다른 조카인 히파티우스Flavius Hypatius(?~532)였다. 이렇게 되면 단순한 폭력이 아니라 이제는 정치 쿠데타인 셈이었다.

1월 19일 월요일 이른 아침 폭도들은 히파티우스가 제위를 받기를 갈망했다. 그러나 히파티우스는 큰 열정을 보이지 않았다. 그의 아내는 그 계획을 거절했다. 폭도들이 히파티우스를 데리러 왔을 때 그의 아내는 그에게 떠나지 말 것을 눈물로 호소했다. 하지만 군중은 그를 콘스탄티노폴리스 광장으로 데리고 가서 황제로 선포했다.

반란은 이제 걷잡을 수 없었고, 통제할 방법도 알 수 없었다. 황제는 수도를 떠나는 것 외에는 다른 길이 없다고 생각했다. 황제를 저지한 사람은 황후인 테오도라였다. 두려움에 떠는 황제에게 테오도라는 말했다.

도망가기로 작정했다면 금은보화가 있고, 바다에는 배가 있으니 어려운 일이 아니지만, 아무것도 가진 것 없이 사는 것보다 황제로서 죽는 것이 더 낫다.

도망을 거부한 테오도라의 단호함에 용기를 얻은 유스티니아누스 황제는 벨리사리우스를 보내 폭도를 진압하라고 명령했다. 그는 노련한 병사 3000명을 모았다. 폭도들은 전차 경기장에 모여 히파티우스를 황제로 공식 선포할 예정이었다. 황제가 병사들을 모았다는 사실을 안 청색 팍티오 지지자들은 황제의 총애를 누렸으면서도 새로운 황제 옹립에 찬성한 사실, 최대의 적인 녹색 팍티오 지지자들과 연합했다는 사실에 후회하기 시작했다. 하지만 너무 늦은 후회였다. 투입된 벨리사리우스 군대는 폭도들을 진압하기 시작했다. 관중은 공포에 휩싸여 도망갔다. 많은 사람이 관중석에서 경주로로 떨어졌고, 다른 사람의 발에 짓밟혔다. 용케 밖으로 나온 사람은 출구가 막혀 있어 다시 경주로를 돌아다니다 군인들의 칼을 맞았다. 청색 팍티오든, 녹색 팍티오든 가리지 않고 살육당하여 3만 명이 죽었다. 다음 날 히파티우스는 유스티니아누스 황제의 명령에 따라 처형되었다. 니카의 반란 이후 전차 경기장은 폐쇄되었다. 7년 후 황제는 폭동의 위험이 없어졌음을 최후로 인지한 후 전차 경주를 다시 개최했다.[102]

니카의 반란을 진압하고 제위 유지에 힘썼던 유스티니아누스 황제와 벨리사리우스는 여성들로 인해 곤욕을 치렀다. 황후 테오도라는 황궁의 장식과 미를 가꾸는 데 엄청난 국고를 낭비하고, 수많은 밀고자를 통해 반대자들을 잡아들여 무참히 학살했다는 비판을 들었다. 하지만 긍정적인 평가도 있었다. 특히 여성의 인권에 관심이 많았던 테오도라가 성폭행범과 유괴범을 강력하게 처벌하는 규정을 만들었고,

10세 이하의 어린 소녀들을 탐하는 것을 금지했으며, 수녀원을 넓게 개조해서 거리와 사창가에서 모아온 500명의 여인에게 생활비까지 넉넉하게 주어 살도록 하는 등 당시 여성들이 다른 사회의 여성들보다 더 자유로웠다는 평가를 받고 있다. 548년 테오도라가 암에 걸려 죽었을 때 유스티니아누스 황제의 슬픔은 장례식에서 황제가 심하게 울었다는 표현에서 짐작하고도 남는다.

테오도라가 유약한 황제의 치세를 뒷받침해주었다면 안토니나는 남편인 벨리사리우스의 명성과 미덕을 훼손한 인물이다. 극장에서 일하는 창녀이자 비천한 전차 기수의 딸이었던 안토니나는 벨리사리우스와 결혼하기 전에 이미 남편과 많은 연인을 거느리고 있었다. 특히 결혼한 이후 트라키아 출신의 젊은 애인인 테오도시우스와의 애정 행각은 너무 유명해서 벨리사리우스만 빼고 수도의 모든 사람이 알고 있을 정도였다. 병사 출신인 테오도시우스의 대부였던 벨리사리우스는 아프리카 원정 때 안토니나와 테오도시우스가 지하실에서 단둘이 나체로 있는 모습을 보았다. 안토니나는 순간적인 재치로 유스티니아누스 황제 몰래 재산을 숨기는 중이라고 둘러댔다. 아내의 정숙함을 의심하지 않았던 벨리사리우스는 그대로 믿기로 했다. 이를 보다 못한 시녀가 증인 두 명과 함께 벨리사리우스에게 안토니나의 간통을 폭로했다. 화가 난 벨리사리우스가 아내에게 다그치자 테오도시우스의 꾐에 빠져 어쩔 수 없었다고 눈물로 호소했다. 이 사실은 안 테오도시우스는 도망갔다. 남편의 의심과 애인의 도망에 분노한 안토니나는 고자질한 시녀와 증인 두 명의 혀를 자르고 시체를 토막 내는 것으로 복수했다.

도망간 테오도시우스는 자신을 끈질기게 추적하는 안토니나의 집착에 두려움을 느껴 수도원으로 피했다. 이후 그녀의 간곡한 요청과 벨리사리우스가 페르시아로 출정하러 간 틈을 타 다시 수도로 돌아왔다. 이번에는 안토니나의 전남편의 아들인 포티우스가 쾌락에 빠진 두 사람을 도저히 두고 볼 수 없었다. 그는 의붓아버지인 벨리사리우스에게 어머니와 아내의 의무를 모두 저버린 안토니나의 비열함과 추문을 고해바쳤다. 분노한 벨리사리우스가 페르시아에서 돌아오자마자 아내와 그 애인을 감금했다. 이에 안토니나는 황후 테오도라에게 구원을 요청했다. 안토니나를 아끼던 황후는 벨리사리우스를 황궁으로 불러 용서를 강요했다. 충성스러웠던 벨리사리우스는 아내를 용서할 수밖에 없었다. 황후의 마음이 안토니나에게 있음을 안 부지런한 환관들이 감금되어 있던 안토니나와 그의 애인을 구출해 서로 만나게 해주었다. 황후 덕택에 애인을 다시 만나게 된 안토니나는 놀라움과 기쁨 속에서 애인과 사치스럽고 탐욕적인 생활을 계속했다.

안토니나의 끈질긴 애정 행각은 애인인 테오도시우스가 과로사하면서 끝이 났다. 그러나 그녀는 애인을 잃은 슬픔을 감금 상태까지 가도록 고자질한 친아들 포티우스에게 복수하는 것으로 달랬다. 그녀는 아들에게 채찍질과 각종 고문으로 극심한 고통을 맛보게 한 후 비밀 지하 감옥에 가두어버렸다. 안토니나가 황후와 어울려 즐겁게 지내는 동안 포티우스는 지하 감옥에서 밤낮을 구별할 수 없는 상태에 있었다. 그는 용케도 두 번 탈옥해서 성당으로 피신했으나 두 번 다 붙잡혀 다시 감옥에 갇혔다. 3년이 지난 후 세 번째 탈옥에 성공한 아들은 예루살렘으로 도피해 수도사가 되어 조용히 생을 마감했다고 한다.

안토니나는 벨리사리우스의 험난한 원정길에 동행했고, 유스티니아누스 황제의 시기로 남편이 어려움에 부딪힐 때 발 벗고 나선 공적이 있었다. 이는 벨리사리우스가 반란 주동자라는 죄목으로 재산이 압수되고 죽음을 기다리고 있을 때 "안토니나의 탄원과 그녀의 높은 덕을 생각해서 목숨을 살려주기로 했다"라는 황후의 편지에서 증명된다. 벨리사리우스는 아내의 유순한 노예가 되어 감사하는 마음으로 살겠다고 약속할 정도로 아내에게 의지했다. 안토니나는 황후의 총애를 등에 업고 남편을 더 비참한 상태로 몰아넣을 수 있었지만 그렇게 하지 않았다. 두 사람 사이에 쌓인 신뢰가 어느 정도였는지는 충분히 짐작이 간다. 하지만 안토니나의 화려한 애정 행각만은 벨리사리우스의 군사적 업적마저도 퇴색시킬 정도로 악명이 높았던 것은 사실이다.

전차 경기장, 정치적 소통의 장

전차 경주가 팍티오끼리의 대항이다보니 이에 대한 관중의 지지도는 상당했다. 관중은 주술적인 방법까지 동원하면서 자신이 지지하는 팍티오가 승리하기를 바랐다. 그들은 서판에 상대편 기수와 말의 이름을 적어 넘어지거나 사망하기를 기원했다. 팍티오끼리 경쟁하는 방식, 같은 팍티오를 지지하는 사람들끼리 앉는 좌석 배정 방식, 팍티오에 돈을 걸어 내기하는 방식 등은 팍티오 자체에 대한 관중의 지지도를 높였다. 몰입도와 지지도가 강한 관중은 경주 양상에 따라 환호성과 탄식을 지르면서 자신의 감정을 그대로 드러냈다. 이는 지지하는 팍티오에 따라 싸움, 난동, 방화, 살인이 난무했던 아나톨리아와 이집트의 여러 도시의 사례에서 알 수 있다.

관중이 전차 경주의 과정이나 결과에 대해 흥분한 것은 아니지만 경기장에서 불만을 토로하면서 집단행동을 한 사례들이 있다. 41년 칼리굴라 황제 때 세금과 관련된 사건이 발생했다.

전차 경기장에 모인 사람들은 기분 내키는 대로 황제들에게 요구했다. 그러한 탄원을 의심의 여지없이 받아들일 수 있는 황제들은 인기가 있을 수밖에 없었다. 그래서 사람들은 가이우스(칼리굴라) 황제에게 관세를 삭감하고 세금의 부담을 줄여달라고 탄원했다. 그러나 황제는 사람들의 탄원을 참을 수 없었다. 사람들이 더욱더 큰소리를 치자 군인들을 보내 소리친 사람들을 모두 끌어내어 즉시 처형하라고 명령했다. 명령은 내려졌고 시행되었다. 상당수의 사람이 그렇게 간단한 방식으로 처형되었다. 사람들은 어떤 일이 벌어졌는가를 보고서야 소리치는 것을 멈췄다.[102]

또 68~69년 네로 황제가 죽은 후 사람들은 경기장과 극장에서 네로 황제의 총애를 업고 무소불위의 횡포를 일삼던 근위대장 티겔리누스Ofonius Tigellinus(10?~69)의 처형을 강력하게 요구했다. 갈바 황제는 티겔리누스의 와병을 이유로 거부했으나 오토 황제Marcus Salvius Otho(69 재위)는 사람들의 요청을 받아들여 처형을 명령했다.

기근과 전염병으로 혼란스러웠던 190년 사람들은 경기장에서 코모두스 황제의 근위대장인 클레안데르Marcus Aurelius Cleander(?~190)에게 곡물 부족 사태의 책임을 물었다. 경기장에서 7번째 바퀴를 막 돌리려고 할 때 "암울한 모습의 키가 큰 여성이 이끄는 한 무리의 아이들이 경주로로 돌진했다." 아이들은 일제히 비난의 말들을 퍼부었고, 이를 본 사람들 또한 생각할 수 있는 모든 모욕적인 말들을 쏟아냈다. 클레안데르는 군인들을 파견하여 흥분한 사람들을 진압하려고 했다. 사람들이 로마시 거리로 쏟아져 나왔다. 사람들은 로마시에서 남부 이탈리아까지 가는 주요 도로인 아피우스 가도Via Appia를 따라 행진했다. 그들은 당시 코모두스 황제가 있는 곳에서 6킬로미터 떨어진 어떤 귀족의 별장까지 왔다. 사람들은 클레안데르의 목을 요구했다. 황제는 군인들을 파견하여 성난 군중을 로마시로 돌려보내고자 했다. 하지만 그들은 통제력을 잃어 제어할 수 없었다. 근위병들까지 사람들의 편으로 돌아서면서 상황은 더 악화됐다. 코모두스 황제는 자신의 안전을 위해 클레안데르를 죽이고, 그 시체를 군중에게 넘겨주었다.

193년 코모두스 황제가 암살된 후 사람들은 제위를 받는 조건으로 현금을 제안한 율리아누스Didius Julianus(193 재위)에게 돌을 던졌다. 사람들은 거리에서 폭력을 행사한 후 경기장으로 가서 하룻밤과 하루 낮 동안 버텼다. 그들은 율리아누스가 제위를 받는 일을 군대가 막아주기를 요청했다. 그들은 식량과 물을 먹을 수 없어 오래 버티지 못하고 해산했다. 또 196년 세베루스와 알비누스Decimus Clodius Albinus(150?~197) 사이에 내전이 발생했을 때도 사람들은 경기장에서 자신들의 요구사항을 외쳤다.

대중은 스스로 억제하는 것이 아니라 가장 공개적인 방식으로 한탄에 빠졌다. 풍요의 신인 사투르누스에게 봉헌하는 사투르날리아 축제의 마지막 날 전차 경주가 벌어졌다. 이때 수많은 무리가 경기장으로 모여들었다. 나 역시 그곳에 있어서 말하는 모든 것을 명백히 들었다. 그들은 관습과 달리 기수들에게 박수를 보내지 않고 전차 경주를 구경하고 있었다. 그러나 경주가 끝나고 기수들이 다음 경주를 막 시작하려고 할 때 처음에는 서로 침묵에 동의했다. 그다음에는 다 같이 소리치면서 공익을 위해 행운이 있기를 기도했다. 그다음에 관중은 "우리는 얼마나 오랫동안 이런 일을 겪어야 하나?" "우리는 얼마나 오랫동안 전쟁을 해야 하는가?"라고 외쳤다. 그들은 이런 종류의 말들을 얼마간 외친 후 "이쯤 하자"고 하면서 다시 전차 경주로 관심을 돌렸다.[103]

관중은 세금 삭감이나 신망을 잃은 근위대장의 처단과 같은 공통의 요구가 있을 때 함께 목소리를 냈다. 대규모로 모인 사람들이 경주 상황에 대해 흥분하기도 하지만 당시의 관심사에 대한 의사를 표현하기도 했다. 정무관이나 원로원 의원들과 달리 정치에 개입할 여지가 많지 않았던 평민의 관점에서 경기장은 국정 현안에 대해 불만을 토로할 수 있는 곳이었다. '빵과 경주'만 찾는다는 유베날리스의 말처럼 대중들이 정치에 관한 관심은 잃은 채 오직 구경거리에만 몰두한다고 비난받을 수도 있었다.

하지만 경기장 자체가 정치에 관한 관심을 표출하는 장이었다는 점을 염두에 두어야 한다. 좋아하는 팍티오의 색깔에 몰입하는 관중들은 경주 상황에 열광하기도 했으나 당시의 정치적 문제에 대해서도 목소리를 높였다. 경기장은 황제에게 곡물 공급이나 조세 경감, 근위대장 처형과 내전 중지를 탄원할 기회의 장이었다. 따라서 관중의 집단행동을 경기장에서의 '광기'나 '격분'이라고 비난하는 사가들의 견해도 타당성이 있지만, 황제와의 소통이라는 측면에서는 긍정적인 효과가 있었다는 것도 인정해야 한다.[104]

5장
사라져버린 전차 경주

1.
과거의 영광

에트루리아 기원설

\

전차 경주의 기원 논쟁에서 많은 지지를 받은 전통적인 학설은 에 트루리아 기원설이다. 이 학설은 전차 경주가 이탈리아 북부 에트루리 아에서 로마로 전파되었다는 것이다. 왕정기 에트루리아 출신들이 로 마의 왕이 되는 상황에서 종교, 예술, 건축, 행정, 군사 등 여러 측면에 서 에트루리아의 영향을 받은 것은 사실이다. 그런 타국 문화의 유입 속에 전차 경주도 끼어 있었다는 것이 에트루리아 기원설이다.

그리스 역사가 디오도루스Diodorus Siculus(기원전 90?~기원전 30?)는 로 마인을 "항상 스승을 능가하는 학생으로서 이제 스승의 도시에 명령 한다"라고 했다. 로마인은 그리스를 스승으로 두고 모든 것을 모방하면 서도 결국에는 그리스를 능가하는 제자였다. 그렇게 발전시킨 군대, 문 화, 종교로 그리스를 지배했다. 전차 경주도 마찬가지였다. 그리스의 전통이 에트루리아를 거쳐 로마까지 이어졌다. 디오니시우스도 그리스의 전통인 전차 경주가 자신의 시대까지 로마에서 지속해서 행해진다고 말했다.

그리스의 전차 경주가 로마로 전해지기까지 로마시 북부의 에트루리아의 공헌이 컸다. 그 근거는 에트루리아의 중심도시 베이이와 관련된 일화다. 당시 베이이는 로마보다 훨씬 발전한 도시였다. 리비우스의 기록에 따르면, 에트루리아 출신인 타르퀴니우스 수페르부스 왕은 베이이에 사절을 보내 사두 전차와 이를 모는 네 마리 말의 모형을 만들어줄 것을 요청했다. 베이이인은 타르퀴니우스 왕을 위해 사두 전차를 만들어줄 수는 있지만, 자신들의 적인 로마에 배달해줄 수는 없다고 대답했다. 베이이인이 전차 모형을 화로에 넣었을 때 화로를 덮은 점토가 평상시처럼 줄어들지 않고 부풀어 오르고, 급기야 화로가 터져버렸다. 베이이인은 점술가들을 불러 이 현상을 설명해달라고 했다. 그들은 말하기를 "이 현상은 이 전차를 소유하는 국가는 누구든 팽창하여 이웃 국가보다 더 위대한 국가가 된다는 뜻이다"라고 했다. 이 점괘를 들은 베이이인은 로마가 자신들보다 더 큰 국가가 되는 것은 반대하지 않지만, 로마가 에트루리아와의 관계를 끊고 자신을 드높이는 것은 원하지 않는다면서 전차를 돌려주지 않았다.

전차 기수인 라투메나는 전차 경주에서 승리하여 조용히 자신의 말들을 몰고 있었다. 그런데 갑자기 말들이 맹렬한 기세로 언덕과 계곡, 도로와 다리를 뛰어넘어 로마시 입구까지 달렸다. 불행한 이 전차 기수는 로마시 입구에서 전차에서 내동댕이쳐져 죽었다. 그 입구를 오늘날 그의 이름을 본떠 '라투메나의 문Porta Ratumena'이라고 부른다. 베이이인은 이 사건을 전해 듣고, 이것은 신들을 불쾌하게 했기 때문이라고 생각했다. 이에 그들은 전차를 로마에 전해주었고, 로마인은 이 전차를 카피톨리움의 신전에 올려놓았다.

플루타르코스Plutarchos(46?~119?)는 사건의 정황을 리비우스보다 더 상세히 설명하고 있다.

(로마의 7대 왕이었다가 추방된) 타르퀴니우스 수페르부스 왕이 (에트루리아) 투스카나인을 선동하여 또다시 로마를 공격하고 있을 때 아주 중요한 일이 일어났다고 한다. 타르퀴니우스가 아직 로마의 왕으로 있을 때 신탁을 받아서인지, 자신이 좋아서 한 일인지 알 수 없지만, 카피톨리움에 유피테르 신전을 짓기 시작해 거의 완성해 가고 있었다. 그는 신전 지붕에 놓기 위해 베이이의 투스카나 기술자들에게 흙으로 빚은 전차를 만들어달라고 주문했다. 그 직후 타르퀴니우스는 로마의 왕위에서 쫓겨났다.

투스카나인은 전차 모형을 화로에 넣어 불을 지폈다. 일반적으로 흙은 수분을 증발시킬 때 불과 만나 줄어드는데, 흙으로 된 전차 모형은 그렇지 않았다. 전차는 확대되고 부풀어 크기, 힘, 강도가 증가했다. 오히려 화로의 지붕이 벗겨지고 옆이 터져버렸다. 이를 본 사람들은 전차를 소유하는 사람이 번영하고 강력해지는 전조라고 여겼다. 베이이인은 이 전차를 자신들이 가지기로 했다. 로마인이 전차를 달라고 요청했을 때 베이이인은 이 전차는 원래 타르퀴니우스의 것이지 그를 쫓아낸 사람들의 것이 아니라고 말했다.

며칠 후 베이이에서 전차 경주가 있었다. 예년처럼 구경거리는 화려하게 진행되었다. 머리에 승리의 화관을 쓴 전차 기수는 전차 경기장 밖으로 승리한 전차를 천천히 몰고 있었다. 그런데 그의 말들이 신의 명령 때문인지, 우연히 벌어진 일인지 딱히 이렇다 할 이유도 없이 갑자기 달리기 시작했다. 말들은 전차 기수와 함께 로마시 입구까지 전속력으로 달렸다. 기수가 말들의 고삐를 죄거나 소리를 쳐 제어하려고 해도 소용이 없었다. 그는 어쩔 수 없이 딸려 갔고, 말들은 카피톨리움에 이르자 그를 전차에서 내동댕이쳐버렸다. 이때 전차가 선 지역을 '라투메나의 문'이라고 부른다. 이 사건을 전해들은 베이이인은 놀라고 두려워했다. 그들은 기술자들에게 흙으로 빚은 전차를 돌려주도록 했다.[105]

점괘대로 로마는 베이이를 점령하고 팽창했다. 베이이는 로마시에서 북쪽으로 약 20킬로미터 떨어진 도시였기 때문에 티베르강까지 무역로를 확보하기 위해, 로마의 안전을 위해서도 편입시킬 필요가 있었다. 기원전 475년경 로마는 로마시에서 북쪽으로 약 10킬로미터 떨어진 크레메라강 전투에서 패배했다. 기원전 406년 전쟁이 재개되어 10년 동안의 포위 공격 후 기원전 396년 독재관인 카밀루스Marcus Furius Camillus(기원전 446?~기원전 365?)의 공격으로 마침내 베이이를 점령했다.

이로써 로마의 영토는 두 배로 커졌고, 에트루리아의 세력은 큰 타격을 입었다. 라투메나 사건에서 보듯이 베이이에게 사두 전차를 요청해야 할 정도로 전차 경주에 관한 한 로마인은 에트루리아에 의존적이었다. 전차 제작과 말 공급을 에트루리아에 요청하는 것은 로마 전차 경주의 뿌리가 베이이를 포함하는 에트루리아에 있음을 시사한다.

로마가 에트루리아로부터 전차를 전해 받았다는 기록이 있지만 이를 반박하는 학자들도 있다. 그들은 타르퀴니우스 왕을 전차 경주와 연관 지은 단편적인 글은 전체 문맥이 확실치 않아 정확한 근거가 되지 못한다고 주장했다. 설령 이 글이 타르퀴니우스의 업적을 열거한 글이었다고 해도 사두 전차와 네 마리 말을 요청한 것과 전차 경주를 도입한 것은 직접적인 연관성이 없고, 추정에 불과하다는 것이다. 국가가 형성되는 과정에서 정치적 상징들을 이웃 문화에서 빌려오는 경향은 흔하다고 주장했다. 로마가 개선식, 관료들의 복장, 희생 의식, 예언 등을 에트루리아로부터 차용한 것도 역사적 사실이다. 하지만 로마인들은 로마 광장의 배수 시설 건설, 카피톨리움 신전 건축, 검투사 경기와 같은 혁신적인 정책을 모두 타르퀴니우스와 연관 지었기 때문에 전차 경주 역시 아무런 의심 없이 타르퀴니우스의 업적으로 치부했을 뿐이다. 전차 경주가 구경거리로 발전하는 데 전차와 말을 공급한 에트루리아가 중요한 역할을 했다. 하지만 구경거리로 발전하는 데 영향을 끼친 것과 전차 경주 자체를 에트루리아에서 차용했다고 보는 것은 다르다는 주장이다.[106]

이탈리아 남부 기원설

\

로마는 이탈리아반도 남부의 투리이에 거주하는 그리스인에게서도 배웠다. 60년 '네로제Neronia'라고 부르는 오년제의 창설과 관련된 로마인의 논쟁은 전차 경주의 기원과 관련되었다. 이해에 그리스식의 축제를 모방한 축제가 창설되었다. 모든 혁신이 그러하듯 새로운 축제의 창설에 대해 사람들 사이에 찬반 논쟁이 벌어졌다. 반대하는 사람들은 과거의 사례들을 끄집어내 반대했다.

폼페이우스도 영구적인 석조극장을 지었다고 노인들로부터 비난을 받았다. 전에는 연극이 개최될 때마다 그때그때 임시 좌석을 만들고, 무대도 임시로 설치했다. 그보다 더 먼 옛날로 올라가면 사람들은 공연 내내 선 채로 구경했다. 자리에 앉으면 온종일 극장에서 보내고 태만해지지 않을까 우려했기 때문이다. 어쨌든, 구경거리만이라도 옛날 방식을 고수해야 한다. 이렇게 외국에서 음탕한 구경거리를 유입하면 안 그래도 점점 쇠퇴하는 국가의 도덕성이 결국은 그 근본부터 전복될 것이다. 타락하고, 타락하게 할 수 있는 세상의 모든 것을 모아 로마시에서 보여주는 것이 목적인가? 이국적인 취미에 물든 젊은이들을 체육가, 게으름뱅이, 수치스러운 통정에 빠트리는 것이 목적인가? 황제와 원로원이 선동해서 이렇게 되었다. 그들은 악을 묵인하는 것에 만족하지 않고 웅변술이나 시를 장려한다는 구실로 로마 귀족들이 스스로 타락하도록 강요하고 있다.

반대하는 사람들은 그리스의 이국적인 구경거리로 로마인을 타락시킨다는 이유를 들었다. 찬성하는 사람들의 논리는 달랐다.

우리의 조상들도 당대의 국가의 부에 맞추어 구경거리를 즐기는 것을 싫어하지 않았다. 그것이 에트루리아에서 배들을 도입한 이유, 투리이에서 전차 경주를 도입한 이유였다. 기원전 146년 그리스를, 기원전 133년 아나톨리아를 정복한 후 더 웅장하게, 더 화려하게 전차 경주를 개최했다. 루키우스가 로마시에 처음으로 그런 종류의 구경거리를 제공한 지 200년이나 지났다. 그러나 고귀한 로마 가문에서 태어난 누구도 직업적인 연극인이나 전차 기수로 무대에 오르지 않았다. 경제적인 측면에서도 해마다 짓거나 부수는 데 큰 비용을 들이는 것보다 영구 극장을 짓는 것이 더 유익했다. 구경거리를 제공하는 비용은 국고에서 지급되므로 정무관이 사비를 들일 필요가 없다. 시민들도 정무관들에게 그리스 양식으로 구경거리를 제공해달라고 요청할 필요도 없다. 방탕이라기보다 유쾌함에 젖는 것도 5년에 며칠뿐이다.[107]

찬반 논쟁이 치열했던 오년제가 실제로 거행되자 축제는 별다른 추문 없이 끝났다. 시민들은 연극에 열정을 보이지 않았다. 수많은 구경꾼이 축제 기간에 입고 다녔던 그리스식 옷도 얼마 지나지 않아 유행하지 않게 되었다. 이러한 타키투스의 글에서는 전차 경주가 이탈리아 남부 투리이에서 로마에 전해졌다고 밝히고 있다. 투리이 인근의 시바리스도 왕정기부터 로마와 직접 접촉한 지역이었다. 아프리카와의 교류로 말들이 많았던 이들 지역이 그리스와 로마의 가교역할을 했다. 검투사 경기와 함께 이탈리아 남부는 그리스 문화의 유입 통로로 지적되었다.

로마의 역사와 함께 시작된 전차 경주

\

로마에서 전차 경주가 오랫동안 각광을 받은 이유는 그 역사가 로마의 역사와 궤를 같이하기 때문이다. 기원전 753년 로마시 건국 후 팔라티누스 언덕 인근에 겨울철을 위해 수확한 곡식을 저장하는 창고를 세우고, 수확의 신인 콘수스 신을 위한 작은 신전을 지었다. 콘수스 신전을 봉헌하게 된 것을 기념하여 축제를 벌인다고 인근 도시에 광고했다.

로물루스가 부족한 인구를 만회하기 위해 사비니인을 초청하여 벌인 경기는 말로 하는 경주였다.

이때 로물루스는 넵투누스 신을 기리기 위해 숭고한 경주를 개최했는데, 이 경주를 콘수알리아*Consualia*라고 불렀다. 그는 이웃 국가의 사람들에게 구경거리를 개최한다고 선포했다. 로마인은 자신들의 지식과 권력 내에 모든 자원을 동원하여 구경거리를 경축할 준비를 했다. 많은 사람, 특히 가까운 곳에 사는 카이나, 크루스투미움, 안템나이 등지의 사람들이 새로운 도시 로마를 보고자 했다. 사비니인도 자녀와 부인을 포함하여 모든 사람이 로마로 왔다. 그들은 로마의 모든 집에서 환대를 받았고, 도시 경관, 성벽, 수많은 건물을 보면서 로마의 빠른 성장에 감탄했다. 구경거리를 시작할 시간이 되었고, 사람들의 생각과 눈이 구경거리로 분주할 때 미리 짜인 공격이 시작되었다. 주어진 신호에 따라 젊은 로마인들이 사비니 처녀들을 납치하여 여기저기로 흩어졌다.[108]

콘수알리아는 8월 21일에 개최되는 수확의 축제였다. 중앙분리대에 콘수스 신전이 있는 것은 이 때문이었다. 콘수스는 저장하다, 비축하다는 뜻인 콘데레condere 혹은 씨를 뿌린다는 뜻의 콘세레레conserere에서 파생했다.

전차 경주와 관련하여 콘수스 신과 말의 신인 넵투누스 신이 다른 이름을 가진 같은 신이라는 주장과 두 신이 다른 신으로서 서로 관련성이 전혀 없다는 주장이 있다. 두 신이 직접적인 관련성은 없다는 주장도 축제의 과정에서 관련성을 가지는 점은 인정했다. 콘수스 축제 때 말이나 노새를 꽃으로 장식하고 일을 시키지 않는 관습에서 후대에 넵투누스 신과 관련짓게 되었다는 것이다. 따라서 로마 최초의 축제는 수확의 신, 말의 신을 위한 축제였다.

축제에서 사비니인이 경주를 관람할 때 로마인이 갑자기 나타나 사비니 여인을 끌고 갔다. 로물루스가 사비니인이 방심하는 틈을 만들기 위해 경주를 선택했다는 사실은 경주가 로마인은 물론 이웃 나라에도 매력적이었다는 것을 반영한다. 로물루스가 개최한 경주가 전차 경주였는지, 기수가 직접 말을 타는 승마였는지는 확실하지 않다.

기원전 600년경 타르퀴니우스 프리스쿠스가 아피올라이를 점령한 후 얻은 전리품으로 대경기장을 건설하고 전차 경주를 개최했다. 여러 마리의 말이 전차를 끌면서 경주하는 것을 보여주는 가장 오래된 그림은 기원전 530~기원전 520년의 것으로 추정되는 올림피아디 무덤의 벽화다. 타르퀴니아에서 나온 이 벽화에는 두 마리의 말이 끄는 전차를 탄 네 명의 참가자가 반환점을 향해 질주하는 모습이 담겨 있다. 세 명은 격렬하게 경주를 하고, 네 번째 사람은 경주를 마치지 못했다. 이유는 그의 말 중 한 마리가 뒤집혔고, 다른 한 마리는 일어서면서 기수를 전차 밖으로 던져버렸기 때문이다. 기원전 5세기 초 치우시의 부조는 3마리의 말이 끄는 3대의 전차가 경주하는 모습을 보여준다. 에트루리아 지역에서 나온 이들 벽화는 에트루리아에서 이두 전차나 삼두 전차로 경주하는 관행이 있었다는 것을 시사한다. 로마에서 전차 경주는 대경기장이 건설된 기원전 7세기 말 이전부터 있었을 것으로 추정한다. 전차 경주가 존재했기에 경기장 건설의 필요성이 제기되었고, 에트루리아나 이탈리아 남부에서 전차 경주가 이미 성행하고 있었기 때문이다.

△ 올림피아디 무덤의 벽화. 왼쪽에 전차를 타고 달리는 모습이 보인다.

　로마가 전차 경주를 북부의 에트루리아에서 도입했든 남부의 그리
스 도시들에서 도입했든 왕정기부터 전차 경주는 국가적인 행사였다.
이 행사에 부유층은 자신들이 소유한 전차를 제공해주거나 기수로
참여했다. 만일 부유층이 이긴다면 그들의 이름은 환호를 받고, 화관
과 상금을 받고 큰 영광을 누렸다. 마치 올림픽 경기의 우승자가 고향

에서 정치적으로 두드러진 명성을 얻는 것과 같은 효과를 얻었다. 로마 초기에는 저명한 시민들 가운데 그리스에서처럼 명성을 얻은 승자를 잘 찾을 수 없지만, 라투메나가 그 사례로 추정된다. 라투메나는 베이이 출신의 부유층으로서 당시 전차 기수가 부유층과 관련이 있음을 보여준다.

일회성이었던 전차 경주를 매년 개최한 것은 기원전 499년의 독재관이었던 포스투미우스 때부터였다. 기원전 496년 그는 라틴 지역의 투스툴룸과의 레길루스 호수 전투에 앞서 신께 기도하기를, 만약 이 전투에서 승리하면 많은 돈을 들여 대규모 희생제를 드릴 것이고, 매년 전차 경주를 개최할 것이라고 맹세했다. 레길루스 호수 전투는 로마군이 로마에서 쫓겨난 타르퀴니우스 수페르부스 왕이 이끌고 온 라틴군과 싸워 이긴 전투다. 양군의 지휘관들이 부상, 사망할 정도로 치열한 싸움이었다. 로마군 군사령관의 경호부대는 전선에 투입되자 유능한 적장인 마밀리우스를 죽였다. 로마군은 보병들의 힘이 소진해 있을 때 귀족인 기사들이 말에서 내려 보병과 함께 싸워 보병들의 용기를 북돋움으로써 승리할 수 있었다. 전투에서 승리하자 포스투미우스는 약속대로 매년 전차 경주를 개최했다.

매년 전차 경주를 국가적으로 개최했다고 해도 왕정기에 있었던 개인적인 참여의 성격이 완전히 일소된 것은 아니었다. 12표법이 제정된 기원전 5세기 중반에도 그 흔적이 보이기 때문이다. 제10표 7항은 "자신의 재산, 명예, 용맹으로 화관을 얻는 사람은 누구든지 그의 장례식에서 그에게 화관을 수여한다"라는 것이다. 플리니우스는 이 항목에 대해 구체적으로 설명했다.

화관은 상당한 명예를 얻는 것이다. 공적인 구경거리에서 화관을 얻는 것도 마찬가지다. 전차 경주에 참여하기 위해 직접 내려가는 것, 자신의 노예와 말을 경주에 보내는 것은 시민들이 하는 일이기 때문이다. 그래서 우리는 12표법에 다음과 같이 기록된 것을 발견할 수 있다. "만일 누군가가 노력으로, 아니면 돈으로 화관을 얻었다면 그의 기량에 대해 보상해주어야 한다." "돈으로 얻었다"라는 말은 자신이 산 노예나 말로 얻었다는 뜻임이 확실하다. 그렇다면 이로 인해 어떤 명성을 얻었는가? 승자는 그 자신이나 부모가 죽은 후에 시체를 집에 두거나 무덤으로 운반하는 동안 반드시 화관을 씌우는 권리를 얻는다.[110]

플리니우스의 글을 요약하면, 자신이 산 말에 노예를 태워 전차 기수로 삼든, 자신이 직접 전차 기수로 나서든 승리하여 얻은 화관은 똑같은 명성을 얻어야 한다는 뜻이다. 이는 초기에 부유층이 사비로 전차 기수와 말을 공급했음을 뜻한다.

전차 경주 주최자

\

기원전 5세기 이후 전차 경주는 매년 개최하는 축제가 되었지만 전쟁으로 인해 화려하게 개최되지는 못했다. 기원전 5~기원전 4세기 로마는 주변 베이이, 아이퀴, 볼스키, 갈리아와 힘겨운 전쟁을 하고 있었다. 기원전 494년경부터 로마 중남부의 볼스키인과 아이퀴인이 거의 매년 로마와 라틴 도시들을 공격했고, 이후 50년 동안 간헐적으로 전쟁을 치렀다. 기원전 5세기 말 볼스키인과 아이퀴인은 로마에 쫓겨 이탈리아 동부 고지로 물러난 후 점차 사멸했다. 이들은 너무 척박한 지역에 정착해 통합된 병력을 조직할 여력이 없었다. 이 점이 로마에 지속적이고도 조직적인 대항을 할 수 없었던 이유였다.

에트루리아, 볼스키, 아이퀴의 쇠퇴 이후 그나마 한숨을 돌리던 로마는 힘겨운 기원전 4세기를 보냈다. 기원전 4세기 초 로마는 잊을 수 없는 치욕의 패배를 경험했다. 기원전 387년 3만 명의 갈리아족이 비옥한 땅과 약탈품을 기대하며 포강을 건너 이탈리아로 남하했다. 로마는 알리아 전투에서 갈리아군에게 대패했다. 패인은 양익에 많은 병사를 두어 포위당하지 않게 하고, 우익에 예비군을 두어 만일의 경우 퇴로를 보호하도록 하고, 언덕에서 내려오면서 공격하기로 한 로마군의 작전을 적이 이미 눈치를 챘다는 데 있다. 적군이 허약한 우익의 예비군을 먼저 공격하여 퇴로를 차단한 점, 중앙과 좌우익 어디든 빠르게 이동하면서 전투하는 갈리아군에 비해 대형 위주의 전투를 하는 로마군이 둔했던 점이 패인이다. 이 전투에서 승리한 갈리아군은 로마시를 거의 7개월 동안 포위했다. 식량 부족과 익숙하지 않은 기후로 갈리아족이 지쳐갈 때에야 그들은 카밀루스의 공격으로 격퇴되었다.

로마는 기원전 5~기원전 4세기의 힘겨운 전쟁을 겪고 난 후 번영을 구가했다. 기원전 3세기 축제가 늘어나고, 이에 호응하는 사람들이 늘면서 경비 문제가 논란이었다. 기원전 200년 마케도니아와의 전쟁기에 최고 사제인 리키니우스Publius Licinius(기원전 212~기원전 183 재임)가 구경거리를 개최하는 비용을 명확히 하고, 전쟁 비용과 섞이지 않게 해야 한다고 주장했다.

집정관들이 군대를 징집하고 전쟁에 필요한 것을 준비하고 있었다. 원로원은 집정관에게 유피테르 신에게 봉헌하는 구경거리를 개최하고, 마케도니아를 신에게 선물로 바치라고 명령했다. 이 명령에 따라 집정관이 서약했다. 이 공공의 서약 문제는 최고 사제인 리키니우스 때문에 지연되었다. 리키니우스는 명확하지 않은 금액에 서약할 수 없다고 말했다. 특정하게 정해진 금액에 서약해야 한다고 했다. 구경거리를 개최하는 돈은 전쟁을 위해 사용되는 비용이 아니므로 전쟁을 위해 적립된 돈과 섞이지 않아야 한다고 했다. 집정관은 리키니우스의 동료 사제들에게 다시 논의하여 결정되지 않은 금액을 집행할 수 있도록 해달라고 호소했다. 사제들이 다시 논의했다. 재논의 후 최고 사제가 인정했고, 그의 지시에 따라 집정관은 오년제인 '로마 축제'와 관련하여 서약했다. 이

것이 정해지지 않은 금액에 서약한 최초의 사례다.**110**

이 글에서 볼 때 전차 경주는 원로원과 사제가 승인하고 집정관이 주최했다. 또 종교 행사인 구경거리를 위한 돈과 전쟁 비용은 섞이지 않아야 하고, 종교 행사를 위한 돈의 총액은 정해져 있어야 했다. 총액을 정하지 않고 지나치게 많은 경비를 쓰는 것은 경계했다. 기원전 179년 원로원은 전차 경주에 드는 경비를 제한함으로써 지나치게 화려한 축제를 통제하려고 했다.

(기원전 179년) 풀비우스Quintus Fulvius(기원전 ?~172)는 집정관의 임무를 수행하기 전에 자신이 했던 맹세에서 국가를 벗어나게 하고 싶다고 말했다. 그는 켈티베리인과의 마지막 전투를 하기에 앞서 유피테르 신에게는 축제를 개최해주고, 포르투나 여신에게는 신전을 지어준다고 맹세했다. 그는 이런 목적으로 스페인에서 이미 돈을 징수했다. 축제를 개최하고, 신전을 건립하기 위한 두 명의 위원을 임명하는 포고령도 내렸다. 축제 경비에는 상한선이 있었다. (기원전 189년 집정관이었던) 노빌리오르가 아이톨리아와 전쟁한 후에 개최했던 축제 때(기원전 186) 사용한 경비를 초과하지 못하게 되어 있었다. 풀비우스에게 징발, 징세, 획득뿐만 아니라 이 축제를 위한 어떠한 행위도 금지되었다. 이를 지키지 않으면 아이밀리우스와 바이비우스가 집정관일 때(기원전 182) 원로원이 통과시킨 결의안을 위배하는 것이다. 원로원은 셈프로니우스가 안찰관으로

재직하면서 행했던 축제에서 지출했던 과도한 비용이 이탈리아뿐 아니라 라틴 동맹국, 속주에까지 부담으로 작용했기 때문에 이러한 포고령을 내렸다.[111]

기원전 182년 셈프로니우스가 안찰관으로서 지나치게 큰 비용을 지출함에 따라 원로원이 포고령을 내렸다. 앞으로 전차 경주의 개최 비용에 상한선을 두며, 그 기준은 기원전 186년 노빌리오르가 경주를 개최할 때 들인 비용이라는 내용이었다. 또 축제를 위한 징발, 징세를 금지한다고도 했다. 기원전 179년 경기를 주최하는 풀비우스는 이 상한선과 금지 규정을 지켜야 했다. 이에 풀비우스는 원하는 만큼의 화려한 전차 경주를 열 수 없었다.

이처럼 전차 경주는 집정관, 법무관, 안찰관 등 정무관의 책임하에 개최되었고, 국고에서 경비를 지원받는 국가적인 행사였다. 키케로는 정치적인 위신을 얻는 지름길은 정무관으로서 전차 경주를 주최하는 것이라고 불평했다. 그는 구경거리를 제공해야 인지도가 쌓이는 현실을 개탄했다.

제정기의 경주 주최자는 기존의 정무관 외에 황제도 포함되었다. 로마에서 다양한 구경거리를 제공하지 않는 황제는 인기가 없었다. 티베리우스 황제는 장엄한 건물을 건축하지 않았고, 한 번도 전차 경주를 개최하지 않았다. 축제를 기획하는 사람들은 돈을 벌 욕심에 11월 4~17일에 열리는 '평민 축제' 기간에 전차 경주를 기획했다. 황제의 생

일이 11월 16일이라 그의 생일을 축하하기 위해서라는 명분이 있었다. 하지만 황제는 이조차 거절했다. 이로써 황제는 인색한 사람으로 명성이 났고, 인기를 얻지 못했다. 티베리우스 황제는 정규적으로 열리는 전차 경주에도 거의 참여하지 않았다. 로마인은 황제를 볼 기회가 거의 없었고, 이는 황제와 시민의 거리감으로 나타났다.

티베리우스 황제가 전차 경주에 무관심해서 인기를 얻지 못했다면 칼리굴라 황제와 네로 황제는 관심이 지나쳐 빈축을 샀다. 칼리굴라 황제와 네로 황제는 검투사가 되어 직접 원형경기장에서 싸워보기도 하고, 여러 번 전차 기수가 되어 여러 지역의 경기장에서 전차를 직접 몰아보았다. 칼리굴라 황제는 팍티오의 마구간과 대기실에서 머물기도 했고, 그곳에서 식사도 했다. 그는 전차 기수 에우티쿠스에게 200만 세스테르티우스가 든 선물을 주기도 했다. 전차 경주가 열리기 전날 밤 말 인키타투스가 조용히 잘 수 있도록 병사들을 시켜 주변의 사람들을 조용히 시켰다. 또 황제는 이 말에게 대리석상, 상아 구유, 자주색 담요, 보석 목걸이를 주었다. 가구가 배치된 집에서 노예의 시중을 받으면서 지낼 수 있도록 해주었다. 황제가 이 말을 얼마나 좋아했는지 집정관으로 임명할 생각도 있었다고 한다.[113]

요약하면 왕정기, 공화정기, 제정기로 시대가 흘러도 전차 경주가 국가적인 행사라는 점에서는 변함이 없었다. 다만 주최자가 부유층의 도움을 받은 왕, 정무관, 황제와 정무관으로 바뀐 것만 달랐다. 시대가 흘러도 지나치게 화려한 축제는 제한되었고, 지나치게 인색한 황제나 지나치게 몰입하는 황제는 불만의 대상이었다. 이는 전차 경주에서 정치나 대중이 적정 수준을 유지하기가 얼마나 어려운지를 짐작하게 한다.

전차 경기장에서 개최된 야생동물 싸움

\

대경기장에 야생동물 우리가 있었다는 기록을 보건대, 전차 경주와 함께 야생동물 싸움 경기도 열렸던 것 같다. 잡은 여우, 노루, 토끼 같은 동물들을 사냥하는 행위는 신들의 호의를 기원하는 종교 축제의 한 부분으로 건국 초창기부터 있었다. 적에게 역병을 퍼트리기 위해 동물을 죽이는 관습은 기원전 6세기부터 있었다. 곡물의 여신인 케레스를 경축하는 축제에서 여우가 병아리를 잡아먹지 못하도록 여우를 불태웠다. 또 꽃의 여신인 플로라를 위한 축제에서 토끼와 사슴을 사냥한 적도 있었다. 이 의식은 농업 사회인 로마에서 여신들을 만족시켜 풍요를 기원하는 희생제의 의미가 강했다. 그러나 기원전 3세기 로마의 영토가 확대되고 각종 이국적인 동물들이 전리품으로 유입되면서 동물은 로마의 지배권을 상징했고, 그 동물을 살육하는 행위는 구경거리로 자리 잡았다. 이국적이라는 것은 로마에서 흔히 볼 수 있는 황소, 여우, 토끼, 사슴 같은 동물이 아니라 코끼리, 곰, 표범, 사자, 호랑이, 퓨마, 코뿔소, 악어, 기린, 스라소니, 타조, 하마 등 아프리카, 인도,

△ 2차 포에니 전쟁의 승패를 결정한 자마 전투 상상화. 포에니 전쟁에서 노획한 코끼리들은 대 경기장에서 생을 마감했다. 앙리 폴-모트, 「자마 전투」, 1890년 작품.

북유럽, 동유럽에서 볼 수 있는 동물들을 지칭한다.

　이국적인 동물 중 코끼리는 오랜 역사를 지녔다. 이탈리아 남부와 북부 아프리카에 대한 로마의 지배권을 상징하는 코끼리는 기원전 275년 군사령관인 쿠리우스가 로마와 싸웠던 에피루스의 피루스 왕

Pyrrhus(기원전 297~기원전 272 재위)에게서 빼앗아 개선식 때 전리품으로 전시되었다. 사냥이나 살육 목적이 아니라 사람들에게 코끼리나 타조와 같이 처음 보는 신기한 동물을 보여주려는 목적이었다. 당시 이집트의 알렉산드리아에 프톨레마이오스 2세Ptolemaios II(기원전 284~기원전 246 재위)가 세운 동물원이 있었지만, 로마는 이를 모방하지 않았다. 로마는 지배력을 과시하기 위해 동물들을 가두지 않고 공개적으로 전시했고, 이후에는 오락이라는 실용적인 목적에 활용했다.

기원전 252년 카르타고에게서 빼앗은 코끼리를 대경기장으로 몰아넣었다.

사제 메텔루스Lucius Caecilius Metellus(기원전 290?~기원전 221)가 시킬리아에서 승리하여 카르타고에게서 수많은 코끼리를 빼앗았다. 140마리의 코끼리는 줄을 지어 묶은 포도주 항아리 위에 널빤지를 여러 층 깔아 만든 뗏목을 이용해 메시나 해협을 건넜다. 베리우스는 이 코끼리들이 경기장에서 싸웠고, 로마인이 코끼리를 어떻게 다룰지 몰라 투창으로 살육했다고 기록했다. 또 피소의 말에 따르면, 코끼리들을 단지 경기장으로 밀어 넣었고, 서로 간에 경쟁심이 발동하게 하려고 사람들이 끝에 공이 달린 창을 가지고 다니면서 코끼리들을 몰아넣었다.[113]

이때는 좁은 공간에서 코끼리들끼리 우왕좌왕하면서 서로를 해치는 것에 불과했다.

동물 사냥 경기를 처음으로 개최한 것은 기원전 186년 노빌리오르가 후원한 경기였다. 이해에 로마시에서 최초로 운동선수들의 경기가 열렸다. 플리니우스의 기록에 따르면, 이때 달리기 경주를 한 선수는 대경기장에서 약 206킬로미터를 달렸다. 이 경기에서 사자와 표범의 싸움이 무대에 올려졌다. 야생동물 사냥은 노빌리오르가 서부 그리스의 암브라키아를 점령한 후 유피테르 신을 기리는 축제의 일부로 개최한 것이었다.

　　이탈리아로 유입되는 야생동물들의 수가 늘어나자 기원전 170년 원로원은 군사령관들이 야생동물 사냥 경기를 개최하여 정치적 지지를 얻으려는 시도를 저지하기 위해 아프리카산 동물이 이탈리아로 유입되지 못하도록 했다. 그러나 이런 조치는 아우피디우스의 반대에 부딪혔다. 호민관이었던 그는 원로원 결의에 반대하여 이 안건을 평민회에 상정, 평민회에서 경기를 목적으로 동물들을 수입하는 것을 허용했다. 동물 수입이 허락되자 그다음 해인 기원전 169년 안찰관인 나시카와 렌툴루스는 표범 63마리, 곰 40마리, 코끼리 몇 마리가 싸우는 화려한 경기를 개최하여 관중들의 흥미를 유발했다. 이즈음 동물 사냥 경기는 국가가 개최하는 공적인 축제의 일부가 되었다. 동물 사냥은 로마가 정복한 지역의 동물들을 싸우게 함으로써 로마의 군사적 위업을 보여주기에 적합한 구경거리였다.

　　기원전 1세기에는 많은 정치가가 야생동물 사냥을 인기와 지지를 얻기 위한 정치적 목적으로 활용했다. 로마시에서 한꺼번에 수많은 사자의 싸움을 보여준 것은 기원전 95년의 집정관인 스카이볼라Quintus Mucius Scaevola(기원전 140~기원전 82)였다. 수사자 100마리의 싸움을 보여준 사람은 나중에 독재관이 되는 술라가 기원전 93년 법무관으로 있을 때였다. 로마인에게 하마와 악어가 처음 선보인 것은 기원전 58년의 경기였다. 북유럽의 스라소니와 인도의 코뿔소는 기원전 55년 8월 폼페이우스가 개최했던 경기에 처음 나타났다. 폼페이우스가 최초의 석조극장을 봉헌한 것을 기념한 축제 때 대경기장에서 5일 동안 하루에 두 번 야생동물 사냥 경기가 개최되었다. 이 경기에서 코끼리의 용맹성은 관중들에게는 동정심을, 폼페이우스에게는 악명을 안겨주었다.

폼페이우스가 두 번째 집정관직에 있을 때(기원전 55) 베누스 신전을 봉헌했는데, 경기장에서 20마리의 코끼리가(어떤 사람들은 17마리라고도 했다) 투창으로 무장한 (서북 아프리카의) 가이툴리아인과 싸웠다. 코끼리한 마리가 아주 환상적으로 잘 싸웠지만, 발에 심각한 상처를 입어 무릎으로 기었다. 코끼리들이 단체로 자신들을 둘러싸고 있는 철제 방책에서 탈출하려고 해 대다수 구경꾼이 당황했다. 그러나 폼페이우스의 코끼리들이 탈출의 희망을 포기했을 때 그들은 말로 표현할 수 없는 몸짓으로 탄원하여 관중의 동정을 구했다. 그들은 마치 울부짖는 것처럼 신음을 내어 구경꾼들을 슬프게 만들었다. 구경꾼들은 폼페이우스와 그의 사치스러운 구경거리가 자신들을 위해 개최되었다는 사실을 잊은 채 폼페이우스에게 무서운 저주의 말들을 쏟아부었다.[114]

이 경기에서 코끼리 20마리, 수사자 315마리를 포함한 총 600마리의 사자, 표범 410마리, 수많은 원숭이가 죽었는데, 그 규모는 콜로세움이 개장되기 이전에 벌어진 경기 중 가장 컸다.

기원전 46년 카이사르가 개최한 경기에서 기린이 처음 선보였고, 사자 400마리가 동원되었다. 정치가들이 동원하는 동물의 수를 경쟁적으로 늘리고, 좀 더 이색적인 동물들을 보여주려고 한 이유는 그런 동물들이 자신의 정치적 역량을 나타내는 것으로 여겼기 때문이다.

아우구스투스 황제는 시민들을 위해 대경기장에서 혹은 로마 광장과 원형경기장에서 코뿔소나 하마 같이 로마시에서 보기 어려운 아프리카산 동물들로 26번 야생동물 사냥을 개최했고, 3500마리의 동물을 살해했다. 각 경기에서 평균 135마리의 동물들을 살해했다는 결론이 나온다. 기원전 2년 아우구스투스 황제가 마르스 신전을 봉헌할 때 개최한 경기에서는 260마리의 사자가, 12년에는 200마리의 사자가 살육되었다.

화려한 경기를 개최하여 로마의 국력과 풍부한 경제력을 과시한 황제는 티투스 황제와 트라야누스 황제였다. 티투스 황제는 유대를 정복하고 콜로세움을 완공한 것을 경축하기 위해 100일 동안 축제를 벌였다. 첫째 날 검투사 경기와 야생동물 사냥을 벌였다. 둘째 날에는 전차 경주를, 셋째 날에는 3000명이 동원된 모의 해전을 벌였다. 107년 트라야누스 황제는 다키아에서의 승리를 기념하여 123일 동안 각종 구

△ 사자와 싸우는 검투사

경거리를 제공했다. 약 1만1000마리의 야생동물과 사육 동물이 살육 당했고, 1만 명의 검투사들이 싸웠다. 이국적인 동물들을 전시하는 것은 제국의 위엄과 시민들의 자긍심을 높여주는 일이자 황제의 권위를 드높이는 일이었다.

칼리굴라 황제와 네로 황제 때 400마리의 곰과 300마리의 사자가 하루 만에 죽었다. 콜로세움 개장식에서는 9000마리의 동물이 살육되었다. 또 202년 재위 10주년 기념식에서 세베루스 황제가 개최한 화려한 경기에서 700마리의 동물들이 살육되었다. 고대 역사가들은 싸운 동물 사냥꾼의 수가 아니라 죽은 동물의 수를 기록해놓아 이들 동물을 죽이는 데 얼마나 많은 사람이 동원되었는지는 알 수 없다. 한꺼번에 많은 동물이 살육되기 때문에 죽은 동물의 수치에도 약간의 과장이 있을 것이다.

동물과 사람의 싸움이 얼마나 재미있었는지 폼페이 벽에 동물과 사람이 싸우는 장면을 묘사한 낙서도 있다. 타조, 영양, 가젤, 사슴, 당나귀, 곰, 수퇘지 등이 한꺼번에 경기장으로 들어왔다. 당나귀나 수퇘지는 힘으로 사냥꾼을 충분히 감당할 수 있지만 닫힌 공간에서 여기저기서 날아오는 창은 피할 길이 없었다. 도망 다니던 당나귀는 날아온 창에 코가 꿰어 죽었고, 수퇘지는 목을 관통한 단창에 찔려 죽었다. 경기장의 다른 쪽에서는 타조와 영양이 깃털을 풀풀 날리면서 경기장 여기저기로 도망 다녔다. 이런 유순하면서 빨리 달리는 동물들에게 멀리서 창을 던졌다가는 허탕을 칠 확률이 높았다. 조준한다고 해도 창이 날아가는 속도보다 더 빨리 달리거나 자유자재로 방향을 틀어버리기 때문에 빗나가기 일쑤였다. 따라서 창을 던지기보다 영양이나 가젤이 뛰어가는 길목을 가로막고 창으로 바로 찌르는 편이 훨씬 나았다. 영양의 목에 창을 찔러 급사시키거나 다리에 관통시켜 못 달리게 한 후 몸통 곳곳을 여러 차례 찔러야 했다. 허벅지나 몸통에 어설프게 찔렀다가는 창을 꽂은 채 그대로 달아나기 때문에 제대로 살육할 수 없었다.

어떤 사냥꾼은 황소의 등에 탄 채 지나가는 사자나 호랑이를 창으로 찔러 죽였다. 대개는 사냥꾼이 이기지만 관중들이 더 격렬한 싸움을 원할 때는 또다시 동물들을 상대해야 했다. 첫 번째 동물을 상대하느라 힘을 소진한 상태이므로 두 번째 싸움에서는 동물에게 당하여 죽을 가능성이 컸다. 카르포포루스라는 자는 북부 출신이라는 것 외에 알려진 것이 거의 없지만 동물과의 싸움에 아주 탁월했다.

카르포포루스에게 수퇘지를 죽이는 것은 하찮은 일이었다.
그의 창은 아주 위험한 동물인 곰도 찔렀다.
그의 단단한 손에서 창이 연이어 목표물을 향해 갔다.
그는 젊었지만 아주 강인하다.
한 번은 그가 황소 두 마리를 어깨 위에 짊어졌다.
마치 황소들이 전혀 무게가 나가지 않는 것처럼.
그리고 그는 물소와 들소를 패배시켰다.

사자도 그를 두려워해 스스로 구석으로 갔다.**116**

　최소한 네로 황제 때까지는 대경기장에서 야생동물 사냥을 겸했다. 빠른 속도의 전차가 칸막이 너머의 관중석으로 돌진하지 않도록, 야생동물이 뛰어넘어 관중을 덮치는 사고를 방지하기 위해 관중석과 경기장을 구분하는 울타리가 쳐져 있었다.**117**

2.
전차 경주의 부활을 꿈꾸며

전차 경주의 종결

\

　기독교가 전파되면서 검투사 경기, 야생동물 사냥, 전차 경주는 악의 대명사가 되었다. 4세기 중반 기독교도이면서 시인인 프루덴티우스 Aurelius Prudentius Clemens(348~413?)는 경기장에서의 싸움을 신과 악마의 대결에 빗대었다. 여성 전차 기수인 룩수리아와 소브리에타스의 싸움에 대한 묘사는 세밀했다.

　룩수리아는 몸을 앞으로 구부려 고삐를 단단히 잡고 달려 나갔고, 늘어뜨린 그녀의 머리카락은 먼지로 더럽혀졌다. 그러나 그녀는 곧바로 내동댕이쳐졌다. 그녀가 널브러져 있을 때 상대인 소브리에타스는 얼굴 중앙에 있는 숨구멍을 부숴버리기 위해 바위처럼 커다란 돌을 그녀에게 집어 던져 치명적인 타격을 가했다. 그녀의 치아는 빠져버렸고, 식도는 결딴났으며, 엉킨 혀에는 핏덩어리로 가득 찼다. 그녀의 식도에서 이상한 음식이 올라왔다. 그녀가 삼켰던 핏덩어리를 다시 토해낸 것이다. 소브리에타스가 그녀에게 "많은 포도주잔에 있는 너의 피를 마셔라"고 질책했다. 이 피는 지나간 시간을 지나치게 즐긴 대가로 주어진 당신의 무서운 단편들이다.[118]

룩수리아는 악마, 열정, 방종을 상징하고, 소브리에타스는 성녀, 냉정, 금욕을 의미한다. 소브리에타스의 승리는 전차 경주에 몰입한 방탕한 생활에 대한 응징이었다.

이미 기독교가 국교가 되어 널리 퍼진 5세기에 활동했던 신학자 아우구스티누스 역시 구경거리를 악마와 관련지었다. 검투사 경기, 야생동물 사냥, 전차 경주는 악마를 기쁘게 하는 것이고, 이를 행하는 자들은 마음속의 악마에게 경배를 올리고 있다. 악마는 사악한 관습과 자신들을 잘못 인도하고 함정에 빠트리는 사람들의 아주 비열한 삶을 즐기기 때문이다.[119]

검투사 경기, 야생동물 사냥, 전차 경주 중 가장 먼저 사라진 것은 검투사 경기였다. 검투사 경기를 잔인함의 대명사로 본 교회는 이 경기를 폐지하려고 무던히 노력했다. 교회는 검투사들과 검투사가 되려고 훈련하는 자들은 물론, 검투사 경기와 야생동물 사냥을 본 사람들도 세례를 받을 자격이 없다고 규정했다. 357년 콘스탄티우스 2세 황제는 칙령을 통해 로마시의 군인과 정무관들에게 검투사 경기를 못

보게 했고, 금지령에도 불구하고 경기를 보러 간 사람은 처벌을 받는다고 했다. 365년과 375년 발렌티니아누스 1세 황제Valentinianus I (364~375 재위)는 유죄판결을 받은 기독교도를 검투사 양성소에 보내는 것, 아레나에서 공개 처형하는 것을 금지했다. 그러나 기독교도가 아닌 범죄자는 여전히 아레나에서 처형되었다. 원로원 의원들이 개인적으로 검투사를 소유하는 것을 금지했다. 이런 금지에도 386년 크리소스토무스Johannes Chrysostomus(347?~407)가 안티오키아의 사제로 있으면서 검투사 경기가 여전히 개최되고 있다고 말한 것처럼 경기는 완전히 폐지되지 않았다. 393년 원로원 의원인 심마쿠스는 마치 어떤 변화도 없었던 것처럼 대형 검투사 경기를 개최했다.

399년 서로마 황제인 호노리우스 황제Honorius(395~423 재위)는 남아 있는 검투사 양성소를 폐쇄한 인물로 거론된다. 그 근거는 이렇다. 텔레마쿠스라는 어떤 수도승이 검투사 경기를 비난하기 위해 아나톨리아에서 로마시까지 왔다. 경기가 벌어지는 동안 그는 자신의 좌석에서 아레나로 뛰어 내려가 싸우고 있던 두 명의 검투사를 싸우지 못하게 갈라놓았다. 흥미진진한 경기를 집중해서 보고 있던 관중은 난데없는 수도승의 난입에 경기가 중단되자 광분했다. 흥분한 그들은 아레나로 내려와 수도승을 잡아 갈기갈기 찢어 죽였다. 이런 혼란 상황을 용인할 수 없었던 호노리우스 황제가 검투사 양성소를 아예 폐쇄해버렸다고 한다. 그러나 이 사건은 황제가 검투사 양성소 폐쇄를 선언한 후인 404년에 일어났기 때문에 양성소 폐쇄 선언을 하게 된 동기라고 보기는 어렵다. 아마도 검투사 경기에 대한 기독교의 혐오감을 강조하기 위한 일화로 추측된다. 황제의 결정은 로마시에서만 일시적으로 적용되었을 뿐이었다.

호노리우스 황제의 검투사 양성소 폐쇄라는 극단적인 조치에도 불구하고 검투사 경기의 명맥은 끊어지지 않았다. 아우구스티누스가 제자인 알리피우스가 검투사 경기의 매력에 빠졌다고 언급한 시기가 400년경이었기 때문이다. 마지막 검투사 경기가 최종적으로 언제 열렸는지는 확실치 않으나 440년 이전인 것 같다. 그해의 주교인 실바누스가 야생동물 사냥, 연극 상연, 전차 경주를 공개적으로 비난했는데, 검투사 경기에 대한 언급은 없었다. 아마도 경기가 이미 없어졌거나 하찮은 것이 되었을 것으로 추측한다.

검투사 경기를 종결짓는 특별한 정치적 조치는 없었지만 4세기 후반에 들어 로마시에서 점차 쇠퇴했다. 기독교가 국교가 된 후 기독교로 개종하는 사람들의 수가 급속히 증가하면서 콜로세움과 검투사 경기를 이교의 상징으로 여겨 경기를 보러 가기를 꺼렸다. 또 경제 상황이 어려워지면서 대규모로 검투사들을 고용해 화려한 경기를 개최할 여력이 없었다. 내전과 이민족과의 전쟁으로 국고는 고갈되었다. 상류층 역시 경제 쇠퇴와 세금 증가로 힘든 상황이었으므로 경기를 개최할 여력이 없었다. 여전히 경기를 보고 싶어 하는 사람들은 소수의 검투사가 싸우는 경기를 찾았지만, 과거와 같은 흥미와 짜릿함을 느낄 수 없어 경기장을 찾는 횟수가 더 줄었다. 찾는 사람들이 줄어드니 경기를 개최하는 횟수가 적어졌고, 그러면서 검투사 경기는 자연스럽게 역사 속으로 사라졌다.

검투사 경기 다음으로 없어진 것은 야생동물 사냥이었다. 동로마 제국에서 아나스타시우스 1세 황제는 498년 야생동물과 인간의 싸움을 금지했지만, 야생동물들끼리의 싸움은 허용했다. 523년 원로원 의원인 카시오도루스가 야생동물 사냥을 비난하는 글을 보고받은 동고트의 왕인 테오도리쿠스 1세는 경기를 금지하는 칙령을 발표했다. 그러나 536년 유스티니아누스 황제는 화려한 동물 사냥 경기를 주최했다. 동물 사냥 경기는 6세기에도 여전히 존속되었고, 681년에 가서야 최종적으로 폐지되었다.

전차 경주는 검투사 경기와 야생동물 사냥이 사라진 뒤에도 존속했다. 테오도시우스 1세 황제Theodosius I(379~395 재위)가 이교적인 종교와 의식을 공식적으로 금지하고, 로마인에게 자신과 같은 기독교를 믿도록 명령했다. 명령과 달리 사람들이 이교 신전에서 여전히 제례를 하자 황제는 391년 이교 신전과 희생제에 참석하는 것을 금지했다. 이듬해에는 모든 종류의 이교 의식을 금지했다.

이교 신을 기리고, 희생제와 함께 시작된 전차 경주는 기독교의 교세가 확장되고, 국교가 되면서 타격을 받을 수밖에 없었다. 로마시에서는 5세기에 정치 분열과 재정 악화로 인구가 상당히 감소했다. 500년에 로마시의 거주 인구는 10만 명이었다. 거주 인구 모두 대경기장에 간다고 해도 15만 명을 수용할 수 있는 경기장을 채우지 못했다. 하루 개최하는 경주의 수는 8회로 줄어들었다. 관중과 인기가 줄어들면서 전차 기수가 되려는 사람도 줄어들었다. 오랜 훈련과 경험을 축적한 전차 기수가 나타나지 않았고, 유명한 기수가 없자 인기는 더 떨어졌다.

이탈리아 지배자인 동고트의 왕 테오도리쿠스 1세는 전차 경주의 인기를 부활시키고자 했다. 이는 그가 전차 경주의 추종자이기 때문이 아니라 고대 로마의 전통인 전차 경주를 로마 시민의 지지를 확보하는 수단으로 여겼기 때문이다. 그는 전차 기수들을 충분히 확보하기 위해 2솔리두스를 봉급으로 주었다. 이 돈은 전차 경주에 대한 인기가 절정이었을 때와 비교하면 기수들의 평균 소득보다 훨씬 적은 금액이었다. 자연히 전차 경주의 인기를 부활시키는 데 별로 도움이 되지 않았다. 6세기 로마시에서 전차 경주는 서서히 사라져갔다. 결국 549년 마지막 전차 경주가 개최된 후 대경기장은 폐허가 되었다.

로마시와 달리 콘스탄티노폴리스에서는 대규모 경주가 계속 열렸다. 경기장에는 사람들로 꽉 찼고, 팍티오 지지자들끼리의 폭동도 여전했다. 그러나 6세기 중반을 지나면서 쇠퇴하기 시작했다. 유명한 전차 기수들이 나타나지 않았고, 새로이 기수가 된 사람들이 고도의 기술을 발휘하지 못하자 대중의 관심은 떨어졌다. 또 대규모 전차 경주를 개최할 만한 재정적인 여건도 되지 않자 인기는 더 떨어졌다. 티베리우스 2세 황제Tiberius Ⅱ Constantinus(578~582 재위)는 578년 팍티오에 주는 황제의 보조금을 삭감했다. 이유는 팍티오들이 돈을 너무 낭비한다고 보았기 때문이다. 아마도 청색과 녹색 팍티오 지지자들의 폭동에 대한 거부감이 강했던 것 같다. 이후의 황제들도 티베리우스 2세 황제처럼 보조금을 지속해서 삭감했다. 청색과 녹색 팍티오는 예산이 적어지자 소규모로 경주를 개최할 수밖에 없었다. 10세기에 하루 경주의 수는 8회로 감소했다. 이는 전차 경주의 매력을 더 떨어뜨리는 결과를 가져왔다.

남은 것은 새로운 황제가 즉위한 후 경기장에서 대중에게 인사를 하면서 의례적으로 하는 경주였다. 대중과의 제위식에서 일종의 이벤트 형식으로 벌이는 전차 경주는 대중에게 흥미롭지도, 극적인 재미를 주지도 못했다. 청색과 녹색 팍티오 지지자들이 여전히 관중석에 있었지만, 경주 자체보다는 황제에 대한 찬성과 반대의 목소리를 내는 데 더 관심을 가졌다. 전차 경주의 규모와 인기가 시들해지면서 명맥만 유지하던 때인 1204년 십자군이 콘스탄티노폴리스를 점령하여 금지하면서 전차 경주는 완전히 종말을 고했다.

황량한 대경기장

\

오늘날 대경기장에는 전차 경주가 열렸던 잔해를 거의 찾아볼 수 없다. 중세 초와 19세기 사이 좌석 열과 경주로 양쪽의 벽은 완전히 파괴되었다. 대경기장의 돌들은 성당이나 수도원을 짓는 데 재사용되었다. 16세기의 그림만 하더라도 경주로와 출발문이 보였다. 이때부터

19세기까지 점점 흙과 잡초로 덮이기 시작했다. 1852년 '앵글로-이탈리아 가스 협회'가 대경기장에 대규모 가스공장을 건설했다. 이탈리아 고고학자들과 고대 로마의 환경을 복구하고자 한 사람들이 이 시설에 대해 격렬히 반대했다. 결국 1910년 이 공장은 로마시 변두리로 이전했고, 1930년대까지 대경기장에 있던 다른 산업 시설들이 완전히 제거되었다. 이후 1976년, 1982년 대대적인 발굴작업을 하면서 현재는 곡선 구간인 반원형의 끝자락이 복구되었다.[121]

이제 로마인은 전차 경기장에 가지 않는다. 로마인이 열광하던 전차 경주는 더 이상 열리지 않는다. 상기된 표정의 전차 기수도, 목이 터져라 외쳐대는 관중도 없다. 경기장에는 수많은 관중 대신 이름 모를 잡초들이 난무한다. 관광객들이 반쯤 남아 있는 관중석에 앉아 있거나 경주로의 흙바닥을 걸어볼 뿐이다. 멀리서 보이는 팔라티누스 언덕의 황궁 잔해와 부자들의 집의 잔해가 아무것도 남아 있지 않은 황량한 대경기장보다 나은 듯하다. 흘러가버린 과거의 영광은 어디에도 없다. 하지만 그 황량함 속에도 목숨을 건 질주를 하던 전차 기수와 일상의 지루함과 고난을 잊고자 열광하던 로마인의 숨결은 남아 있다.

나가며

\

로마의 전차 경주는 힘을 공개적으로 과시하는 구경거리이고, 그 힘은 주로 군사적인 승리에서 나왔다. 로마의 승리를 신에게 감사하고 보답하기 위해 만든 것이 전차 경주였다. 대경기장에 설치된 이집트의 오벨리스크와 각종 신상이 그 상징물이었다. 국가적인 행사였던 전차 경주는 시간이 지나면서 체계화되었다. 부정 출발을 막는 출발문, 돌진하는 전차로부터 관중을 보호하는 칸막이, 로마의 전리품을 상징하는 중앙분리대, 멀리서 경기장을 돈 횟수를 알 수 있는 돌고래와 달걀 모양의 주행 기록기 등은 전차 경주의 정교함을 더해주는 장치였다.

7바퀴를 도는 경주에 걸리는 시간은 10분 남짓이지만, 직선로에서 시속 75킬로미터까지 속력을 낼 수 있어서 체감 속도는 엄청났다. 전차 기수는 직선로에서 추월하기 위해 몸을 최대한 숙이고, 몸을 휘감고 있는 고삐를 단단히 잡아야 했다. 1등을 달리는 기수와 1등을 하고 싶은 기수가 가장 신경쓰는 지점은 반환점이다. 가장 짧은 거리로 반원을 돌리는 전차들이 엉키는 반환점에서는 순위가 바뀌기도 하고, 치명적인 부상을 입기도 한다. 승리한 기수에게 주어지는 영광과 인기, 많은 상금을 위해 전차 기수들은 죽음의 질주를 했다.

전차 경주는 팍티오라는 조직을 중심으로 운영되었다. 홍색, 백색, 청색, 녹색 팍티오가 대표적이었다. 팍티오 수장, 전차 기수, 의사, 수의사, 마부, 서기, 회계원 등 전차 경주에 필요한 모든 인원이 소속되어 있었다. 관중은 전차 기수 개인이 아니라 팍티오에 충성했다. 황제도, 원로원 의원도, 기사도, 평민도, 해방 노예도 자신이 좋아하는 팍티오의 승리에 환호했다. 그러한 환호와 열광이 역사가들의 눈에는 광기로 보였다. 역사가들은 오직 자극적인 경주에만 열광하는 로마인, 그냥 7바퀴 도는 단조로운 경주에 매료되는 로마인을 이해할 수 없었다. 하지만 전차 경기장은 시민이 황제를 만날 수 있는 곳, 정치적 사안에 대해 시민의 목소리를 낼 수 있는 정치적 소통의 장이라는 장점도 있었다.

로마의 전통적인 신은 기독교가 전파되면서 이교 신이 되었다. 그 신들을 위한 전차 경주는 자연히 금지의 대상이었다. 광기, 격분, 흥분의 대명사로서 사라져야 할 악이 되었다. 황제권이 존속했던 동로마제국에서는 전차 경주의 명맥을 오랫동안 유지했지만, 서유럽에서는 일찍 폐기되었다. 오늘날 이스탄불, 티레, 리비아에 전차 경기장의 유적이 더 잘 남아 있는 것은 그 때문이다. 북부 아프리카의 렙티스 마그나 경기장은 가장 잘 보존되어 있다.

하루 24회의 경주 일정이 끝나고 경기장을 나서는 관중들은 다음 경주를 기대한다. 하지만 이제 경기장은 폐허가 되었고, 경주는 열리지 않는다. 영광의 찰나를 지나 사라진 전차 경주는 부침의 과정을 겪은 모든 역사를 생각하게 한다. 그래서 뜨겁던 태양이 사라지는 해질녘, 지지하는 팍티오 색깔의 옷을 입은 관중의 응원 함성, 위험한 인생을 살다 간 전차 기수들의 반복적인 구령 소리, 채찍을 맞으며 온 근육을 끌어당겨 달리는 말들의 거친 숨소리를 상상하면서 남아 있는 전차 경기장의 잔해 위를 걷게 될 날을 기대해본다.

주

\

1   Juvenalis, *Satirae* 10.77-81.

2   M. Junkelmann, "Familia Gladiatoria: The Heroes of the Amphitheatre," in E. Köhne & C. Ewigleben, eds., *Gladiators and Caesars*(Berkeley: University of California Press, 2000), pp.40-41; S. Wisdom, *Gladiators 100 BC-AD 200*(Oxford: Osprey, 2001), p.30; K. Hopkins & M. Beard, *The Colosseum*(Cambridge: Harvard University Press, 2005), pp.66-68; P. Matyszak, *Gladiator: The Roman Fighter's Unofficial Manual*(London: Thames & Hudson, 2011), p.92.

3   Tacitus, *Dialogus de oratoribus* 29; R. Matthews, *The age of the gladiators: savagery & spectacle in ancient Rome*(New Jersey: Chartwell Books, 2003), p.20.

4   Valerius Maximus, *Facta et Dicta Memorabilia* 2.4.7; Livius, *Periochae* 16; Ausonius, *Gryphus ternarii numeri* 36-37; Servius, *Ad Aeneidem* 3.67.

5   Festus, *Breviarium rerum gestarum populi Romani* 22, 135M; Servius, *Ad Aeneidem* 10.519; Plinius, *Naturalis Historiae* 34.20-21; A. Baker, *The Gladiator: The Secret History of Rome's Warrior Slaves*(Massachusetts: Da Capo Press, 2000), p.11, 13; A. Reifferscheid, *C. Suetonii Tranquilli praeter Caesarum libros reliquiae*(Leipzig: B. G. Teubner, 1860), p.320.

6   Cicero, *De Legibus* 2.38; Tertullianus, *De Spectaculis* 12; Festus, *Breviarium rerum gestarum populi Romani* 22, 134b; Varro, *De Lingua Latina* 5.153, 5.154; Lucretius, *De rerum natura* 6.198; Suetonius, *Caligula* 27; E. H. Warmington, ed., *Cicero XVI De Re Publica, De Legibus*(The Loeb Classical Library, 1928), p.417.

7   F. Meijer, *Chariot racing in the Roman Empire: spectacles in rome and constantinople*(Baltimore: John Hopkins University Press, 2010), p.31.

8   Dio, *Historia Romana* 47.40; *Scriptores Historiae Augustae, Marcus Aurelius* 10.10; Fronto, *Principia Historiae* 17; T. Wiedemann, *Emperors and Gladiators*(London, 1992), p.12; C. Schnurr, "The Lex Julia Theatralis of Augustus: Some Remarks on Seating Problems in Theatre, Amphitheatre and Circus," *Liverpool Classical Monthly* 17.10(1992), p.156; A. Futrell, *Blood in the Arena: The Spectacle of Roman Power*(Austin: University of Texas Press, 1997), pp.1-2; F. Meijer, *The Gladiators: History's Most Deadly Sport*, trans. by L. Waters(New York: Thomas Dunne Books, 2003), p.29; E. Köhne & C. Ewigleben, eds., *Gladiators and Caesars*, pp.8-30.

9   *Corpus Inscriptionum Latinarum* 4.1189-1190, 4.3884, 4.7995, 4.9979; H. Dessau, *Inscriptiones Lationae Selectae* 5145 in A. Futrell, *The Roman Games: A Sourcebook*(Oxford: Blackwell, 2006), pp.44-45 재인용; A. Mahoney, *Roman sports and spectacles: a sourcebook*(Massachusetts: R. Pullins Company, 2001), p.19.

10 *Papyrus Oxyrhynchus* 2707 in A. Futrell, *The Roman Games: A Sourcebook*, p.198 재인용; Dio, *Historia Romana* 59.7, 60.27; Suetonius, *Domitianus* 4.3; F. Meijer, *Chariot racing in the Roman Empire: spectacles in rome and constantinople*, p.72.

11 Ammianus, *Res Gestae* 28.4.28-31; Suetonius, *Caligula* 26; *Scriptores Historiae Augustae, Elagabalus* 23.

12 Varro, *De Lingua Latina* 5.153, 5.154; Dionysius Halicarnassus, *Rhōmaïke Archaiologia* 3.68; Suetonius, *Claudius* 20-21; Dio, *Historia Romana* 55.2-10; Plinius, *Naturalis Historia* 36.26, 16.201.

13 Dio, *Historia Romana* 49.43; Livius, *Ab Urbe Condita* 1.33, 1.35, 40.2, 41.27; Tertullianus, *De Spectaculis* 8; Dionysius Halicarnassus, *Rhōmaïke Archaiologia* 3.68; Plinius, *Naturalis Historia* 8.21; F. Meijer, *Chariot racing in the Roman Empire: spectacles in rome and constantinople*, pp.49-51.

14 Livius, *Ab Urbe Condita* 41.27.6.

15 Tacitus, *Annales* 15.38; Plinius, *Naturalis Historia* 7.84; Suetonius, *Caesar* 39.2; Dio, *Historia Romana* 49.43.2, 55.8.4; Dionysius of Halicarnassus, *Rhōmaïke Archaiologia* 3.68.3; Plinius, *Naturalis Historia* 36.102.

16 Plinius, *Naturalis Historia* 36.102; *Scriptores Historiae Augustae, Antoninus*

Pius 9.1; Mommsen, *Chronica Minora* 1.146, 1.148; Dionysius Halicarnassus, *Rhōmaïke Archaiologia* 3.68; Dio, *Historia Romana* 59.4; Suetonius, *Augustus* 40.5; Juvenalis, *Satirae* 3.60-68; Cyprianus, *De spectaculis* 5; R. Matthews, *The age of the gladiators: savagery & spectacle in ancient Rome*, p.126.

17 Dio, *Historia Romana* 59.13.8; Plutarchos, *Gaius Gracchus* 12.3; Vitruvius, *De Architectura* 5.1.2; Suetonius, *Caligula* 26.6; Martialis, *Epigrammata* 5.24.9; Varro, *Lingua Latina* 5.154; Livius, *Ab Urbe Condita* 1.33; Festus, *Breviarium rerum gestarum populi Romani* p.135.156L; Servius, *In Vergilii Aeneidem Commentarii* 8.636; Apuleius, *Metamorphoses* 6.8; J. H. Humphrey, *Roman circuses: arenas for chariot racing*(Berkeley : University of California Press, 1986), pp.95-96.

18 Livius, *Ab Urbe Condita* 8.20; Suetonius, *Claudius* 21; Dionysius Halicarnassus, *Rhōmaïke Archaiologia* 3.68; Mommsen, *Chronica Minora* 1.147; D. G. Kyle, *Sport and Spectacle in the Ancient World*(Oxford: Blackwell Publishing, 2007), pp.307-308.

19 Cassiodorus, *Variae epistulae* 3.51; Tertullianus, *De spectaculis* 8; Livius, *Ab Urbe Condita* 41.27.6; Dio, *Historia Romana* 49.43; J. H. Humphrey, *Roman circuses: arenas for chariot racing*, p.1; F. Meijer, *Chariot racing in the Roman Empire: spectacles in rome and constantinople*, pp.42-45; R. Matthews, *The age of the gladiators: savagery & spectacle in ancient Rome*, pp.124-125; E. Köhne & C. Ewigleben, eds., *Gladiators and Caesars*, pp.96-97; P. Christesen & D. G. Kyle, *A Companion to Sport and Spectacle in Greek and Roman Antiquity*(Oxford: Wiley-Blackwell, 2013), p.562.

20 Varro, *De Lingua Latina* 5.55, 5.89; Horatius, *Epodus* 4.15-16; Tacitus, *Annales* 2.83; Dio, *Historia Romana* 55.22.4; Suetonius, *Nero* 11; H. Dessau, *Inscriptiones Lationae Selectae* 6087 in T. Jones, "Pre-Augustan Seating in Italy and the West," *Roman Amphitheatres and Spectacula: a 21st-Century Perspective* 1(2009), p.130 재인용; A. Futrell, *Blood in the Arena: The Spectacle of Roman Power*, p.164; A. Mahoney, *Roman sports and spectacles: a sourcebook*, p.75 재인용; R. Rose, "Spectators and spectator comfort in Roman entertainment buildings: a study in functional design," *Papers of the British School at Rome* 73(2005), p.100; K. Hopkins & M. Beard, *The Colosseum*(Cambridge: Harvard University Press, 2005), p.111.

21   Livius, *Ab Urbe Condita* 1.35.8, 2.31.3; Valeius Maximus, *Facta et Dicta Memo-*
      rabilia 2.4.3, 4.4.8; Dionysius Halicarnassus, *Rhōmaïke Archaiologia* 3.68; Dio,
      Historia Romana 55.22, 57.11, 59.3-7, 60.7; Suetonius, *Claudius* 21; *Nero* 11; Plin-
      ius, *Panegyricus* 9.6, 51.2-5; Plutarchos, *Sulla* 35.3; Cicero, *Ad Atticum* 2.1.5; *Pro*
      Murena 73; J. H. Humphrey, *Roman circuses: arenas for chariot racing*, p.32;
      F. Meijer, *Chariot racing in the Roman Empire: spectacles in rome and con-*
      stantinople, p.45; R. Matthews, *The age of the gladiators: savagery & spectacle*
      in ancient Rome, pp.124-125; S. Lilja, "Seating Problems in Roman Theatre and
      Circus," *Arctos* 19(1985), pp.70-71; C. Schnurr, "The Lex Julia Theatralis of Augus-
      tus: Some Remarks on Seating Problems in Theatre, Amphitheatre and Circus,"
      Liverpool Classical Monthly 17.10(1992), p.149.

22   Ovidius, *Amores* 3.2; Dio, *Historia Romana* 69.8.

23   Ovidius, *Ars Amatoria* 1.135-162.

24   Suetonius, *Augustus* 44; Tacitus, *Annales* 13.54, 15.32; Dio, *Historia Romana*
      54.2.3-4, 54.16, 59.10.5.

25   Cicero, *Philippicae* 2.18.44, 2.44; *Pro Murena* 40; *Ad Familiares* 10.32.2; Asconius,
      Pro Cornelio 79C; Strabo, *Geographica* 3.5.3; Livius, *Ab Urbe Condita* 99; Plutar-
      chos, *Cicero* 13; Velleius Paterculus, 2.32.3; Horatius, *Epodes* 4.15-16; Ovidius,
      Fasti 4.377-386; Juvenalis, *Satirae* 3.159; Plinius, *Naturalis Historiae* 33.32.

26   Tacitus, *Annales* 6.3; Plinius, *Naturalis Historia* 16.13, 33.29, 33.32; Livius, *Ab*
      Urbe Condita 10.47; Martialis, *Epigrammata* 4.2, 5.14; Suetonius, *Domitianus* 8.3;
      Macrobius, *Saturnalia* 3.14.13; Cicero, *In Verrem* 2.3.185, 2.3.187; *Ad Familiares*
      10.32.2; Dio, *Historia Romana* 47.7.4-5; Horatius, *Epodes* 4.15-16; Juvenalis, *Sati-*
      rae 3.153-163; Calpurnius, *Eclogues* 7.23; Ovidius, *Amores* 2.7.3-4; Propertius,
      Elegiae 4.8.77.

27   S. Lilja, "Seating Problems in Roman Theatre and Circus," *Arctos* 19(1985), pp.69-
      70; E. Rawson, "Discrimina Ordinum: the lex Iulia Theatralis," *Papers of the*
      British School at Rome 55(1987), p.85; T. P. Malnati, "Juvenal and Martial on
      Social Mobility," *Classical Journal* 83.2(1987), p.137; C. Schnurr, "The Lex Julia
      Theatralis of Augustus: Some Remarks on Seating Problems in Theatre, Am-
      phitheatre and Circus," *Liverpool Classical Monthly* 17.10(1992), p.155, 160; H. D.
      Crawford, "Arranging Seating," *Athenaeum* 71(1995), pp.613-618; S. Shadrake,

The World of the Gladiator(Gloucestershire: Tempus, 2005), p.114; P. Rose, "Spectators and spectator comfort in Roman entertainment buildings: a study in functional design," *Papers of the British School at Rome* 73(2005), pp.99-130; T. Jones, "Pre-Augustan Seating in Italy and the West," *Roman Amphitheatres and Spectacula: a 21st-Century Perspective* 1(2009), p.128; G. G. Fagan, *The Lure of the Arena: Social Psychology and the Crowd at the Roman Games*(Cambridge: Cambridge University Press, 2011), pp.105-115.

28 배은숙, 『로마 검투사의 일생』(글항아리, 2013), pp.212-222.

29 Livius, *Ab Urbe Condita* 2.30, 3.41, 24.18.10; Sallustius, *Bellum Iugurthinum* 31.15; Caesar, *Bellum Civile* 1.22; *Bellum Gallicum* 6.22.3; Suetonius, *Caligula* 55; *Nero* 2.2; *Vitellius* 7, 14; *Domitianus* 7; Plautus, *Bacchides* 843; *Rudens* 1371; *Nonius* 304; Cicero, *Brutus* 164; *De republica* 3.23; J. H. Humphrey, *Roman Circuses: Arenas for Chariot Racing*, p.137; F. Meijer, *Chariot racing in the Roman Empire: spectacles in rome and constantinople*, pp.52-53; D. G. Kyle, *Sport and Spectacle in the Ancient World*, pp.258-259; R. Seager, "Factio: Some Observations," *Journal of Roman Studies* 62(1972), pp.53-58.

30 Dio, *Historia Romana* 55.10.

31 H. Dessau, *Inscriptiones Lationae Selectae* 5288; F. Meijer, *Chariot racing in the Roman Empire: spectacles in rome and constantinople*, p.60; E. Köhne and C. Ewigleben, eds., *Gladiators and Caesars*, p.97.

32 Procopius, *Historia Arcana* 1.24.54; John Malalas, *Chronographia* 18.71; A. Cameron, *Circus Factions: Blues and Greens at Rome and Byzantium*(Oxford: Clarendon Press, 1972), p.225, 271-278; W. Liebeschuetz, "Review: Circus Factions," *Journal of Roman Studies* 68(1978), pp.198-199; R. Matthews, *The age of the gladiators: savagery & spectacle in ancient Rome*, p.150; F. Meijer, *Chariot racing in the Roman Empire: spectacles in rome and constantinople*, pp.112-113, 133.

33 Tertullianus, *De spectaculis* 9.5; Cassiodorus, *Variae Epistulae* 3.51; Plinius, *Naturalis Historia* 7.186, 33.90; Suetonius, *Caligula* 55; *Nero* 22; *Vitellius* 7, 14; Martialis, *Epigrammata* 6.46.1, 10.48.23, 13.78.2, 14.131.1; Dio, *Historia Romana* 59.14, 61.6, 63.6-9, 65.5.1, 72.17, 73.4, 77.10, 78.8, 79.14; Isidorus Hispalensis, *Origenes* 18.41; Suetonius, *Domitianus* 7.1; Dio, *Historia Romana* 67.4; Martialis, *Epigrammata* 14.55.2; H. Dessau, *Inscriptiones Lationae Selectae* 5282.

34 Martialis, *Epigrammata* 11.33; Dio, *Historia Romana* 59.14, 61.6, 63.6, 65.5.1, 78.10.2, 80.14.2; Suetonius, *Caligula* 55; *Nero* 22; *Vitellius* 7; Plinius, *Naturalis Historia* 33.90; *Scriptores Historiae Augustae, Commodus* 2.9; F. Meijer, *Chariot racing in the Roman Empire: spectacles in rome and constantinople*, pp.54-55, 99-101; A. Cameron, *Circus Factions: Blues and Greens at Rome and Byzantium*, pp.62-64.

35 Suetonius, *Caligula* 18; *Scriptores Historiae Augustae, Elagabalus* 6, 12; Dio, *Historia Romana* 59.14.5-6.

36 Suetonius, *Nero* 22; Tertullianus, *De Spectaculis* 12; Festus, *Breviarium rerum gestarum populi Romani* 134b, 135M; Servius, *Ad Aeneidem* 10.519; Valeirus Maximus, *Facta et Dicta Memorabilia* 2.4.7; Ausonius, *Gryphus ternarii numeri* 36-37; Dio, *Historia Romana* 63.6.

37 Dio, *Historia Romana* 63-78.

38 Plinius, *Naturalis Historia* 33.90.

39 Suetonius, *Vitellius* 7, 14.

40 Dio, *Historia Romana* 74.4.2; *Scriptores Historiae Augustae, Verus* 4.6.10.

41 Dio, *Historia Romana* 78.1.2.

42 Dio, *Historia Romana* 77.7.2; Herodianus, *Historia* 4.4.1.

43 Dio, *Historia Romana* 80.14; *Scriptores Historiae Augustae, Elagabalus* 23, 28; M. T. Jerary, "Septimius Severus, the Roman Emperor, 193-211 AD," *Africa* 63.2(2008), pp.173-186; Y. Zahran & J. Tubb, *Septimius Severus: Countdown to Death*(London: Gilgamesh Publishing, 2015), pp.59-160.

44 Dio, *Historia Romana* 61.6; F. Meijer, *Chariot racing in the Roman Empire: spectacles in rome and constantinople*, pp.53-55; M. Junkelmann, "On the Starting Line with Ben Hur: Chariot-Racing in the Circus Maximus", in E. Köhne & C. Ewigleben, eds., *Glatiators and Caesars: The Power of Spectacle in Ancient Rome*, p.87; H. A. Harris, *Sport in Greece and Rome*(New York: Cornell University Press, 1972), p.185; F. Meijer, *Chariot racing in the Roman Empire: spectacles in rome and constantinople*, pp.7-9.

45 *Corpus Inscriptionum Latinarum* 6.10049; D. G. Kyle, *Sport and Spectacle in the Ancient World*, p.305.

46 H. Dessau, *Inscriptiones Lationae Selectae* 5286; Livius, *Ab Urbe Condita* 10.47.

47 *Anthologia Planudea* 374 in A. Futrell, *The Roman Games: A Sourcebook*, p.198 재인용.

48 H. Dessau, *Inscriptiones Lationae Selectae* 5313; Ammianus, *Res Gestae* 26.3.3, 28.1.27, 29.3.5.

49 Suetonius, *Nero* 20; F. Meijer, *Chariot racing in the Roman Empire: spectacles in rome and constantinople*, p.74; *Inscriptae Grutier*, 339.5, 340.3; 제롬 카르코피노 지음, 류재화 옮김, 『고대 로마의 일상생활』(우물이 있는 집, 2003), pp.369-382.

50 Martialis, *Epigrammata* 7.7, 10.9; V. Olivova, "Chariot Racing in the Ancient World," *Nikephoros* 2(1989), pp.65-66.

51 Juvenalis, *Satirae* 63.

52 M. Junkelmann, "On the Starting Line with Ben Hur: Chariot-Racing in the Circus Maximus", pp.88-89.

53 H. Dessau, *Inscriptiones Lationae Selectae* 5288; Galenus, *De methodo medendi* 10.478.

54 Ovidius, *Tristia* 4.8.19.

55 *Corpus Inscriptionum Latinarum* 6.10082.

56 Martialis, *Epigrammata* 6.46; Tacitus, *Annales* 14.29-37; Dio, *Historia Romana* 62.1-12; V. Olivova, "Chariot Racing in the Ancient World," pp.65-68; M. Junkelmann, "On the Starting Line with Ben Hur: Chariot-Racing in the Circus Maximus", pp.91-92.

57 Juvenalis, *Satirae* 10.36-46.

58 Dionysius Halicarnassus, *Rhōmaïke Archaiologia* 7.70-73; Ovidius, *Amores* 3.2.43-58.

59 Tertullianus, *De Spectaculis* 16; Martialis, *Epigrammata* 8.11.

60 Cassiodorus, *Variae Epistulae* 3.51; *Digesta*, 50.6.7; Arrianus, *Ectaxis contra Alanos* 14.4; Plinius, *Naturalis Historiae* 8.65.160; S. Bell, "Roman Chariot Racing: charioteers, factions, spectators," in P. Christesen & D. G. Kyle, *A Companion to Sport and Spectacle in Greek and Roman Antiquity*, pp.499-500.

61 Vergilius, *Gerogics* 3.49-122.

62 Silius Italicus, *Punica* 303-456; M. Junkelmann, "On the Starting Line with Ben Hur: Chariot-Racing in the Circus Maximus", p.92.

63 Sidonius Apollinaris, *Epistulae* 13.305-4260; Suetonius, *Nero* 16.

64   Plinius, *Naturalis Historia* 28,237; F. Meijer, *Chariot racing in the Roman Empire: spectacles in rome and constantinople*, p.64.

65   H. Dessau, *Inscriptiones Lationae Selectae* 5283-5284 in A. Mahoney, *Roman sports and spectacles: a sourcebook*, p.28 재인용; M. Junkelmann, "On the Starting Line with Ben Hur: Chariot-Racing in the Circus Maximus", p.100; R. Matthews, *The age of the gladiators: savagery & spectacle in ancient Rome*, p.138.

66   H. Dessau, *Inscriptiones Lationae Selectae* 5084, 5084a in A. Mahoney, *Roman sports and spectacles: a sourcebook*, pp.20-21 재인용; Tacitus, *Annales* 3.43, 3.46; Isidorus, *Etymologiae* 18.56.

67   *Corpus Inscriptionum Latinarum* 4.2508 in A. Futrell, *The Roman Games: A Sourcebook*, pp.85-86 재인용.

68   *Corpus Inscriptionum Latinarum* 12.3323 in P. Matyszak, *Gladiator: The Roman Fighter's Unofficial Manual*(London: Thames & Hudson, 2011), p.52 재인용.

69   H. Dessau, *Inscriptiones Lationae Selectae* 5287-5288.

70   H. Dessau, *Inscriptiones Lationae Selectae* 5285; *Corpus Inscriptionum Latinarum* 6.1004.

71   Juvenalis, *Satirae* 7.105-114, 7.243.

72   Martialis, *Epigrammata* 10.74.

73   Martialis, *Epigrammata* 10.76.

74   Martialis, *Epigrammata* 4.67.

75   Dio, *Historia Romana* 78.1; F. Meijer, *Chariot racing in the Roman Empire : spectacles in rome and constantinople*, p.88.

76   H. Dessau, *Inscriptiones Lationae Selectae* 5287.

77   *Anthologia Planudea* 335, 338, 340 in A. Futrell, *The Roman Games: A Sourcebook*, pp.201-202 재인용.

78   Malalas, *Anthologia Palatina* 15.47, 16.338, 16.344, 16.350, 16.358.

79   Martialis, *Epigrammata* 10.50, 10.53.

80   *Corpus Inscriptionum Latinarum* 6.10049.

81   H. Dessau, *Inscriptiones Latinae Selectae* 5106 in F. Meijer, *The Gladiators: History's Most Deadly Sport*, p.64 재인용; K. Hopkins, & M. Beard, *The Colosseum*(Cambridge: Harvard University Press, 2005), pp.87-88; V. M. Hope, "Fighting for identity: the funerary commemoration of Italian gladiators," *Bulletin Institute*

of *Classical Studies University of London* 73(2000), p.103; J. Carlsen, "Exemplary Deaths in the Arena: Gladiatorial Fights and the Execution of Criminals," *Early Christianity in the Context of Antiquity* 8(2011), p.87; F. Meijer, *Chariot racing in the Roman Empire: spectacles in rome and constantinople*, p.145.

82   Tertullianus, *De Spectaculis* 22.3-4.

83   Dio, *Historia Romana* 62.18, 66.25, 69.8; Suetonius, *Nero* 11; *Caligula* 18.

84   Juvenalis, *Satirae* 5.143-144; Procopius, *De Bello Persico* 1.24; Petronius, *Satyricon* 70.13; F. Meijer, *Chariot racing in the Roman Empire: spectacles in rome and constantinople*, pp.98-99, 133; R. Matthews, *The age of the gladiators: savagery & spectacle in ancient Rome*, p.131.

85   P. Wuilleumier, "Cirque et astrologie" *Melanges d'archeologie et d'histoire* 44(1927), pp.185-186 in F. Meijer, *Chariot racing in the Roman Empire: spectacles in rome and constantinople*, p.110 재인용.

86   Tertullianus, *De Spectaculis* 16; Martialis, *Epigrammata* 11.1; Plinius, *Naturalis Historiae* 10.71.

87   Juvenalis, *Satirae* 11.194-204; Petronius, *Satyricon* 70; M. Wistrand, *Entertainment and violence in ancient Rome. The attitudes of Roman writers of the first century A.D.*(Göteborg, 1992), pp. 41-47.

88   H. Dessau, *Inscriptiones Lationae Selectae* 8753 in F. Meijer, *Chariot racing in the Roman Empire: spectacles in rome and constantinople*, p.102 재인용.

89   M. Junkelmann, "On the Starting Line with Ben Hur: Chariot-Racing in the Circus Maximus", p.102.

90   A. Audollent, *Defixionum tabellae quotquot innotuerunt*(Paris, 1904), no.187 in F. Meijer, *Chariot racing in the Roman Empire: spectacles in rome and constantinople*, p.103 재인용.

91   Plinius, *Panegyricus* 9.6; Juvenalis, *Satirae* 11.193-204; P. Christesen & D. G. Kyle, *A Companion to Sport and Spectacle in Greek and Roman Antiquity*, p.500.

92   Plinius, *Epistulae* 9.6.

93   Seneca, *Epistulae Morales* 7.1-2; Sidonius Apollinaris, *Carmina* 23.307-427; Dion Chrysostomos, *Orationes* 32.74-77; Ammianus, *Res Gestae* 28.4.29; Petronius, *Satyricon* 70.10, 70.13, 126.5-7; Suetonius, *Caligula* 22, 54; *Nero* 22, 24, 53; *Vitellius* 12; Juvenalis, *Satirae* 7.112-114, 10.77-81, 11.193; Plinius, *Panegyricus* 9.6, 9.23;

Fronto, *Epistulae* 2.3; Tacitus, *Dialogus de oratoribus* 29; *Historiae* 1.4.3, 1.72.3, 2.21.4.

94　*Corpus Inscriptionum Latinarum* 4.1179, 4.1180 in A. Futrell, *The Roman Games: A Sourcebook*, pp.46-47 재인용; Tacitus, *Annales* 14.17; Seneca, *Epistulae Morales* 7.2-6, 69.4, 76.2, 84.11, 88.18, 92.10; *De Beneficiis* 4.11.5; *Dialogorum* 4.25.3, 74.2, 77.3, 7.12.2; M. Wistrand, *Entertainment and violence in ancient Rome. The attitudes of Roman writers of the first century A.D*, p.12, 18.

95　Dio, *Historia Romana* 66.25; Suetonius, *Titus* 7.3; Martialis, *Epigrammata* 1.7-8; T. Wiedemann, *Emperors and Gladiators*, pp.116-117; L. Mann, "Sports crowds and the collective behavior perspective," in J. H. Goldstein, ed., *Sports, games, and play: social and psychological viewpoints*(New Jersey, 1989), pp.304-308.

96　Dion Chrysostomos, *Orationes* 32.41-42, 74-77; Tacitus, *Annales* 1.54, 1.77, 4.14, 6.13, 13.25, 14.21; Plinius, *Epistulae* 2.14; Suetonius, *Augustus* 44-45; *Tiberius* 37; *Nero* 16, 26; Valerius Maximus, *Facta et Dicta Memorabilia* 2.4; Dio, *Historia Romana* 56.47; Tertullianus, *De Spectaculis* 16; T. W. Africa, "Urban Violence in Imperial Rome," *Journal of Interdisciplinary History* 2(1971), p.8; P. A. Brunt, "Roman Mob," *Past and Present* 35(1966), p.10.

97　Philostratus, *Vita Apollonii* 1.15.

98　Philostratus, *Vita Apollonii* 5.26.

99　Tertullianus, *Apologeticus* 38; W. Decker, "Furor circensis," *Journal of Roman Archaeology* 14.2(2001), p.506.

100　Augustinus, *Sermones* 198.3; *In Psalmos* 80.1; Hieronymus, *Epistulae* 43.3.3; *Commentarii in Isaiam* 7.17.12-14; *Vita Sancti Hilarionis* 2.

101　R. Matthews, *The age of the gladiators: savagery & spectacle in ancient Rome*, p.151; J. Drinkwater & H. Elton, *Fifth-Century Gaul: A Crisis of Identity?*(Cambridge: Cambridge University Press, 2002), pp.47-82; J. Norwich, *A Short History of Byzantium*(New York: Vintage Books, 1999), p.64; I. Hughes, *Belisarius: The last Roman general*(Yardley: Westholme, 2009), pp.19-58; P. J. Heather, *Rome resurgent: war and empire in the age of Justinian*(Oxford: Oxford University Press, 2018), pp.68-91; F. Meijer, *Chariot racing in the Roman Empire : spectacles in rome and constantinople*, pp.6-13.

102　Josephus, *Antiquitates Judaicae* 19.24-26.

103 Dio, *Historia Romana* 73.13, 74.13, 75.4; Plutarchos, *Galba* 17.4; *Otho* 2.2; Tacitus, *Historiae* 1.72; Herodianus, *Historia* 1.12-13, 2.7; *Scriptores Historiae Augustae, Didius Julianus* 4.2-5.

104 배은숙, 「제정 초기 전차 경주에서 팍티오(factio)와 폭력성」, 『서양고대사연구』 40(2015), pp.69-96.

105 Plutarchos, *Publicola* 13; Plinius, *Naturalis Historia* 8.161, 28.16, 35.157; Festus, *Breviarium rerum gestarum populi Romani* p.340L in J. H. Humphrey, *Roman Circuses: Arenas for Chariot Racing*, p.17 재인용; Diodorus Siculus, *Bibliotheca Historica* 23.2.5-6; Livius, *Ab Urbe Condita* 1.35; Dionysius Halicarnassus, *Rhōmaïke Archaiologia* 7.73.

106 E. C. Gray, *History Of Rome, For Young Persons*(Whitefish: Kessinger Publishing, 2010), pp.102-103; A. Reifferscheid, *C. Suetonii Tranquilli praeter Caesarum libros reliquiae*(Leipzig: B. G. Teubner, 1860), p.320; Livius, *Ab Urbe Condita* 1.35, 1.38; Strabo, *Geographica* 5.2.2; A. Futrell, *Blood in the Arena: The Spectacle of Roman Power*, pp.15-17.

107 Tacitus, *Annales* 14.21.

108 Livius, *Ab Urbe Condita* 1.9; Plutarchos, *Romulus* 15.

109 Plinius, *Naturalis Historiae* 21.5; Cicero, *De Legibus* 2.24.60; Livius, *Ab Urbe Condita* 1.9; Plutarchos, *Romulus* 14-15; Varro, *De Lingua Latina* 6.20; Dionysius Halicarnassus, *Rhōmaïke Archaiologia* 2.31; M. Starke, *Travels in Europe between the years 1824 and 1828*(London, 1828), p.150; F. Meijer, *Chariot racing in the Roman Empire: spectacles in rome and constantinople*, pp.26-27; E. Rawson, "Chariot-Racing in the Roman Republic," *Papers of the British School at Rome* 49(1981), pp.2-3.

110 Livius, *Ab Urbe Condita* 31.9.

111 Livius, *Ab Urbe Condita* 40.44.

112 Dionysius Halicarnassus, *Rhōmaïke Archaiologia* 6.10; Ovidius, *Fasti* 2.860; Livius, *Ab Urbe Condita* 23.29, 44.9; Suetonius, *Caligula* 54-55; E. Köhne & C. Ewigleben, eds., *Gladiators and Caesars*, pp.20-21.

113 Seneca, *De Brevitate Vitae* 13.3, 14.2; Servius, *Ad Aeneid* 2.1440; Ovidius, *Fasti* 4.681-682; Plinius, *Naturalis Historiae* 8.2, 8.6.16-17, 8.65, 29.14.57; Martialis, *Epigrammata* 8.67.4; Dio, *Historia Romana* 51.22; Polybius, *Historiae* 1.84; Florus,

1.18.26; Eutropius, 2.14.5; Varro, *De Lingua Latina* 7.389.

114 Plinius, *Naturalis Historiae* 8.20-21; Dio, *Historia Romana* 39.38.2-4; Seneca, *De Brevitate Vitae* 13.6; Cicero, *Ad Familiares* 7.1.3; Plinius, *Naturalis Historiae* 7.84.

115 Dio, *Historia Romana* 43.22; Strabo, *Geographica* 6.2.6; Augustus, *Res Gestae Divi Augusti* 22; Livius, *Ab Urbe Condita* 39.22.2, 41.27.6, 44.18.8; Suetonius, *Claudius* 21.3; Dionysius of Halicarnassus, *Rhōmaïke Archaiologia* 7.72, 8.68; Cicero, *De republica* 2.20; *Ad Familiares* 7.1; Plinius, *Naturalis Historiae* 8.64, 8.7.19, 8.20.53, 8.21, 8.24.64, 8.28-29, 8.40.96, 8.53; Dio, *Historia Romana* 39.38, 51.22, 55.10, 56.27, 60.7, 61.91, 66.25, 68.15, 77.1; *Scriptores Historiae Augustae, Antoninus Pius* 10.9.

116 Martialis, *Epigrammata* 15, 23; Dio, *Historia Romana* 66.25, 68.15; Petronius, *Satyricon* 45; R. Auguet, *Cruelty and Civilization: The Roman Games*(London: Routledge, 1994), p.30; M. Grant, *Gladiators*(Middlesex: Penguin Books, 1971), p.37.

117 Plinius, *Naturalis Historia* 8.21; 배은숙, 『로마 검투사의 일생』, pp.232-251.

118 Prudentius, *Psychomachia* 412-429; Tertullianus, *Apologeticus* 15.4-5, 38.4-5; A. Futrell, *The Roman Games: A Sourcebook*, p.187; M. Grant, *Gladiators*, p.116; F. Meijer, *The Gladiators: History's Most Deadly Sport*, p.204, 202-207.

119 Augustinus, *Sermo* 198.3.

120 E. Köhne & C. Ewigleben, eds., *Gladiators and Caesars*, p.30; J. H. Humphrey, *Roman circuses: arenas for chariot racing*, p.57.

참고문헌

\

1차 사료

Ammianus, *Res Gestae*.

Apuleius, *Metamorphoses*.

Augustinus, *In Psalmos*.

————, *Sermones*.

Augustus, *Res Gestae Divi Augusti*.

Caesar, *Bellum Gallicum*.

————, *Bellum Civile*.

Cassiodorus, *Variae Epistulae*.

Cicero, *Ad Familiares*.

————, *De Legibus*.

————, *Philippicae*.

————, *Pro Murena*.

Dio, *Historia Romana*.

Diodorus Siculus, *Bibliotheca Historica*.

Dion Chrysostomos, *Orationes*.

Dionysius Halicarnassus, *Rhōmaïke Archaiologia*.

Fronto, *Principia Historiae*.

Galenus, *De methodo medendi.*

Herodianus, *Historia.*

Hieronymus, *Commentarii in Isaiam.*

————, *Epistulae.*

————, *Vita Sancti Hilarionis.*

Horatius, *Epodes.*

Josephus, *Antiquitates Judaicae.*

Juvenalis, *Satirae.*

Livius, *Ab Urbe Condita.*

Macrobius, *Saturnalia.*

Martialis, *Epigrammata.*

Ovidius, *Ars Amatoria.*

————, *Amores.*

————, *Fasti.*

Petronius, *Satyricon.*

Philostratus, *Vita Apollonii.*

Plinius the elder, *Naturalis Historiae.*

Plinius the younger, *Epistulae.*

Plutarchos, *Bíoi Parálleloi.*

Polybius, *Historiae.*

Procopius, *Historia Arcana.*

Sallustius, *Bellum Iugurthinum.*

Seneca, *De Beneficiis.*

————, *Dialogorum.*

————, *Epistulae Morales.*

Servius, *Ad Aeneidem.*

Sidonius Apollinaris, *Epistulae.*

Silius Italicus, *Punica.*

Strabo, *Geographica.*

Suetonius, *De Vita Caesarum.*

Tacitus, *Annales.*

————, *Historiae.*

Tertullianus, *De Spectaculis*.

Varro, *De Lingua Latina*.

Vergilius, *Gerogics*.

2차 사료

배은숙, 『로마 검투사의 일생』(글항아리, 2013).

제롬 카르코피노 지음, 류재화 옮김, 『고대 로마의 일상생활』(우물이있는집, 2003).

Africa, T. W., "Urban Violence in Imperial Rome," *Journal of Interdisciplinary History* 2(1971).

Auguet, R., *Cruelty and Civilization: The Roman Games*(London: Routledge, 1994).

Baker, A., *The Gladiator: The Secret History of Rome's Warrior Slaves*(Massachusetts: Da Capo Press, 2000).

Bell, S., "Roman Chariot Racing: charioteers, factions, spectators," in P. Christesen & D. G. Kyle, *A Companion to Sport and Spectacle in Greek and Roman Antiquity*(Oxford: Wiley-Blackwell, 2013).

Brunt, P. A., "Roman Mob," *Past and Present* 35(1966).

Bryk, A. L., "A Contemporary View of Ancient Factions: A Reappraisal," *B. A. degree, The Department of Classical Studies*(Ann Arbor: University of Michigan, 2012).

Cameron, A., *Circus Factions: Blues and Greens at Rome and Byzantium*(Oxford: Clarendon Press, 1972).

Carlsen, J., "Exemplary Deaths in the Arena: Gladiatorial Fights and the Execution of Criminals," *Early Christianity in the Context of Antiquity* 8(2011).

Christesen P. & Kyle, D. G., *A Companion to Sport and Spectacle in Greek and Roman Antiquity*(Oxford: Wiley-Blackwell, 2013).

Coarelli, F., *Rome and Environs: An Archaeological Guide*(Berkeley: University of California Press: 2014).

Coleman, K., "Entertaining Rome," in J. Coulston & H. Dodge, eds., *Ancient Rome: The Archaeology of the Ancient City*(Oxford, 2000).

―――――, "Spectacle," in A. Barchiesi & W. Scheidel, eds., *The Oxford Handbook of Roman Studies*(Oxford: Oxford University Press, 2010).

Crawford, H. D.,"Arranging Seating," *Athenaeum* 71(1995).

Decker, W., "Furor circensis," *Journal of Roman Archaeology* 14.2(2001).

Drinkwater, J. & Elton, H., *Fifth-Century Gaul: A Crisis of Identity?*(Cambridge: Cambridge University Press, 2002).

Fagan, G. G., *The Lure of the Arena: Social Psychology and the Crowd at the Roman Games*(Cambridge: Cambridge University Press, 2011)

Futrell, A., *Blood in the Arena: The Spectacle of Roman Power*(Austin: University of Texas Press, 1997).

————, *The Roman Games: A Sourcebook*(Oxford: Blackwell, 2006).

Grant, M., *Gladiators*(Middlesex: Penguin Books, 1971).

Gray, E. C., *History Of Rome, For Young Persons*(Whitefish: Kessinger Publishing, 2010).

Guttmann, A., "Roman Sports Violence," in J. H. Goldstein, ed., *Sports Violence*(New York, 1983).

Harris, H. A., *Sport in Greece and Rome*(New York: Cornell University Press, 1972).

Heather, P. J., *Rome resurgent: war and empire in the age of Justinian*(Oxford: Oxford University Press, 2018).

Hope, V. M., "Fighting for identity: the funerary commemoration of Italian gladiators," *Bulletin Institute of Classical Studies University of London* 73(2000).

Hopkins, K. & Beard, M., *The Colosseum*(Cambridge: Harvard University Press, 2005).

Hughes, I., *Belisarius: The last Roman general*(Yardley: Westholme, 2009).

Humphrey, J. H., *Roman circuses: arenas for chariot racing*(Berkeley : University of California Press, 1986).

Jerary, M. T., "Septimius Severus, the Roman Emperor, 193-211 AD," *Africa* 63.2(2008).

Jones, T., "Pre-Augustan Seating in Italy and the West," *Roman Amphitheatres and Spectacula: a 21st-Century Perspective* 1(2009).

Junkelmann, M., "Familia Gladiatoria: The Heroes of the Amphitheatre," in E. Köhne & C. Ewigleben, eds., *Gladiators and Caesars: The Power of Spectacle in Ancient Rome*(Berkeley: University of California Press, 2000).

————, "On the Starting Line with Ben Hur: Chariot-Racing in the Circus Maximus", in E. Köhne & C. Ewigleben, eds., *Glatiators and Caesars: The Power of Spectacle in Ancient Rome*(Berkeley: University of California Press, 2000).

Köhne, E. & Ewigleben, C., eds., *Gladiators and Caesars: The Power of Spectacle in Ancient Rome*(Berkeley: University of California Press, 2000).

Kyle, D. G., *Sport and Spectacle in the Ancient World*(Oxford: Blackwell Publishing, 2007).

Liebeschuetz, W., "Review: Circus Factions," *Journal of Roman Studies* 68(1978).

Lilja, S., "Seating Problems in Roman Theatre and Circus," *Arctos* 19(1985).

Mahoney, A., *Roman sports and spectacles: a sourcebook*(New York: R. Pullins Company, 2001).

Malnati, T. P., "Juvenal and Martial on Social Mobility," *Classical Journal* 83,2(1987).

Mann, L., "Sports crowds and the collective behavior perspective," in J. H. Goldstein ed., *Sports, games, and play: social and psychological viewpoints*(New Jersey, 1989).

Matthews, R., *The age of the gladiators: savagery & spectacle in ancient Rome*(New Jersey: Chartwell Books, 2003).

Matyszak, P., *Gladiator: The Roman Fighter's Unofficial Manual*(London: Thames & Hudson, 2011).

Meijer, F., *The Gladiators: History's Most Deadly Sport*(New York: Thomas Dunne Books, 2003)

————, *Chariot racing in the Roman Empire: spectacles in rome and constantinople*(Baltimore: John Hopkins University Press, 2010).

Norwich, J., *A Short History of Byzantium*(New York: Vintage Books, 1999).

Olivova, V., "Chariot Racing in the Ancient World," *Nikephoros* 2(1989).

Ostrasz, A. A., *The Hippodrome of Gerasa: A Provincial Roman Circus Paperback*(Oxford: Archaeopress Archaeology, 2020).

Rawson, E., "Chariot-Racing in the Roman Republic," *Papers of the British School at Rome* 49(1981).

————, "Discrimina Ordinum; the lex Iulia Theatralis," *Papers of the British School at Rome* 55(1987)

Reifferscheid, A., *C. Suetonii Tranquilli praeter Caesarum libros reliquiae*(Leipzig: B. G. Teubner, 1860).

Rose, R., "Spectators and spectator comfort in Roman entertainment buildings: a study in functional design," *Papers of the British School at Rome* 73(2005).

Scanlon, T. F., *Sport in the Greek and Roman Worlds*(Oxford: Oxford University Press, 2014).

Schnurr, C., "The Lex Julia Theatralis of Augustus: Some Remarks on Seating Problems in Theatre, Amphitheatre and Circus," *Liverpool Classical Monthly* 17.10(1992).

Seager, R., "Factio: Some Observations," *Journal of Roman Studies* 62(1972).

Shadrake, S., *The World of the Gladiator*(Gloucestershire: Tempus, 2005).

Starke, M., *Travels in Europe between the years 1824 and 1828*(London, 1828).

Warmington, E. H., ed., *Cicero XVI De Re Publica, De Legibus*(The Loeb Classical Library, 1928).

Whitby, M., "The Violence of the Circus Factions," in K. Hopwood, ed., *Organised Crime in Antiquity*(London: Duckworth, 1999).

Wiedemann, T., *Emperors and Gladiators*(London, 1992).

Wisdom, S., *Gladiators 100 BC–AD 200*(Oxford: Osprey, 2001).

Wistrand, M., *Entertainment and violence in ancient Rome. The attitudes of Roman writers of the first century A.D*(Göteborg, 1992).

Whittaker, C. R., "The revolt of Papirius Dionysius A.D.190," *Historia* 13.3(1963).

Zahran, Y. & Tubb, J., *Septimius Severus: Countdown to Death*(London: Gilgamesh Publishing, 2015).

찾아보기

\

로마 전차 경기장에서의 하루

ⓒ 배은숙

초판인쇄   2021년 7월 16일
초판발행   2021년 7월 30일

지은이   배은숙
펴낸이   강성민
편집장   이은혜
마케팅   정민호 김도윤
홍보   김희숙 함유지 김현지 이소정 이미희 박지원

펴낸곳   (주)글항아리 | 출판등록 2009년 1월 19일 제406-2009-000002호

주소   10881 경기도 파주시 회동길 210
전자우편   bookpot@hanmail.net
전화번호   031-955-2696(마케팅) 031-955-1903(편집부)
팩스   031-955-2557

ISBN   978-89-6735-922-5 03920

geulhangari.com

이 도서는 한국출판문화산업진흥원의 '2021년 우수출판콘텐츠 제작 지원' 사업 선정작입니다.